御書と師弟

［新版］

池田大作

聖教新聞社

目　次

御書と師弟［新版］

生命変革《へんかく》の大仏法《だいぶっぽう》

創価の師弟《してい》

勝利への軌道《きどう》

一、本書は、『御書と師弟』全3巻を合冊し、新版とした。

一、御書の引用は、『日蓮大聖人御書全集　新版』（創価学会版）に基づき、ページ数は（新○○㌻）と示した。『日蓮大聖人御書全集』（創価学会版、第二七八刷）のページ数は（全○○㌻）と示した。

一、法華経の引用は、『妙法蓮華経並開結　新版』（創価学会版）に基づき（法華経○○㌻）と示した。

一、肩書、名称、時節等、また「婦人部」「女子部」などの各部・グループ名は、原則、講義発表時（二〇〇八・二〇〇九年）のままにした。

一、編集部による注は、（＝　）と記した。

一、引用・参考文献は巻末に収録した。

御書と師弟

［新版］

生命変革《へんかく》の大仏法《だいぶっぽう》

三変土田《さんぺんどでん》

わが一念《いちねん》で仏《ほとけ》の国土《こくど》に！

御聖訓

心《こころ》の一法《いっぽう》より国土《こくど》世間《せけん》も出来《しゅったい》することなり

——三世諸仏総勘文教相廃立《さんぜしょぶつそうかんもんきょうそうはいりゅう》（総勘文抄《そうかんもんしょう》）、新七一三ジペー・全五六三ジペー

「大作、行《い》ってこい！　あの地に広宣流布《こうせんるふ》の旗《はた》を堂々《どうどう》と打ち立ててくれ！」

恩師《おんし》・戸田城聖《じょうせい》先生の命《めい》を受け、私は若《わか》き日、電光石火《でんこうせっか》で転戦《てんせん》しました。蒲田《かまた》へ、文京《ぶんきょう》

へ、札幌《さっぽろ》へ、大阪へ、山口へ、夕張《ゆうばり》へ。

いずこでも、その地の「三変土田《さんぺんどでん》」を、国土《こくど》の宿命転換《しゅくめいてんかん》を祈《いの》り戦った。戦い走った。行くところ向かうところ、私は大地《だいち》に妙法をしみこませる一念《いちねん》で、唱題《しょうだい》を重《かさ》ねた。大地から地涌《じゆ》の菩薩《ぼさつ》を呼《よ》び出《だ》す誓願《せいがん》で、対話《たいわ》を続《つづ》けた。そして厳然《げんぜん》と師の構想《こうそう》を実現《じつげん》してきました。法華経《ほけきょう》に説《と》かれる「三変土田《さんぺんどでん》」――すなわち、仏国土《ぶっこくど》への変革《へんかく》こそが、我《われ》ら創価の同志《どうし》の「人間革命」の行動《こうどう》です。その本質《ほんしつ》は、一人《ひと》ひとりの生命を変えることにほかならないからです。

日本が敗戦《はいせん》の焦土《しょうど》から発展《はってん》を遂《と》げる中、創価学会の大興隆《だいこうりゅう》は大《おお》いなる力《ちから》となった。この点に、大歴史家のトインビー博士も刮目《かつもく》されておりました。妙法流布《るふ》こそ、この地上《ちじょう》を平和の楽土《らくど》に転換《てんかん》しゆく根本《こんぽん》のエネルギーです。皆様は、私とともに、この誉《ほま》れの大使命《だいしめい》を担《にな》って日夜《にちや》、戦ってくださっている。それが、どれほどすごい人生であるか。大福徳《だいふくとく》の道であることか。

「心《こころ》の一法《いっぽう》より国土世間《こくどせけん》も出来《しゅったい》することなり」（新七一三ジペー・全五六三ジペー）との御聖訓《ごせいくん》は、仏法《ぶっぽう》の奥義《おうぎ》です。「一念《いちねん》」は即《そく》「三千」の次元《じげん》に広がる。人間の「心の一法」の在《あ》り方《かた》しだいで、国土が善《よ》くも悪《わる》くもなる。

人類《じんるい》の精神史《せいしんし》は、この「心《こころ》の一法《いっぽう》」の探求《たんきゅう》の歩《あゆ》みでもあったといって過言《かごん》ではない。戦争も、飢餓《きが》も、地球環境《かんきょう》の問題も、煎《せん》じつめれば、すべて人間《にんげん》の「心の一法」に帰着《きちゃく》するからです。

国土《こくど》にも「境涯《きょうがい》」が

一念三千《いちねんさんぜん》の法理《ほうり》に照《て》らせば、国土《こくど》にも「境涯《きょうがい》」があります。「依正《えしょう》」――「依報《えほう》」（環境《かんきょう》）と「正報《しょうほう》」（主体《しゅたい》）は不二《ふに》ですから、そこに住《す》む人間の境涯が乱《みだ》れれば、国土も荒《すさ》んでしまう。人間の境涯が輝《かがや》けば、国土も光《ひかり》を放《はな》っていくのです。

この青《あお》き地球を、平和と繁栄《はんえい》と幸福の光で包《つつ》むには、「心《こころ》の一法《いっぽう》」を究《きわ》め、深《ふか》め、磨《みが》いていくことが、絶対《ぜったい》に不可欠《ふかけつ》です。科学技術《かがくぎじゅつ》や情報《じょうほう》技術も、この根本《こんぽん》を疎《おろそ》かにすれば、人間の幸福に生《い》かすことはできない。国土《こくど》をも栄《さか》えさせゆく「心の一法」――その究極《きゅうきょく》が、妙法への信心です。

戸田先生は「広宣流布《こうせんるふ》への信心があるところが、仏《ほとけ》の国土《こくど》なのだ」と断言《だんげん》されました。

わが尊《とうと》き地域《ちいき》本部（幸福城部《こうふくじょうぶ》・地域部・勝利島部《しょうりとうぶ》・農漁光部《のうぎょこうぶ》）や社会本部（社会部・専門部《せんもんぶ》）の方々《かたがた》をはじめ、学会の同志《どうし》の奮闘《ふんとう》は、力強《ちからづよ》く地域を、社会を支《ささ》え守っています。

皆様方が、一人《ひとり》ももれなく幸福と健康《けんこう》に輝《かがや》く人生を勝ち飾《かざ》ることが、そのまま一国の宿《しゅく》命転換《めいてんかん》の道となる。

庶民《しょみん》が立ち上がり、青年の熱《ねつ》と力《ちから》を引き出すことが、国土《こくど》全体の繁栄《はんえい》につながります。

その意味において、私とともに「〝まさか〟が実現《じつげん》」の歴史を打ち立てた関西をはじめ、宿縁深《しゅくえんふか》き同志《どうし》が、幸福・勝利の人生を歩《あゆ》んでおられることが、私の何よりの喜《よろこ》びであります。

必死《ひっし》の一人《ひとり》の力《ちから》は、百万軍に勝《まさ》る。

「心《こころ》の一法《いっぽう》」を変革《へんかく》し、自分が変われば周囲《しゅうい》が変わる。周囲が変われば世界が変わる。

混迷《こんめい》の闇《やみ》が深《ふか》いほど、仏法《ぶっぽう》の智慧《ちえ》が光《ひか》ります。勇気が光ります。

私たちの前進は、日本、そして世界の輝《かがや》ける未来を開く前進です。ゆえに、断《だん》じて歩《あゆ》みを止《と》めてはならない。

戸田先生は叫《さけ》ばれました。

「『仏法《ぶっぽう》は勝負《しょうぶ》』である。本当の仏法は社会での大闘争《だいとうそう》の中にある。仏法を現実《げんじつ》社会の中で行《ぎょう》じ、人間のため、国のため、世界のために戦ってこそ、真《しん》の大聖人門下《だいしょうにんもんか》であり、真の革命児《かくめいじ》ではないか。これが創価学会だ」

三回にわたる浄化《じょうか》

さて、「三変土田《さんぺんどでん》」とは何か。これは、今いる国土《こくど》を仏国土《ぶっこくど》に変えていくという変革《へんかく》の法《ほう》理《り》です。法華経《ほけきょう》の見宝塔品《けんほうとうほん》第十一に説《と》かれています。「三変」とは、三度にわたって変えること。「土田」とは、国土・土地《とち》・場所《ばしょ》の意味があります。

法華経《ほけきょう》には「虚空会《こくうえ》の儀式《ぎしき》」が説《と》かれます。すなわち、輝《かがや》きを放《はな》つ巨大《きょだい》な宝塔《ほうとう》が大地《だいち》から出現《しゅつげん》し、全宇宙《ぜんうちゅう》から諸仏《しょぶつ》が集《あつ》まって、虚空（空中《くうちゅう》）で釈尊《しゃくそん》の説法《せっぽう》が行《おこな》われるのです。

ところが、最初は、宝塔《ほうとう》の中にいる多宝如来《たほうにょらい》は姿《すがた》を現《あらわ》しませんでした。宝塔の扉《とびら》は固《かた》く閉《と》ざされたままです。この扉を開く条件《じょうけん》として、諸仏《しょぶつ》が来集《らいじゅう》することが必要《ひつよう》であった。そのためには、仏《ほとけ》が集《つど》うにふさわしい国土《こくど》（仏国土《ぶっこくど》）に浄《きよ》めることも必要となる。そこで釈尊《しゃくそん》が、三回にわたって国土を浄めたことを「三変土田《さんぺんどでん》」というのです。

一回目――釈尊《しゃくそん》は眉間《みけん》から光《ひかり》を放《はな》って、無数《むすう》の国土《こくど》にいる仏《ほとけ》たちを見ました。それぞれの国土では、さまざまな仏と菩薩《ぼさつ》が妙音《みょうおん》をもって法を説《と》いていた。この仏たちが、それぞれに従《したが》う菩薩に「私は今、まさに娑婆世界《しゃばせかい》の釈尊の所《ところ》へ行《い》く！　そして多宝如来《たほうにょらい》の宝塔《ほうとう》を供養《くよう》するつもりだ」と告《つ》げる。

宝塔《ほうとう》が涌現《ゆげん》したことを知るや、釈尊《しゃくそん》と多宝如来《たほうにょらい》にお会いするために、無数《むすう》の仏《ほとけ》たちが続々《ぞくぞく》と結集《けっしゅう》してくるのです。

無数《むすう》の国土《こくど》とは、現代的《げんだいてき》に言えば他《ほか》の無数の星々《ほしぼし》といえるかもしれない。宇宙《うちゅう》のすみずみで活躍《かつやく》してきた諸仏《しょぶつ》が、弟子《でし》と共《とも》に、この地球上の霊鷲山《りょうじゅせん》に集《つど》ってくるのです。何《なん》と雄《ゆう》壮《そう》なスケールでしょうか。

この仏《ぶつ》・菩薩《ぼさつ》を迎《むか》えるために、釈尊《しゃくそん》は大地《だいち》を瑠璃《るり》で彩《いろど》り、宝《たから》の樹《き》で荘厳《そうごん》しました。芳《かんば》しい香《かお》りが広がり、曼陀羅華《まんだらけ》で敷《し》き満《み》たされます。この浄土《じょうど》に大宇宙《だいうちゅう》から集《あつ》まった諸《しょ》仏《ぶつ》は、一人《ひとり》ずつ「師子《しし》の座《ざ》」に座《すわ》る。これが一回目の儀式《ぎしき》です。

二回目――最初の浄化《じょうか》が行《おこな》われても、全宇宙《ぜんうちゅう》からやってきた諸仏《しょぶつ》は膨大《ぼうだい》な数で収《おさ》まりきりません。そこで釈尊《しゃくそん》は、さらに八方《はっぽう》のおのおの二百万億那由他《なゆた》もの国土《こくど》を浄《きよ》めます。それら無数《むすう》の国土は、すべてつながって、想像《そうぞう》を絶《ぜっ》する広大《こうだい》な一つの仏国土《ぶっこくど》が出現《しゅつげん》します。

しかし、それでも、全宇宙《ぜんうちゅう》の仏《ほとけ》が集《あつ》まるには十分《じゅうぶん》な広さではなかった。

三回目――二回目と同様《どうよう》に、八方《はっぽう》のおのおの二百万億那由他《なゆた》の国土《こくど》を浄化《じょうか》し、すべての国土がひと続《つづ》きとなった、さらに壮大《そうだい》な仏国土《ぶっこくど》が出現《しゅつげん》します。

三回の浄化《じょうか》の結果《けっか》、この娑婆世界《しゃばせかい》と、合わせて八方《はっぽう》の四百万億那由他《なゆた》もの国土《こくど》が全部、一つの仏国土《ぶっこくど》と化《か》して、そこに十方《じっぽう》の分身仏《ふんじんぶつ》が満ちあふれるのです。
これで条件《じょうけん》が整《ととの》い、ついに宝塔《ほうとう》の扉《とびら》が開かれます。多宝如来《たほうにょらい》が姿《すがた》を現《あらわ》し、釈尊《しゃくそん》が並《なら》んで座《すわ》ると、大衆《たいしゅう》が空中《くうちゅう》に導《みちび》かれ、虚空会《こくうえ》の説法《せっぽう》が始まる。釈尊は大音声《だいおんじょう》で告《つ》げました。
「誰《たれ》か能《よ》く此《こ》の娑婆国土《しゃばこくど》に於《お》いて、広《ひろ》く妙法華経《みょうほけきょう》を説《と》かん。今正《いまま》さしく是《こ》れ時《とき》なり」（法華経三八六㌻）
未来の弘教《ぐきょう》の呼《よ》びかけです。

未来を担《にな》う人材群《じんざいぐん》

「三変土田《さんぺんどでん》」とは、宇宙大《うちゅうだい》の広がりをもって、無数《むすう》の弟子《でし》が勇《いさ》んで師《し》のもとに馳《は》せ参《さん》じる荘厳《そうごん》な師弟《してい》のドラマといってよい。ここから、遠大《えんだい》な未来の広宣流布《こうせんるふ》へ誓願《せいがん》の人材群が打って出るのです。

師弟《してい》こそ、一切《いっさい》の原点《げんてん》です。師弟こそ、勝利の源流《げんりゅう》です。

この虚空会《こくうえ》の儀式《ぎしき》の開幕《かいまく》は、法華経の「本門《ほんもん》」への起点《きてん》となっています。久遠《くおん》の師弟《してい》が織《お》りなす「本門の舞台《ぶたい》」への扉《とびら》を開いたのが、この「三変土田《さんぺんどでん》」です。

仏眼《ぶつげん》・法眼《ほうげん》で見れば、今、日本そして世界のあらゆる所《ところ》で、仏国土《ぶっこくど》が築《きず》かれつつあります。絢爛《けんらん》たる民衆凱歌《みんしゅうがいか》の「本門《ほんもん》の舞台《ぶたい》」が実現《じつげん》しているのです。

いよいよ、「本門《ほんもん》の弟子《でし》」が躍《おど》り出る時代が到来《とうらい》しました。

仏国土《ぶっこくど》への変革《へんかく》

わが師《し》・戸田先生は、よく言われました。「私は、信心のこととなると、強情《ごうじょう》なまでに辛抱強《しんぼうづよ》いんだよ」と。

広宣流布《こうせんるふ》は、巌窟王《がんくつおう》の如《ごと》き執念《しゅうねん》をもって、たゆみなく挑戦《ちょうせん》を続《つづ》ける大闘争《だいとうそう》です。

わが学会の闘士《とうし》が、悪口罵詈《あっくめり》の渦巻《うずま》く中、どれほど忍耐強《にんたいづよ》く勇気と誠実《せいじつ》の行動《こうどう》を重《かさ》ねて、わが国土《こくど》を変え、仏国土《ぶっこくど》へと転《てん》じてきたか。それは、まさしく「三変土田《さんぺんどでん》」に通《つう》じます。

三変土田《さんぺんどでん》――この娑婆世界《しゃばせかい》の変革《へんかく》は、なぜ、三回にわたって行《おこな》われたのか。

この点について天台大師《てんだいだいし》は、娑婆世界《しゃばせかい》を浄《きよ》め、「方便土《ほうべんど》」「実報土《じっぽうど》」そして「寂光土《じゃっこうど》」にした、と意義《いぎ》づけています。

「方便土《ほうべんど》」とは「二乗《にじょう》」などが住《す》む世界、「実報土《じっぽうど》」は「菩薩《ぼさつ》」が住む世界、「寂光土《じゃっこうど》」は「仏《ほとけ》」が住む世界です。

天台《てんだい》はまた、三変《さんぺん》とは、「三惑《さんわく》」という惑《まど》いを破《やぶ》ること、すなわち一回目は「見思惑《けんじわく》」を破ること、二回目は「塵沙惑《じんじゃわく》」を、さらに三回目は「無明惑《むみょうわく》」を破ることである、とも論《ろん》じています。

この三惑《さんわく》に打ち勝って、仏《ほとけ》の境涯《きょうがい》を顕《あらわ》す象徴《しょうちょう》とするのです。ともあれ、大事《だいじ》な点は、釈尊《しゃくそん》が、間《ま》を空《あ》けずに、二度、三度と、連続《れんぞく》して国土《こくど》を変え続《つづ》けたことにあります。第二波《は》、第三波《ぱ》とうねりを起《お》こし続けてこそ、偉大《いだい》な変革《へんかく》は成《な》し遂《と》げられる。

満々《まんまん》たる生命力《せいめいりょく》で

今、世界中から多くの指導者《しどうしゃ》が続々《ぞくぞく》と、創価の城《しろ》に来訪《らいほう》されています。中国をはじめアジア各国、そしてキリスト教・イスラム教・ユダヤ教など諸文明《しょぶんめい》を代表する賓客《ひんきゃく》が、創価の哲学《てつがく》と運動に、心から共感《きょうかん》されています。妙法を根幹《こんかん》とした我《われ》らの人間主義《しゅぎ》に深《ふか》く共鳴《きょうめい》され、連帯《れんたい》の心を示《しめ》してくださっているのです。

さらに、全国の津々浦々《つつうらうら》の学会の集《つど》いにも、地域《ちいき》の名士《めいし》の方々《かたがた》が喜《よろこ》んで参加される時代になりました。我《われ》ら師弟《してい》の大城《だいじょう》は、まさに千客万来《せんきゃくばんらい》です。皆様方のお力《ちから》で、「妙法独《みょうほうひと》り繁昌《はんじょう》せん」（新六〇一ジ・全五〇二ジ）との日蓮大聖人のお心が現実《げんじつ》のものとなったのです。

わが支部、わが地区、わがブロックで懸命《けんめい》に友を励《はげ》まし、心を変えゆく対話《たいわ》。その真剣《しんけん》な戦いは、すべて三変土田《さんぺんどでん》の栄《は》えある勝利の劇《げき》です。小さな地域《ちいき》であっても、大変な地域であっても、ここがわが今世《こんぜ》の黄金《おうごん》の晴《は》れ舞台《ぶたい》である――この一念随喜《いちねんずいき》の心が一切《いっさい》を決めるのです。

戸田先生は戦後《せんご》の荒廃《こうはい》した時代の中《なか》で言《い》われています。

「日本国中に、さかんなる力士《りきし》のごとき人々が充満《じゅうまん》するならば、生産《せいさん》に、復興《ふっこう》に、文化に、芸術《げいじゅつ》に、その最高度《さいこうど》の能力《のうりょく》を発揮《はっき》するがゆえに、国土《こくど》の再建《さいけん》は、うたがうべくもない」

「さかんなる力士《りきし》のごとき」とは、一人《ひとり》ひとりが満々《まんまん》たる生命力で躍動《やくどう》している様子《ようす》です。「人間革命」に挑《いど》み、幸福の実証《じっしょう》を勝ち示《しめ》している姿《すがた》です。

こうした勝利の活力《かつりょく》が充満《じゅうまん》すれば、社会を大きく変えていける。やがて世界の宿命《しゅくめい》をも大転換《だいてんかん》していけるのです。

私は戸田先生の不二《ふに》の分身《ぶんしん》となって、死《し》に物狂《ものぐる》いで戦った。正義《せいぎ》の叫《さけ》びで、一人《ひとり》ひとりの心を一変《いっぺん》させていった。その地その地に、師匠《ししょう》の大生命を打《う》ち込《こ》む決心《けっしん》で戦い抜《ぬ》きました。

仏法《ぶっぽう》の眼《まなこ》で見れば「娑婆即寂光《しゃばそくじゃっこう》」です。国土《こくど》も「心《こころ》の一法《いっぽう》」から出来《しゅったい》する。わが一念《いちねん》から起《お》こり、わが一念に収《おさ》まるのです。

地震《じしん》や台風《たいふう》や冷害《れいがい》などの災害《さいがい》に見舞《みま》われた地域《ちいき》の方々《かたがた》に、私はこの法理《ほうり》を語《かた》り、共《とも》に祈《いの》ってきました。

阪神《はんしん》・淡路大震災《あわじだいしんさい》をはじめ、北海道、中越《ちゅうえつ》、東北、北陸《ほくりく》などの大地震。長崎、三宅島《みやけじま》などの噴火《ふんか》。また沖縄、九州、四国、中国、中部など豪雨《ごうう》による被害《ひがい》……。どの地でも、学会の同志《どうし》の献身的《けんしんてき》な救援《きゅうえん》活動や復興《ふっこう》の努力《どりょく》が希望と勇気を広げ、地域《ちいき》の結束《けっそく》を強めました。皆様は、見事《みごと》に変毒為薬《へんどくいやく》してこられたのです。

中国の高名《こうめい》な歴史学者であられる章開沅《しょうかいげん》先生（華中師範《かちゅうしはん》大学元学長）は、私との対談《たいだん》で、中国が雪害《せつがい》や大震災《だいしんさい》などの苦難《くなん》を乗《の》り越《こ》え、北京《ペキン》オリンピック（二〇〇八年）を大成功《だいせいこう》させたことにふれ、こう述《の》べておられました。

「温家宝総理《おんかほうそうり》が被災地《ひさいち》の人民《じんみん》のために『多難興邦《たなんこうほう》（難が多いほど奮起《ふんき》して国を興《おこ》そう）』と揮《き》毫《ごう》したように、震災《しんさい》は全国人民、ひいては全世界の華人《かじん》（中国人）の心と力《ちから》とを、祖国《そこく》の復《ふっ》興《こう》という一点に向かわせました。全国の人民が奮起《ふんき》し、心を一つにして困難《こんなん》を乗《の》り越《こ》えようとした結果《けっか》、千年に一度あるかないかの巨大《きょだい》な災難《さいなん》に打ち勝つことができました」*と。

民衆《みんしゅう》の「心の力《ちから》」は偉大《いだい》です。そして、それを無限《むげん》に引き出す哲理《てつり》が、一念三千《いちねんさんぜん》の法理《ほうり》です。

一人《ひとり》ひとりが地涌《じゆ》の底力《そこぢから》を出せば、三世十方《さんぜじっぽう》の仏《ぶつ》・菩薩《ぼさつ》にも勝《まさ》る力《ちから》が涌現《ゆげん》する。断《だん》じて宿命《しゅくめい》を転換《てんかん》するのだ！　安穏《あんのん》にして天人《てんにん》が充満《じゅうまん》する楽土《らくど》を必《かなら》ず建設《けんせつ》するのだ！

——これが大聖哲《だいせいてつ》の御確信《ごかくしん》です。

必ず打開《だかい》できる！

今、日本も世界も、大変な経済《けいざい》不況《ふきょう》の中にあります。しかし、仏法《ぶっぽう》では「一心《いっしん》の妙用《みょうゆう》」（一念《いちねん》の不思議《ふしぎ》な力《ちから》）を教《おし》えている。断《だん》じて負《ま》けない信心の一念があれば、必《かなら》ず必ず打開《だかい》できることを確信《かくしん》していただきたいのです。私も妻《つま》も、全同志《ぜんどうし》の皆様方が厳然《げんぜん》と守りに護《まも》られ、一人《ひとり》ももれなく勝ち栄《さか》えていかれるよう、一心不乱《ふらん》にお題目を送《おく》っております。

仏国土《ぶっこくど》を開く儀式《ぎしき》は、二度、三度と繰《く》り返《かえ》されて成就《じょうじゅ》しました。三変土田《さんぺんどでん》の挑戦《ちょうせん》は、粘《ねば》り強《づよ》く、繰り返すことが大切《たいせつ》なのです。苦《くる》しいときこそ、「強盛《ごうじょう》の大信力《だいしんりき》」（新一五二二ページ・全一一一八ページ）で、祈《いの》りに祈り、何度でも挑戦し、断《だん》じて断じて未来を勝ち開こうではありませんか。

詩聖《しせい》タゴールは謳《うた》いました。

「国は人間が創造《そうぞう》したものです。国は土《つち》からできているのではなく、人々の心でできています。もし人間が輝《かがや》いていれば、国は顕現《けんげん》されます」＊

今や妙法は世界百九十二カ国・地域《ちいき》に広がりました。創価の運動は「人類模範《じんるいもはん》の善《ぜん》の連帯《れんたい》」と期待《きたい》されております。私たちの地涌誓願《じゆせいがん》の行動が、世界を大きく動かしつつあるのです。

広宣流布《こうせんるふ》の舞台《ぶたい》は新段階《しんだんかい》に入《はい》りました。大聖人《だいしょうにん》の仰《おお》せ通《どお》り「二陣三陣《にじんさんじん》つづきて」（新一二二七ジペー・全九一一ジペー）、新しい人材《じんざい》が勇《いさ》み立《た》つ時です。

全国、そして世界の各地で、創価の師弟《してい》の旗《はた》を掲《かか》げ、社会に貢献《こうけん》しゆくわが同志《どうし》こそ、誉《ほま》れも高き三変土田《さんぺんどでん》の仏《ほとけ》の大行進《だいこうしん》なり！　私は心から、こう賞讃《しょうさん》したいのです。

題目の大音《だいおん》

唱題《しょうだい》の声は大宇宙《だいうちゅう》に轟《とどろ》く

御聖訓

今《いま》、日蓮等《にちれんら》の類《たぐ》い、南無妙法蓮華経《なんみょうほうれんげきょう》と唱《とな》え奉《たてまつ》るは、大風《おおかぜ》の吹《ふ》くがごとくなり

——御義口伝《おんぎくでん》、新一〇三四ジペー・全七四二ジペー

「私も命《いのち》は惜《お》しいです。けれど私は今、御本尊に命が惜しいとは願《ねが》いません。たとえ五分でも十分でも、生きている限《かぎ》り、（＝広宣流布《こうせんるふ》のために）ご奉公《ほうこう》させていただきたいと願っ

ているのです」

恩師《おんし》・戸田先生は、晩年《ばんねん》よく語《かた》られました。先生の題目は、広宣流布《こうせんるふ》に全生命を注《そそ》がれゆく深《ふか》き強き一念《いちねん》の祈《いの》りです。

先生と共《とも》に唱題《しょうだい》させていただくたびに、勝利への生命力が全身《ぜんしん》に躍動《やくどう》してきました。「師弟共《していとも》に唱《とな》うる」（新一〇四三ページ・全七四八ページ）妙法の師子吼《ししく》を、わが生命に轟《とどろ》かせながら、私は、あらゆる闘争《とうそう》に連戦連勝《れんせんれんしょう》の栄光史を残《のこ》してきました。師と心を合わせた「不二《ふに》の祈《いの》り」は無敵《むてき》であります。師弟一体《していいったい》の強盛《ごうじょう》な祈りに、十方《じっぽう》（全宇宙《ぜんうちゅう》）の仏《ぶつ》・菩薩《ぼさつ》、諸天善《しょてんぜん》神《じん》も感応《かんのう》する。広布《こうふ》の闘士《とうし》を守りに護《まも》るのです。

「御義口伝《おんぎくでん》」には仰《おお》せです。

「今《いま》、日蓮等《にちれんら》の類《たぐ》い、南無妙法蓮華経《なんみょうほうれんげきょう》と唱《とな》え奉《たてまつ》るは、大風《おおかぜ》の吹《ふ》くがごとくなり」（新一〇三四ページ・全七四二ページ）

題目は、わが生命を限《かぎ》りなく強くし、そして人々の生命をも変えゆく「大風《おおかぜ》」を起《お》こしているのだ、との大宣言《だいせんげん》です。

この御金言《ごきんげん》は、法華経見宝塔品《ほけきょうけんほうとうほん》第十一の「譬《たと》えば大風《だいふう》の　小樹《しょうじゅ》の枝《えだ》を吹《ふ》くが如《ごと》し」（法華経三八八ページ）の経文《きょうもん》を釈《しゃく》した一節《いっせつ》です。

仏《ほとけ》が放《はな》った光《ひかり》と風

宝塔品《ほうとうほん》では、有名な「虚空会《こくうえ》の儀式《ぎしき》」が展開《てんかい》されています。

この説法《せっぽう》では、仏《ほとけ》が「光明《こうみょう》」や「妙香《みょうこう》」を放《はな》ち、光《ひかり》と風が、十方《じっぽう》の国々まで、遍《あまね》く広がりゆく様子《ようす》が説《と》かれています。

この光明《こうみょう》を浴《あ》び、妙香《みょうこう》を受けた衆生《しゅじょう》は、心から感激《かんげき》し、堪《た》えがたいほどの喜《よろこ》びに包《つつ》まれます。あらゆる人々が、仏《ほとけ》の大慈大悲《だいじだいひ》の薫風《くんぷう》によって蘇生《そせい》していく様子《ようす》を「大風が小さな枝《えだ》を吹《ふ》くようなものである」と譬《たと》えているのです。

すなわち「大風」とは、民衆《みんしゅう》に随喜《ずいき》の心を呼《よ》び起《お》こす、正法正義《しょうほうしょうぎ》の威光勢力《いこうせいりょく》の表現《ひょうげん》にほかならない。日蓮大聖人は、南無妙法蓮華経《なんみょうほうれんげきょう》の題目こそ、全民衆《ぜんみんしゅう》を歓喜《かんき》と幸福で包《つつ》む「大風」であると結論《けつろん》されているのです。

「御義口伝《おんぎくでん》」では、この経文《きょうもん》の「大風《だいふう》の如《ごと》く」とは「題目の五字《ごじ》なり」、「小樹《しょうじゅ》の枝《えだ》を吹《ふ》く」とは「折伏門《しゃくぶくもん》なり」（新一〇三四ジ・全七四二ジ、趣意）とも仰《おお》せです。

朗々《ろうろう》と題目を唱《とな》え、勇敢《ゆうかん》に仏法《ぶっぽう》の正義《せいぎ》を語《かた》り、厳然《げんぜん》と邪義《じゃぎ》を破折《はしゃく》する。そして友また友の生命に歓喜《かんき》の旋風《せんぷう》を巻《ま》き起《お》こす。この唱題《しょうだい》と折伏《しゃくぶく》の「大風」を、日本中、世界中に広げてきたのが、わが創価の同志《どうし》であります。

私たちの唱《とな》える題目は、「生きる力《ちから》」であり、「幸福になる源泉《げんせん》」です。「勝利していく原動力《げんどうりょく》」なのです。題目の音律《おんりつ》には、大宇宙《だいうちゅう》のリズムに則《のっと》って、自他共《じたとも》の生命を根底《こんてい》から変えゆく偉大《いだい》な力用《りきゆう》があります。

法華経《ほけきょう》において、七宝《しっぽう》に飾《かざ》られた宝塔《ほうとう》の出現《しゅつげん》をうけて展開《てんかい》される虚空会《こくうえ》の儀式《ぎしき》は、十界《じっかい》のあらゆる衆生《しゅじょう》が歓喜踊躍《かんきゆやく》し、成仏《じょうぶつ》の道を歩《あゆ》む生命変革《へんかく》のドラマと言ってよい。

経文《きょうもん》を拝《はい》すると、この虚空会《こくうえ》には、十界《じっかい》の衆生《しゅじょう》が一界も欠《か》けることなく、すべての人々が虚空（空中）に引き上げられていることがうかがえます。

「十界同時《じっかいどうじ》」の変革《へんかく》

いかなる境涯《きょうがい》の衆生《しゅじょう》も、妙法の光明《こうみょう》に照《て》らし出される。妙法の薫風《くんぷう》を受けない存在《そんざい》はない。誰人《たれびと》も仏《ほとけ》になれるという平等《びょうどう》と尊厳《そんげん》の思想《しそう》が、法華経《ほけきょう》の魂《たましい》です。

その思想的《しそうてき》な基盤《きばん》として、「御義口伝《おんぎくでん》」には次のように述《の》べられています。

「詮《せん》ずるところ、釈尊《しゃくそん》も文殊《もんじゅ》も、提婆《だいば》も竜女《りゅうにょ》も、一《ひと》つ種《たね》の妙法蓮華経《みょうほうれんげきょう》の功能《くのう》なれば、本来《ほんらい》成仏《じょうぶつ》なり。よって、南無妙法蓮華経《なんみょうほうれんげきょう》と唱《とな》え奉《たてまつ》る時《とき》は、十界同時《じっかいどうじ》に成仏するなり」（新一一

二㌻・全七九八㌻）

――釈尊《しゃくそん》も、文殊《もんじゅ》などの菩薩《ぼさつ》たちも、さらには提婆達多《だいばだった》や竜女《りゅうにょ》たちも、皆、妙法という一つの種の働《はたら》きを示《しめ》す存在《そんざい》であるから、本来成仏《ほんらいじょうぶつ》しているのである。ゆえに南無妙法蓮華経《なんみょうほうれんげきょう》と唱《とな》える時、十界《じっかい》の衆生《しゅじょう》が同時に成仏するのである――。

十界《じっかい》の衆生《しゅじょう》が、等《ひと》しく、いついかなる時も仏《ほとけ》になれる。これは法華経《ほけきょう》のみの秘伝《ひでん》です。

南無妙法蓮華経《なんみょうほうれんげきょう》は、大宇宙《だいうちゅう》の根本法則《こんぽんほうそく》です。この妙法を唱《とな》え、行《ぎょう》じ弘《ひろ》める生命は、大聖人と一体《いったい》なのです。ゆえに、何ものも恐《おそ》れることはありません。

「御義口伝《おんぎくでん》」には、他《ほか》にもこう仰《おお》せです。

「十界同時《じっかいどうじ》の成仏《じょうぶつ》なり」（新九九〇㌻・全七一二㌻）

「『歓喜《かんぎ》』とは、善悪共《ぜんあくとも》に歓喜《かんき》するなり。十界同時《じっかいどうじ》なり」（新一〇二五㌻・全七三五㌻）

「南無妙法蓮華経《なんみょうほうれんげきょう》と唱《とな》え奉《たてまつ》るは、十界同時《じっかいどうじ》の光指《ひかりさ》すなり」（新一〇三三㌻・全七四一㌻）

大聖人は繰《く》り返《かえ》し「十界同時《じっかいどうじ》」と仰《おお》せです。これは甚深《じんじん》の御聖訓《ごせいくん》です。ダイナミックな生命変革《へんかく》の原理《げんり》です。

南無妙法蓮華経《なんみょうほうれんげきょう》は、身近《みぢか》な活動も、さらに大宇宙《だいうちゅう》の運行《うんこう》も動かしていく法則《ほうそく》であり、力《ちから》であります。自分と社会を共《とも》によりよき方向《ほうこう》へ発展《はってん》させていく根源《こんげん》の大法《だいほう》なのです。

その原点《げんてん》は、あらゆる生命は「十界本有《じっかいほんぬ》の仏《ほとけ》」（新一八三五ジペー・全一五〇六ジペー）であるとの覚《さと》りにある。

私たちの唱題《しょうだい》は、自他共《じたとも》の十界《じっかい》の生命を妙法の大光《たいこう》で照《て》らし、誰《だれ》もが本来具《ほんらいそな》えている仏《ほとけ》の大生命を引き出し、輝《かがや》かせゆく人間革命の修行《しゅぎょう》なのです。

「幸福感は伝《つた》わる」

「幸福感は人に伝《つた》わる」――二〇〇八年、米ハーバード大学医学部などの研究者《けんきゅうしゃ》たちが英国《えいこく》の医学誌《し》に発表《はっぴょう》した貴重《きちょう》な洞察《どうさつ》です。

この知見《ちけん》によれば、誰かの幸福感に変化《へんか》が起《お》きると、それは周囲《しゅうい》にも伝わり、幸福な人々の社会学的・地理的《ちりてき》な集団《しゅうだん》の形成《けいせい》に寄与《きよ》する。

つまり、幸福感や充足感《じゅうそくかん》というものは、個人がそれぞれに感じるだけではない。人から人へと伝わり、大勢《おおぜい》に共有《きょうゆう》される傾向《けいこう》があるというのです。

とくに、この幸福感は隣人《りんじん》や友人によって伝《つた》わりやすいという結果《けっか》も示《しめ》されています。

この幸福感の伝播《でんぱ》があれば、「間接的《かんせつてき》に健康《けんこう》を広めることも可能《かのう》となり、政策《せいさく》や医療方針《いりょうほうしん》を設計《せっけい》する上で大きな影響《えいきょう》を及《およ》ぼす」とも指摘《してき》されています。*

人間は、決《けっ》して一人《ひとり》だけで生きているのではない。大きな生命のネットワークの中で、互《たが》いに支《ささ》え合い、影響《えいきょう》し合いながら生きています。

信心に励《はげ》んで功徳《くどく》を得《え》た歓喜《かんき》と確信《かくしん》を、友から友へ語《かた》りに語る。そして、友また友の成長《せいちょう》を祈《いの》りに祈る。この一念随喜《いちねんずいき》の万波《ばんぱ》こそが、私たちの広宣流布《こうせんるふ》のエネルギーです。

戸田先生はわかりやすく言われておりました。

「功徳《くどく》の喜《よろこ》びを百回語《かた》っていけば、さらに百倍の功徳となって返ってくる。それが信心のすごさだよ」

私たちは今、「十界《じっかい》の衆生《しゅじょう》」の大海原《おおうなばら》の真《ま》っ只中《ただなか》で、朗々《ろうろう》と妙法を唱《とな》え、人間革命の金《きん》波《ぱ》、銀波《ぎんぱ》を巻《ま》き起《お》こしている。わが同志《どうし》の皆様こそ、娑婆《しゃば》世界を、光《ひか》り輝《かがや》く仏国土《ぶっこくど》に「三《さん》変土田《ぺんどでん》」しゆく変革劇《へんかくげき》の主役《しゅやく》なのです。

御本尊とわが生命

戸田先生は語《かた》られました。

「今こうして折伏《しゃくぶく》を行《ぎょう》じ、御本尊を信じまいらせて題目を唱《とな》えているならば、いつ御本尊を拝《おが》んでも、日蓮大聖人の生命と我々《われわれ》の生命とがピタッとふれ合うのであります」

「大聖人の御生命が南無妙法蓮華経《なんみょうほうれんげきょう》でありますから、弟子《でし》たる我々《われわれ》の生命も同じく南無妙法蓮華経でありましょう」

私たちが拝《はい》する御本尊は、十界互具《じっかいごぐ》の大曼荼羅《だいまんだら》であられる。御本尊には、十界《じっかい》の衆生《しゅじょう》の代表が納《おさ》まり、南無妙法蓮華経《なんみょうほうれんげきょう》の光《ひかり》に照《て》らされています。

御本尊も十界《じっかい》、私たちの生命も十界です。そして、社会も十界の生命で成《な》り立《た》っている。

御本尊に題目を唱《とな》えると、三世十方《さんぜじっぽう》の仏《ぶつ》・菩薩《ぼさつ》が、私たちと同じく合掌《がっしょう》します。また、全宇宙《ぜんうちゅう》の無数《むすう》の諸天善神《しょてんぜんじん》が、絶対《ぜったい》に従《したが》います。十界《じっかい》の生命を揺《ゆ》り動かすのですから、悪《あっ》鬼《き》・魔民《まみん》さえも強い味方《みかた》となって、妙法を護《まも》る働《はたら》きをすることは間違《まちが》いないのです。

社会も、人生も、そして私たちの生命も、変化《へんか》変化の連続《れんぞく》です。森羅万象《しんらばんしょう》、変わらずに停滞《ていたい》しているものは何一つない。人の心もまた、瞬間瞬間《しゅんかんしゅんかん》、めまぐるしく変化していく。

御書には「一人一日《いちにんいちにち》の中《うち》に八億四千念《はちおくよんせんねん》あり」（新五二〇ページ・全四七一ページ）と仰《おお》せです。

今まで怒《おこ》っていた人が、次の瞬間《しゅんかん》にはもう笑《わら》っている。何の悩《なや》みもないと言っていた人が、翌日には深《ふか》い苦悩《くのう》の淵《ふち》に沈《しず》んでいる。このように人生は、常《つね》に変転《へんてん》してやまない流転《るてん》の劇《げき》であります。

この移《うつ》ろいゆく心を、妙法という大宇宙《だいうちゅう》の根本法則《こんぽんほうそく》に深《ふか》く合致《がっち》させていくのが、私たちの祈《いの》りです。

御本尊は、大宇宙《だいうちゅう》の縮図《しゅくず》です。そして、自分自身の生命も御本尊と同じです。自身の〝我《が》〟を仏界《ぶっかい》の生命で固《かた》め、三世永遠《さんぜえいえん》に崩《くず》れ得《え》ぬ幸福境涯《きょうがい》を勝ち開く。これが「絶対《ぜったい》勝利の信心」にほかなりません。

友のため、社会のために必死《ひっし》に祈《いの》る皆様の姿《すがた》それ自体《じたい》が、日蓮大聖人に直結《ちょっけつ》した最高の慈悲《じひ》の振《ふ》る舞《ま》いであります。一切《いっさい》を、大確信《だいかくしん》の祈りで勝ちまくるのです。

十方《じっぽう》世界に届《とど》け！

御書には「題目を唱《とな》え奉《たてまつ》る音《こえ》は、十方世界《じっぽうせかい》にとずかずという処《ところ》なし。我《われ》らが小音《しょうおん》なれども、題目の大音《だいおん》に入《い》れて唱え奉るあいだ、一大三千界《いちだいさんぜんかい》にいたらざる処なし」（新一一二一ジペー・全八〇八ジペー）とも説《と》かれています。

題目の声は、「十方世界《じっぽうせかい》」すなわち大宇宙《だいうちゅう》に届《とど》くとの御金言《ごきんげん》です。

唱題《しょうだい》に励《はげ》むとき、大宇宙《だいうちゅう》の根本《こんぽん》の法則《ほうそく》である妙法と、わが生命が融合《ゆうごう》する。小宇宙である自身の生命の扉《とびら》が大宇宙に向かって全開し、仏界《ぶっかい》の生命境涯《きょうがい》から一切《いっさい》を広々《ひろびろ》と見わたすことができる。宇宙に包《つつ》まれていた小宇宙が、大宇宙を包みかえしていく――これが我《われ》らの祈《いの》りです。

悠々《ゆうゆう》と大宇宙《だいうちゅう》を旅《たび》しながら、生命を浄化《じょうか》できる。そして十界《じっかい》のあらゆる衆生《しゅじょう》の境涯《きょうがい》を深《ふか》く知って、幸福に導《みちび》く「慈悲《じひ》」と「智慧《ちえ》」が、こんこんと湧《わ》き上がってくるのです。

この祈《いの》りの大きさこそが、広宣流布《こうせんるふ》の真髄《しんずい》です。

大聖人は、「あらゆる衆生《しゅじょう》の具《そな》えている仏性《ぶっしょう》を、妙法蓮華経《みょうほうれんげきょう》と名《な》づけるのである。ゆえに、一遍《いっぺん》、この題目を唱《とな》え奉《たてまつ》れば、一切衆生《いっさいしゅじょう》の仏性が、皆、呼《よ》ばれてここに集《あつ》まるのである」（新五七八ジペー・全四九八ジペー、趣意）と述《の》べられています。

「法」は見えない。しかし「音《おと》」となって表《あらわ》れれば、わかる。だから「声」が大切《たいせつ》なのです。〝妙法を唱《とな》え弘《ひろ》める我《われ》らは、信心の長者《ちょうじゃ》なり。境涯《きょうがい》の王者《おうじゃ》なり〟――この誇《ほこ》りで進んでいきましょう。

師匠《ししょう》と心のギアを合わせて

なかんずく、広宣流布《こうせんるふ》の師匠《ししょう》と心のギアを合わせ、師弟《してい》の魂《たましい》に燃《も》える祈《いの》りを貫《つらぬ》くならば、わが生命の奥底《おうてい》から、仏《ほとけ》の力《ちから》が発光《はっこう》していくことは間違《まちが》いありません。

一九五七年（昭和三十二年）七月三日、あの「大阪事件《じけん》」で、私は権力《けんりょく》により不当逮捕《ふとうたいほ》されました。戸田先生の怒《いか》りはすさまじかった。

「民衆《みんしゅう》の味方《みかた》である創価学会をいじめ、弾圧《だんあつ》する。これほど卑劣《ひれつ》なことはない！」

戸田先生は、無実《むじつ》の罪《つみ》で獄中《ごくちゅう》に繋《つな》がれた私の解放《かいほう》を、ひたぶるに祈《いの》ってくださった。

「権力《けんりょく》の魔性《ましょう》との戦いは、題目をあげなければ勝てないんだよ」と先生は言われました。

私の勾留中《こうりゅうちゅう》、大阪に駆《か》けつけてくださった先生は、関西本部の会長室と三階の仏間《ぶつま》を、幾度《いくど》となく往復《おうふく》してくださったのです。

邪悪《じゃあく》を弾呵《だんか》する先生の題目の大音声《だいおんじょう》が、同志《どうし》の心に正義《せいぎ》の炎《ほのお》を燃《も》え上がらせたのです。

私の生涯《しょうがい》は、この恩師《おんし》への報恩《ほうおん》の二字に尽《つ》きます。師《し》の祈《いの》りに、死身弘法《ししんぐほう》でお応《こた》えする以外に弟子《でし》の赤誠《せきせい》はありません。

〝必《かなら》ずや変毒為薬《へんどくいやく》〟と

若《わか》き日、私は日記《にっき》に綴《つづ》りました。青春闘争《せいしゅんとうそう》の結論《けつろん》です。
「第一にも、題目しかない。第二にも、第三にも、宿命打開《しゅくめいだかい》は、題目しかない。実践《じっせん》。
――実行《じっこう》。――勇敢《ゆうかん》に、撓《たゆ》まず。観念論《かんねんろん》では、一分《いちぶん》の変革《へんかく》もなし得《え》ない」＊
今こそ題目をあげきって、どういう結果《けっか》が出るか、実践《じっせん》し切ろう、解決《かいけつ》してみよう。だれが何と言おうが、私は私なりに御本尊にぶつかってみよう。

――この決心《けっしん》で、十万遍《べん》、二十万遍、三十万遍、五十万遍と、題目をあげて、あげて、あげ抜《ぬ》きました。

先生のお体、先生のご家族、先生の会社、そして、先生の作られた学会、先生が育《そだ》てられた同志《どうし》……歩《ある》いていても、電車に乗《の》っていても、いつもいつも心で題目を唱《とな》えながらの闘争《とうそう》でした。

祈《いの》りが、まだまだ足《た》りない。まだまだ弱《よわ》い。まだまだ小さい。自《みずか》らを叱咤《しった》しながらの勇《ゆう》猛精進《みょうしょうじん》だったのです。

戸田先生の弟子《でし》として、御本尊に願《ねが》い切っていこう、働《はたら》き切っていこう、同志《どうし》のために勝ち切っていこう。この一念《いちねん》しかありませんでした。

そして、生活の上に、境涯《きょうがい》の上に、厳然《げんぜん》たる解決《かいけつ》の証拠《しょうこ》が出たのです。「御本尊はすごい！」という大確信《だいかくしん》を若《わか》き命《いのち》に刻《きざ》んだのであります。

今、未曽有《みぞう》の大不況《だいふきょう》にあって、全国・全世界の同志《どうし》が、地域《ちいき》社会の一大変革《いちだいへんかく》のために、真剣《しんけん》に題目を唱《とな》えながら、人生の現実《げんじつ》と格闘《かくとう》されています。

崇高《すうこう》なる仏《ほとけ》の大音声《だいおんじょう》が、生命を揺《ゆ》さぶらないわけがない。必《かなら》ずや変毒為薬《へんどくいやく》し、その地その国を、宝土《ほうど》と変えていけることを確信《かくしん》し抜《ぬ》いてください。

諸天《しょてん》よ 弟子《でし》を護《まも》れ

大聖人は仰《おお》せです。

「各々《おのおの》をば法華経《ほけきょう》・十羅刹《じゅうらせつ》助《たす》け給《たま》えと、湿《しめ》れる木《き》より火《ひ》を出《い》だし、乾《かわ》ける土《つち》より水《みず》を儲《もう》けんがごとく、強盛《ごうじょう》に申《もう》すなり」（新一五三九ジペー・全一一三二ジペー）

湿《しめ》った木から火を出す思いで、乾《かわ》ききった土《つち》から水を出す思いで、私は皆の無事《ぶじ》を強盛《ごうじょう》に祈《いの》っている――。御自身が流刑《るけい》の真《ま》っ只中《ただなか》にあった佐渡《さど》の地から、遠《とお》く鎌倉《かまくら》の門下《もんか》たちの身《み》を案《あん》じられています。

〝法華経《ほけきょう》よ、諸天善神《しょてんぜんじん》よ、わが弟子《でし》を断《だん》じて護《まも》りたまえ〟――これが師匠《ししょう》の祈《いの》りです。師匠とは何とありがたいものか。私はこの御文《ごもん》を拝《はい》するたびに、感謝《かんしゃ》と不惜《ふしゃく》の念《ねん》がわいてきます。

私もまた、尊《とうと》き同志《どうし》の皆様方、そして全世界の民衆《みんしゅう》が、あらゆる辛苦《しんく》を乗《の》り越《こ》え、晴《は》れ晴《ば》れと幸福・栄光の勝ち鬨《どき》を上げられるよう、ひたぶるに祈《いの》っています。

戸田先生は断言《だんげん》されました。

「題目で勝ちなさい。何《なに》があっても、あげきった題目の福運《ふくうん》は厳然《げんぜん》と残《のこ》る。絶対《ぜったい》に消《き》えないのだ」

勝負《しょうぶ》は、我《われ》ら自身の一念《いちねん》です。行き詰《づ》まったならば、それは「前進している証《あかし》だ！」と胸《むね》を張《は》って、何ものにも負《ま》けず、堂々《どうどう》と歩《あゆ》み抜《ぬ》きましょう。

創価の師弟《してい》の大音声《だいおんじょう》――唱題《しょうだい》と対話《たいわ》の「大風」を、縦横自在《じゅうおうじざい》に社会へ吹《ふ》きわたらせようではありませんか。

颯爽《さっそう》と
また決然《けつぜん》と
　指揮《しき》とれる
君《きみ》が動けば
　勝利の天地に

不退転《ふたいてん》の信心

勝負《しょうぶ》は一歩《いっぽ》も退《しりぞ》くな

御聖訓

日蓮《にちれん》その身《み》にあい《相》あた《当》りて、大兵《たいへい》をおこ《起》して二十余年《にじゅうよねん》なり。日《にち》蓮《れん》、一度《いちど》もしりぞ《退》く心《こころ》なし

――弁殿並尼御前御書《べんどのならびにあまごぜんごしょ》、新一六三五㌻・全一二二四㌻

「一歩《いっぽ》も退《しりぞ》くな！　広宣流布《こうせんるふ》の前途《ぜんと》を勝ち開け！」

恩師《おんし》・戸田先生の遺言《ゆいごん》であります。

信心とは、断《だん》じて貫《つらぬ》き通《とお》すことです。御本尊に祈《いの》り抜《ぬ》き、「法華経《ほけきょう》の兵法《へいほう》」で戦い切って

いくならば、勝《か》ち越《こ》えられない試練《しれん》などない。そこに必《かなら》ず、無上《むじょう》の幸福境涯《きょうがい》が開かれていくことは、御書に照《て》らして絶対《ぜったい》に間違《まちが》いありません。

ここでは、不退転《ふたいてん》の信心を強調《きょうちょう》された「弁殿並尼御前御書《べんどのならびにあまごぜんごしょ》」の御聖訓《ごせいくん》を拝読《はいどく》します。

「日蓮《にちれん》その身《み》にあいあたりて、大兵《たいへい》をおこして二十余年《にじゅうよねん》なり。日蓮、一度《いちど》もしりぞく心《こころ》なし」（新一六三五ジペー・全一二二四ジペー）

この御書は、弁殿《べんどの》（大聖人門下《だいしょうにんもんか》の弁阿闍梨日昭《べんのあじゃりにっしょう》）と、その縁者《えんじゃ》である尼御前《あまごぜん》に送《おく》られたお手紙《てがみ》です。

本抄《ほんしょう》を記《しる》されたのは、佐渡流罪《さどるざい》中の文永《ぶんえい》十年（一二七三年）九月十九日のことです。

絶海《ぜっかい》の佐渡《さど》での御生活は、窮乏《きゅうぼう》を極《きわ》め、常《つね》に死と隣《とな》り合わせの状況《じょうきょう》であられました。

その大聖人の御身《おんみ》を案《あん》じ、尼御前《あまごぜん》は鎌倉《かまくら》から佐渡《さど》まで、自分が頼《たの》みとしている使用人《しようにん》を遣《つか》わして、お側《そば》で仕《つか》えさせるなど、不二《ふに》の心で赤誠《せきせい》を尽《つ》くしたのです。

大聖人は、こうした尼御前《あまごぜん》の真心《まごころ》に最大に感謝《かんしゃ》され、賞讃《しょうさん》されています。

国土《こくど》を変革《へんかく》する戦《いくさ》

御文《ごもん》では、大聖人が「法華経《ほけきょう》の行者《ぎょうじゃ》」の身《み》として、仏法正義《ぶっぽうせいぎ》の「大兵《たいへい》」を起《お》こしてから、二十余年を経《へ》たと仰《おお》せです。

この「二十余年《にじゅうよねん》」とは、建長《けんちょう》五年（一二五三年）四月二十八日の立宗《りっしゅう》から、本抄御執筆《ほんしょうごしっぴつ》の時期《じき》までを指《さ》します。立宗の日より、ただの一度たりとも退《しりぞ》く心なく、戦い抜《ぬ》いてこられたと師子吼《ししく》なされているのです。

「一度《いちど》もしりぞ《退》く心《こころ》なし」——これほど誇《ほこ》り高き魂《たましい》の勝利宣言《せんげん》があるでしょうか。信心の真髄《しんずい》である「生涯《しょうがい》、絶対不退転《ぜったいふたいてん》」の精神《せいしん》を教えてくださった御金言《ごきんげん》であります。

それでは、「大兵《たいへい》をおこ《起》して」とは、どのような大闘争《だいとうそう》であられたのか。

この御文《ごもん》の直前《ちょくぜん》には「第六天《だいろくてん》の魔王《まおう》、十軍《じゅうぐん》のいくさ《戦》をおこ《起》して、法華経《ほけきょう》の行者《ぎょうじゃ》と生死海《しょうじかい》の海中《かいちゅう》にして、同居穢土《どうごえど》を、と《取》られじ、うば《奪》わんとあらそ《争》う」（新一六三五ページ・全一二二四ページ）と記《しる》されております。

第六天《だいろくてん》の魔王《まおう》が十種《しゅ》の魔軍《まぐん》を率《ひき》いて戦《いくさ》を起《お》こしてくる。そして、法華経《ほけきょう》の行者《ぎょうじゃ》と、この娑婆《しゃば》世界を取られまい、奪《うば》おうと、あい争《あらそ》うことを、喝破《かっぱ》されているのです。「生死海《しょうじかい》の海《かい》中《ちゅう》」とは、生老病死《しょうろうびょうし》の苦悩《くのう》が荒《あ》れ狂《くる》う、この現実《げんじつ》世界を譬《たと》えた表現《ひょうげん》であります。

それは、末法《まっぽう》の衆生《しゅじょう》が実際《じっさい》に暮《く》らしているこの国土《こくど》を、穢土《えど》から浄土《じょうど》へ変革《へんかく》できるかどうかの法戦《ほうせん》です。

まさに広宣流布《こうせんるふ》とは、仏《ほとけ》が陣地《じんち》を取るか、魔《ま》に奪《うば》われるかという熾烈《しれつ》な闘争《とうそう》なのです。

「十軍《じゅうぐん》」とは、さまざまな煩悩《ぼんのう》を、魔軍《まぐん》として十種類に分けたものです。

「大智度論《だいちどろん》」には――

①欲《よく》②憂愁《うしゅう》（憂《うれ》えること）③飢渇《けかち》（飢《う》えと渇《かわ》き）④渇愛《かつあい》（渇《かわ》きに例《たと》えられる妄執《もうしゅう》）⑤睡眠⑥怖畏《ふい》（怖《おそ》れること）⑦疑悔《ぎけ》（疑《うたが》いや悔《く》い）⑧瞋恚《しんに》（怒《いか》り）⑨利養虚称《りようこしょう》（利を貪《むさぼ》り、虚妄《こもう》の名聞《みょうもん》に執着《しゅうちゃく》すること）⑩自高蔑人《じこうべつにん》（自ら傲《おご》り高ぶり、人を卑《いや》しむこと）――という十の魔軍《まぐん》が挙《あ》げられています。

衆生《しゅじょう》が住《す》む世界を支配《しはい》しようとする第六天《だいろくてん》の魔王《まおう》が、これら「十軍《じゅうぐん》」を従《したが》えて、あらゆる手を使《つか》い、法華経《ほけきょう》の行者《ぎょうじゃ》を圧迫《あっぱく》し、蝕《むしば》もうとするのです。

この「十軍《じゅうぐん》」に対《たい》して大兵《たいへい》を起《お》こすとは、まず、自分自身の「己心《こしん》の魔《ま》」との真剣勝負《しんけんしょうぶ》であります。

「信《しん》の一字《いちじ》」で勝て

そして、胸中《きょうちゅう》の魔性《ましょう》に打ち勝つ要諦《ようてい》とは、第一に「不退転《ふたいてん》の信心」であると、大聖人は教えてくださっているのであります。

何があろうと、わが信仰《しんこう》の実践《じっせん》を続行《ぞっこう》しゆく「不退《ふたい》の人」こそが「勝利の人」です。

初代会長・牧口常三郎《つねさぶろう》先生は弟子《でし》を叱咤《しった》、鼓舞《こぶ》された。

「大聖人は『大悪《だいあく》をこれば大善《だいぜん》きたる』『各各《おのおの》なにをかなげかせ給《たも》うべき』と仰《おお》せである。どんな時、どんな場合でも、それをバネとして、大きく転換《てんかん》していけ！」

少《すこ》しも嘆《なげ》かない。前へ前へ進む信心こそ、「大悪《だいあく》」を打《う》ち破《やぶ》り、「大善《だいぜん》」に転《てん》じ切っていく力《ちから》です。

「進まざるは退転《たいてん》」である。もう一歩《いっぽ》、あと一歩と忍耐強《にんたいづよ》く攻《せ》め抜《ぬ》く。勝利をつかむ最後の一瞬《いっしゅん》まで前進をやめない。この心が大切なのです。この一念《いちねん》が勝敗《しょうはい》を決《けっ》するのです。

第二の要諦《ようてい》は「挑戦《ちょうせん》の心」です。「大兵《たいへい》」を起《お》こすとは、第六天《だいろくてん》の魔王《まおう》という、大宇宙《だいうちゅう》に瀰漫《びまん》する根源的《こんげんてき》な魔性《ましょう》に対《たい》する断固《だんこ》たる挑戦《ちょうせん》だからであります。

「元品《がんぽん》の無明《むみょう》は第六天《だいろくてん》の魔王《まおう》と顕《あらわ》れたり」（新一三三一ジペー・全九九七ジペー）です。

第六天《だいろくてん》の魔王《まおう》の正体《しょうたい》とは、「元品《がんぽん》の無明《むみょう》」（根源的《こんげんてき》な無知《むち》）です。

政治も経済も、教育も文化も、さらに国際《こくさい》社会全体も、この見えざる生命の魔性《ましょう》を打破《だは》していかなければ、民衆《みんしゅう》の真《しん》の幸福を確立《かくりつ》することはできない。

大聖人の御在世《ございせ》当時がそうであったように、末法《まっぽう》がさらに進んだ現代においては、創価学会の躍進《やくしん》に対《たい》し、あらゆる誹謗《ひぼう》・中傷《ちゅうしょう》が浴《あ》びせられてきました。

それは、元品《がんぽん》の無明《むみょう》から現《あらわ》れ出る第六天《だいろくてん》の魔王《まおう》に支配《しはい》され、怨嫉《おんしつ》の炎《ほのお》に焼《や》け焦《こ》げた姿《すがた》にほかなりません。

こうした生命次元《じげん》の「戦《いくさ》」に厳然《げんぜん》と勝つ力《ちから》が信心です。

大聖人は、「元品《がんぽん》の無明《むみょう》を対治《たいじ》する利剣《りけん》は、信《しん》の一字《いちじ》なり」（新一〇四七ジペー・全七五一ジペー）と仰《おお》せです。

「信《しん》の一字《いちじ》」の利剣《りけん》で、生命の元品《がんぽん》の無明《むみょう》を断《た》ち切るのが、我《われ》らの折伏行《しゃくぶくぎょう》です。社会の精神土壌《せいしんどじょう》を根底《こんてい》から変革《へんかく》し、民衆《みんしゅう》が喜《よろこ》び栄《さか》える仏国土《ぶっこくど》を築《きず》きゆく運動が、広宣流布《こうせんるふ》なのです。

永遠《えいえん》の信念《しんねん》と正義《せいぎ》

魔《ま》とは、皆を悩《なや》ませ困《こま》らせる働《はたら》きをいう。だから戦わなければいけない。いかなる作戦も、その根本《こんぽん》は強盛《ごうじょう》なる祈《いの》りです。敵《てき》が「魔」だから、「仏《ほとけ》」に祈るのです。

戸田先生は叫《さけ》ばれました。

「さあ来《こ》い、魔《ま》などに負《ま》けてたまるものか。この覚悟《かくご》で向かった時は、魔は退散《たいさん》するのです」「命《いのち》がけで戦っている人を、仏様《ほとけさま》がいつまでも悩《なや》ませておくわけがない」

臆病《おくびょう》では、功徳《くどく》は出ません。

「戦う！」「挑《いど》む！」「断《だん》じて勝ってみせる！」――この強靱《きょうじん》な一念《いちねん》に、絶対《ぜったい》の幸福境涯《きょうがい》が必《かなら》ず開かれていくことを確信《かくしん》していただきたい。

題目は、そして信心は、最強無敵《むてき》の「利剣《りけん》」であります。「十魔軍《じゅうまぐん》」と言っても、信心の利剣《りけん》で打ち破《やぶ》れないはずがない。すごい妙法なのです。

戸田先生は語《かた》られました。

「大聖人は、流罪《るざい》にされようが、何をされようが、大切《たいせつ》な民衆《みんしゅう》を救《すく》うために戦い抜《ぬ》かれた。だからこそ偉大《いだい》であられるのです。迫害《はくがい》のなか、全人民《ぜんじんみん》を救うために一歩《いっぽ》も退《しりぞ》かずに戦い続《つづ》けられた。この大精神《だいせいしん》を忘《わす》れてはいけない」と。

何があろうと、毅然《きぜん》と広宣流布《こうせんるふ》へ「前進し続《つづ》ける」ことができれば、その人はもう勝っている。生命の勝利者なのです。

広宣流布《こうせんるふ》のために行動すれば自分が得《とく》をする。やらなければ自分が損《そん》をする。これが信心であり、仏法《ぶっぽう》であります。

「日蓮《にちれん》と同意《どうい》」（新一七九一ジペー・全一三六〇ジペー）で広布《こうふ》へ邁進《まいしん》しゆく人は、未来の勝利の因《いん》を、わが生命に積《つ》んでいるのです。三世《さんぜ》にわたる大功徳《だいくどく》を積むための今日《きょう》の活動です。今世《こんぜ》の修行《しゅぎょう》です。

正義《せいぎ》の人に、敗北《はいぼく》はない！

勇気の人に、不幸《ふこう》はない！

皆様は、何の報酬《ほうしゅう》も求《もと》めず、人々に正《ただ》しい幸福の道を示《しめ》し、最高の立正安国《りっしょうあんこく》の哲学《てつがく》を実践《じっせん》されている。「永遠《えいえん》の信念《しんねん》」と「究極《きゅうきょく》の正義」に生きておられる。これほど尊《とうと》い使命《しめい》と栄光の人生はありません。皆様こそ真《しん》の菩薩《ぼさつ》であり、真の仏《ほとけ》です。

逆境《ぎゃっきょう》の時にわかる

中途半端《ちゅうとはんぱ》では悔《く》いが残《のこ》るだけです。戸田先生は、よく言われました。「戦いとは、最後に『本当に楽《たの》しかった』と言えるまでやるのだ」と。

「私は、やるだけやり切った！」——それが、永遠《えいえん》の「所願満足《しょがんまんぞく》」につながります。

「所願満足《しょがんまんぞく》」とは「不惜身命《ふしゃくしんみょう》」と表裏一体《ひょうりいったい》です。

大師匠《だいししょう》であられる大聖人は、不退《ふたい》の決意《けつい》で戦われました。しかし、大聖人が大難《だいなん》を受けられると、多くの忘恩《ぼうおん》の弟子《でし》は卑怯《ひきょう》にも退転《たいてん》してしまった。

本抄《ほんしょう》にも「弟子《でし》等・檀那《だんな》等の中《なか》に、臆病《おくびょう》のもの《者》、大体《だいたい》あるいはおち《落》、あるいは退転《たいてん》の心《こころ》あり」（新一六三五ジベ－・全一二二四ジベ－）とまで厳《きび》しく仰《おお》せられています。

その中で、この尼御前《あまごぜん》は地道《じみち》に辛抱強《しんぼうづよ》く信仰《しんこう》を貫《つらぬ》き通《とお》しました。大聖人は「尼御前が、経文《きょうもん》に通《つう》じてもいない身《み》でありながら、今まで退《しりぞ》かなかったことは、申《もう》し上《あ》げようもないほど嬉《うれ》しい」（新一六三五ジペー・全一二二四ジペー、趣旨）とねぎらわれ、讃嘆《さんたん》なされています。

そして、尼御前《あまごぜん》が佐渡《さど》の大聖人に尽《つ》くした真心《まごころ》についても、「必《かなら》ずや、釈迦《しゃか》・多宝《たほう》・十方《じっぽう》分身《ふんじん》の諸仏《しょぶつ》も御存《ごぞん》じのことでしょう」（同、通解）と感謝《かんしゃ》されているのです。

いざという時に強いのは、女性です。逆境《ぎゃっきょう》の時に、人間の真価《しんか》がわかる。師匠《ししょう》が大難《だいなん》に遭《あ》った時にこそ、弟子《でし》の真実《しんじつ》の心がわかるものです。

本物《ほんもの》の弟子《でし》として

一九七九年（昭和五十四年）の三月、私の妻《つま》は東京・練馬区《ねりまく》の座談会《ざだんかい》にうかがいました。参加した方々《かたがた》から記念《きねん》にと求《もと》められて、妻は色紙《しきし》に認《したた》めました。

「不退転《ふたいてん》

七つの鐘《かね》　総仕上《そうしあ》げの年《とし》」

以来、大東京をはじめ全国の婦人部（現・女性部）の皆様方は、まさしく「不退転《ふたいてん》の信心」で戦い歩《あゆ》んでくださいました。

今日《こんにち》の創価の栄光は、わが婦人部の栄光であります。皆様の幸福と勝利を、私も妻《つま》も、日々真剣《しんけん》に祈《いの》り抜《ぬ》いております。

「不撓不屈《ふとうふくつ》の精神《せいしん》をかたむければ、何でも楽《たの》しい」*とは、十九世紀フランスの作家《さっか》フロオベールの言葉《ことば》です。

師《し》も不退《ふたい》！　弟子《でし》も不退！

師も前進《ぜんしん》！　弟子も前進！

これが師弟不二《していふに》の実像《じつぞう》です。この不二の闘争《とうそう》があるところ、三世十方《さんぜじっぽう》の仏《ぶつ》・菩薩《ぼさつ》、諸天《しょてん》善神《ぜんじん》が、動きに動き、守《まも》りに護《まも》ります。冥《みょう》の照覧《しょうらん》は絶対《ぜったい》です。

戸田先生は願《ねが》われました。

「よき広宣流布《こうせんるふ》の闘士《とうし》として、末代《まつだい》にまで、自己《じこ》の名《な》を歴史に残《のこ》していただきたい」

一九五〇年（昭和二十五年）の六月三日。二十二歳の私は、「弁殿並尼御前御書《べんどのならびにあまごぜんごしょ》」の御聖訓《ごせいくん》を日記《にっき》に記《しる》し、こう綴《つづ》りました。

「青年よ、快活《かいかつ》であれ。青年よ、理想《りそう》に、厳粛《げんしゅく》に進め」

「先生、見ていて下さい。きっとやります」*

この決意《けつい》のままに、私は走り通《とお》してきました。本物《ほんもの》の師匠《ししょう》に、私は本物の弟子《でし》としてお仕《つか》えし抜《ぬ》いた。広宣流布《こうせんるふ》のご構想《こうそう》を実現《じつげん》するため、執念《しゅうねん》、また執念で全精魂《ぜんせいこん》を尽《つ》くしました。

一九五六年（昭和三十一年）の「大阪の戦い」では、私は関西の同志《どうし》と共《とも》に、一カ月で一万一千百十一世帯《せたい》の弘教《ぐきょう》という不滅《ふめつ》の金字塔《きんじとう》を打ち立てました。

「勇戦《ゆうせん》」の二字を墨痕《ぼっこん》に託《たく》し、友を鼓舞《こぶ》したこともあります。戦後の日本社会の闇《やみ》を照《て》らしゆく目覚《めざ》めた民衆《みんしゅう》の潮流《ちょうりゅう》を、私は巻《ま》き起《お》こしていったのであります。

あの「夕張炭労事件《ゆうばりたんろうじけん》」に続《つづ》いて、「大阪事件」が勃発《ぼっぱつ》したのは、翌年（一九五七年）の七月です。

御聖訓通《ごせいくんどお》り、三類《さんるい》の強敵《ごうてき》との闘争《とうそう》なくして、広宣流布《こうせんるふ》はない。正義《せいぎ》の民衆《みんしゅう》が勝たずして、日本の民主主義《みんしゅしゅぎ》の真の夜明《よあ》けもない。これが、戸田先生から平和勢力《せいりょく》の確立《かくりつ》を託《たく》された私の覚悟《かくご》でした。

悪《あく》を抑《おさ》えてこそ！

一切《いっさい》の艱難《かんなん》よ、わが身《み》に来《こ》い。戸田先生には、指《ゆび》一本たりとも触《ふ》れさせてなるものか。

私はこの一念《いちねん》で、わが胸中《きょうちゅう》から「大兵《たいへい》」を起《お》こしました。不二《ふに》の誉《ほま》れの直弟子《じきでし》として、

「しりぞく《退》心《こころ》」なく、獄中闘争《ごくちゅうとうそう》に臨《のぞ》んだのです。

七月三日に入獄《にゅうごく》。奇《く》しくも、十二年前（一九四五年）の戸田先生の出獄《しゅつごく》と同じ日、同じ時《じ》刻《こく》でありました。

そして、二週間後の七月十七日に出獄《しゅつごく》。私は、中之島《なかのしま》の大阪市中央公会堂での大阪大会で宣言《せんげん》しました。

「最後は、信心しきったものが、また、正《ただ》しい仏法《ぶっぽう》が、必《かなら》ず勝つという信念《しんねん》でやろうではありませんか！」

今もまったく変わらず、私は燃《も》え上《あ》がる「必勝《ひっしょう》」の情熱《じょうねつ》で、世界広布《こうふ》の指揮《しき》を執《と》り続《つづ》けております。断固《だんこ》たる勇戦《ゆうせん》。これが師弟《してい》の七月の魂《たましい》であります。

御聖訓《ごせいくん》には、「悪《あく》を滅《めっ》するを『功《く》』と云《い》い、善《ぜん》を生《しょう》ずるを『徳《とく》』と云うなり」（新一〇六二ページ・全七六二ページ）と仰《おお》せです。悪を滅して善を生じる、その戦いに大功徳《だいくどく》があるのです。

悪《あく》を抑《おさ》えなければ、善《ぜん》は伸《の》びない。悪と戦わなければ、功徳も成仏《じょうぶつ》もありません。

「学会は『日本の潮《うしお》』」——かつて戸田先生は、こう題《だい》して講演《こうえん》されました。

「創価学会のこの潮《うしお》を、全東洋《ぜんとうよう》に流《なが》し、地上《ちじょう》に楽土《らくど》をつくらんとするのが、我《われ》らの理想《りそう》であります」

恩師《おんし》の烈々《れつれつ》たる大音声《だいおんじょう》が轟《とどろ》いてから五十余年《よ》――。

初代・牧口先生、二代・戸田先生が起《お》こされた妙法流布《るふ》の「大兵《たいへい》」を受《う》け継《つ》いで、私は、尊《とうと》き仏《ほとけ》の陣列《じんれつ》を世界百九十二カ国・地域《ちいき》へと拡大《かくだい》しました。

今日《こんにち》、創価学会は「世界の大潮流《だいちょうりゅう》」と広がっております。我《われ》らの世界広宣流布《こうせんるふ》は、いよいよこれからが本番《ほんばん》であります。

人類《じんるい》を勇気づける

インド独立《どくりつ》の父マハトマ・ガンジーの直系《ちょっけい》の大哲学者《だいてつがくしゃ》であるラダクリシュナン博士は、語《かた》ってくださいました。

「師《し》の心《こころ》を心として行動《こうどう》する一人《ひとり》の弟子《でし》の峻厳《しゅんげん》な態度《たいど》と、揺《ゆ》るぎない師への思い。あらゆる機会《きかい》にその前進を阻《はば》もうと容赦《ようしゃ》なく押《お》し寄《よ》せてくる想像《そうぞう》を絶《ぜっ》する困難《こんなん》を、悠々《ゆうゆう》と乗《の》り越《こ》えていく弟子《でし》の姿《すがた》は、人類《じんるい》を最高に勇気づける振《ふ》る舞《ま》いとして歴史に残《のこ》っていくであろう」*

「全世界に幾《いく》百万の戦う（＝創価の）青年の連帯《れんたい》が築《きず》かれています。皆、偉大《いだい》なる非暴力《ひぼうりょく》の闘士《とうし》です。ゆえに私は、今後の世界の動向《どうこう》は、ひとえに、これらの目覚《めざ》めた献身的《けんしんてき》なS

ＧＩ（創価学会インタナショナル）の青年の躍進《やくしん》にかかっていると確信《かくしん》してやみません」*

世界の命運《めいうん》は創価の青年にあり！

創価は世界の希望なり！

この大確信《だいかくしん》で、「しりぞく《退》心《こころ》」なく、前進また前進、勝利また勝利の歴史を綴《つづ》ろうではありませんか。

勝ちにけり
　また勝ちにけり
　　学会は
君《きみ》らの戦闘《せんとう》
　君らの勇気で

動執生疑《どうしゅうしょうぎ》

〝限界《げんかい》の壁《かべ》〟を痛快《つうかい》に破《やぶ》れ

御聖訓

上行菩薩《じょうぎょうぼさつ》の大地《だいち》よりいで給《たま》いしには、おどりてこそいで給《たま》いしか

――大悪大善御書《だいあくだいぜんごしょ》、新二一四五ジペー・全一三〇〇ジペー

人間の生命には、大海原《おおうなばら》よりも深《ふか》く、天空《てんくう》よりも広大《こうだい》な「仏《ほとけ》の力《ちから》」が秘《ひ》められている。

日蓮仏法《ぶっぽう》は、師《し》と共《とも》に、一人《ひと》ひとりの弟子《でし》が偉大《いだい》な仏《ほとけ》の力《ちから》を引き出していく大哲理《だいてつり》です。

人生や社会に対《たい》して、「仕方《しかた》がない」と諦《あきら》める心。

「こんなものだろう」という惰性《だせい》の心。

その〝心の壁《かべ》〟を破《やぶ》り、元初《がんじょ》の太陽の如《ごと》き仏《ほとけ》の大生命で、躍動《やくどう》の人生を生《い》き抜《ぬ》き、そして勝《か》ってきたのが、わが創価の師弟《してい》であります。

幾《いく》百千万の「人間革命」の実証《じっしょう》に、社会も世界も驚嘆《きょうたん》している。使命《しめい》深く尊《とうと》き学会員の生《い》き方が人々の心を動かし、確《たし》かな信頼《しんらい》を勝ち広げてきました。

踊《おど》り出《で》た菩薩《ぼさつ》たち

ここでは、有名な「大悪大善御書《だいあくだいぜんごしょ》」の御聖訓《ごせいくん》を拝《はい》します。

「上行菩薩《じょうぎょうぼさつ》の大地《だいち》よりいで《出》給《たま》いしには、おどり《踊》てこそいで《出》給いしか」（新二一四五㌻・全一三〇〇㌻）

——上行菩薩《じょうぎょうぼさつ》が大地《だいち》から涌出《ゆじゅつ》された時には、踊《おど》り出《で》られたのである——。

法華経《ほけきょう》の涌出品《ゆじゅっぽん》第十五では、師《し》・釈尊《しゃくそん》の呼《よ》びかけに応《おう》じて、無量《むりょう》千万億の地涌《じゆ》の菩薩《ぼさつ》が出現《しゅつげん》する。この時、上首《じょうしゅ》（最高リーダー）である上行《じょうぎょう》菩薩は喜《よろこ》び勇《いさ》んで登場《とうじょう》したと仰《おお》せなのです。この地涌の出現に驚《おどろ》いたのは、会座《えざ》にいた弟子《でし》たちです。

それに先立《さきだ》ち、師《し》・釈尊《しゃくそん》は、悪世《あくせ》に妙法を弘《ひろ》めることが、いかに困難《こんなん》かを繰《く》り返《かえ》し説《と》かれていた。法華経《ほけきょう》には三類《さんるい》の強敵《ごうてき》の出来《しゅったい》など、大難の様相《ようそう》が示《しめ》されています。

ところが、そうした大闘争《だいとうそう》を喜《よろこ》び求《もと》めて、尊貴《そんき》な仏《ほとけ》の生命の光明《こうみょう》を放《はな》つ菩薩《ぼさつ》たちが勇《いさ》んで踊《おど》り出《で》たのです。その一人《ひとり》ひとりには、師匠《ししょう》である釈尊《しゃくそん》と共《とも》に戦い抜《ぬ》く誇《ほこ》りが漲《みなぎ》り溢《あふ》れていた。

会座《えざ》の人々の疑問《ぎもん》を代表し、弥勒菩薩《みろくぼさつ》が釈尊《しゃくそん》に質問《しつもん》します。

「これほどの無量《むりょう》の菩薩《ぼさつ》は、今まで見たことがありません。どこから来たのでしょうか?」

釈尊《しゃくそん》は語《かた》りました。

「私は、久遠《くおん》よりこのかた、これらの大菩薩《だいぼさつ》を教化《きょうけ》してきたのである」――。

釈尊《しゃくそん》が今世《こんぜ》で仏《ほとけ》に成《な》られたとばかり思っていた人々は驚愕《きょうがく》し、さらに疑問《ぎもん》が深《ふか》まります。

「わずか四十年余《あま》りの間《あいだ》に、釈尊《しゃくそん》はどうやって無数《むすう》の菩薩《ぼさつ》を薫陶《くんとう》されたのでしょうか?」

この質問《しつもん》に答《こた》える形《かたち》で、釈尊《しゃくそん》は、如来寿量品《にょらいじゅりょうほん》第十六に入《はい》って、久遠《くおん》の過去に成道《じょうどう》していたという永遠《えいえん》の大生命(久遠実成《くおんじつじょう》)を説《と》き明《あ》かしていくのです。

いわば、地涌《じゆ》の弟子《でし》たちの光《ひか》り輝《かがや》く姿《すがた》によって、想像《そうぞう》を絶《ぜっ》する偉大《いだい》なる師匠《ししょう》の大境涯《だいきょうがい》が示《しめ》されていくわけです。

このように、それまでの小さな法に執着《しゅうちゃく》した心を揺《ゆ》さぶり、より大きな価値観《かちかん》へ目を開《ひら》かせる説法《せっぽう》を動執生疑《どうしゅうしょうぎ》（執《しゅう》を動《どう》じ、疑《ぎ》を生《しょう》ず）と言います。

末法《まっぽう》の日本において、いわば、この動執生疑《どうしゅうしょうぎ》を起《お》こしゆかれた方が、日蓮大聖人であると言えましょう。民衆《みんしゅう》を苦悩《くのう》に陥《おとしい》れる邪義《じゃぎ》を糾《ただ》す「立正安国《りっしょうあんこく》」の師子吼《ししく》が、傲《おご》り高《たか》ぶった権力《けんりょく》の魔性《ましょう》を震撼《しんかん》させたのです。

狂暴《きょうぼう》な弾圧《だんあつ》は、既成勢力《きせいせいりょく》の動揺《どうよう》の表《あらわ》れにほかなりません。

しかし大聖人は、身命《しんみょう》に及《およ》ぶ迫害《はくがい》をも「日蓮悦《よろこ》んで云《い》わく、本《もと》より存知《ぞんち》の旨《むね》なり」（新一二二六ページ・全九一〇ページ）と悠然《ゆうぜん》と見下《みお》ろされ、戦い抜《ぬ》かれた。

「日蓮は流罪《るざい》を二度までも蒙《こうむ》り、すでに頸《くび》の座《ざ》にもすえられたけれども、少しも恐《おそ》れなかったので、今では日本国の人々の中にも『日蓮の言うことが道理《どうり》かもしれない』という人もあるであろう」（新一五四七ページ・全一一三八ページ、趣意）と仰《おお》せの通《とお》りです。

この大聖人に直結《ちょっけつ》する創価学会も、日本と世界に〝動執生疑《どうしゅうしょうぎ》〟を呼《よ》び起《お》こしてきました。

源流期《げんりゅうき》の国家諫暁《こっかかんぎょう》の殉難《じゅんなん》。

草創期《そうそうき》の民衆救済《みんしゅうきゅうさい》の折伏《しゃくぶく》。

躍進期《やくしんき》の地域友好《ちいきゆうこう》の拡大《かくだい》。

そして今、仏法《ぶっぽう》を根幹《こんかん》とした人類貢献《じんるいこうけん》の平和・文化・教育の大潮流《だいちょうりゅう》を広げています。

創価の理念《りねん》も運動も人材《じんざい》も、旧来《きゅうらい》の精神土壌《せいしんどじょう》では考《かんが》えられない前代未聞《ぜんだいみもん》の壮挙《そうきょ》である。真剣《しんけん》な皆様方の対話《たいわ》と行動《こうどう》は、日々、地域・社会に〝動執生疑《どうしゅうしょうぎ》〟の波《なみ》を起《お》こしています。法のため、人のため、社会のため、いかなる労苦《ろうく》も惜《お》しまぬ皆様方の勇気と智慧《ちえ》と雄弁《ゆうべん》は、偉大《いだい》なる地涌《じゆ》の菩薩《ぼさつ》の大力用《だいりきゆう》を放《はな》っているのです。

民衆救済《みんしゅうきゅうさい》の大正法《だいしょうほう》を弘《ひろ》める喜び

本抄《ほんしょう》には「大悪《だいあく》おこ《起》れば大善《だいぜん》きた《来》る。すでに、大謗法《だいほうぼう》、国《くに》にあり。大正法《だいしょうほう》、必《かなら》ずひろ《広》まるべし。各々《おのおの》なにをかなげ《歎》かせ給《たも》うべき」（新二一四五㌻・全一三〇〇㌻）ともあります。どんな大悪《だいあく》があろうと、何も嘆《なげ》くことはない。深《ふか》い闇《やみ》も大善《だいぜん》の旭日《きょくじつ》が昇《のぼ》りゆく大瑞相《だいずいそう》なのだ。これが仏法《ぶっぽう》の大確信《だいかくしん》です。

時代は乱《みだ》れに乱れている。不確《ふたし》かな風に不安《ふあん》を抱《いだ》きながら、流《なが》されゆく人生があまりにも多い。誰《だれ》もが、心の中では正《ただ》しい哲学《てつがく》の指標《しひょう》を求《もと》め始めている。

だからこそ、確固《かっこ》たる信念《しんねん》を勇敢《ゆうかん》に誠実《せいじつ》に語《かた》り抜《ぬ》く皆様方の声は、仏《ほとけ》の声の響《ひび》きとなって、人々の心を揺《ゆ》り動《うご》かさずにはおかないのであります。たとえ相手《あいて》が反発《はんぱつ》しているように見えても、根底《こんてい》では必《かなら》ず仏性《ぶっしょう》が薫発《くんぱつ》されているのです。

以前、「先駆《せんく》」の九州の一人《ひとり》の女性から、入会の決意《けつい》を伺《うかが》ったことがあります。

「皆さんの大情熱《だいじょうねつ》に『動執生疑《どうしゅうしょうぎ》』を起《お》こされ、ついに私も『蘭室《らんしつ》の友《とも》』となれました」

すでに入会前から、紹介者《しょうかいしゃ》の方と教学《きょうがく》を学《まな》んでいたのです。

深《ふか》き哲学《てつがく》を持つ人生は強い。

米国《べいこく》アイダホ大学のガイヤ博士も語《かた》ってくださった。

「創価学会の方々《かたがた》は、自《みずか》らの強い確信《かくしん》と信念《しんねん》に生《い》きておられる。強い信条《しんじょう》、信念《しんねん》のもとに人々に目的観《もくてきかん》を与《あた》え、導《みちび》いていくところにこそ、宗教本来《しゅうきょうほんらい》の使《し》命《めい》はあります」*と。

世界の知性《ちせい》が讃嘆《さんたん》してくださっているように、わが創価の友の行くところ、向かうところ、必《かなら》ず正義《せいぎ》の波動《はどう》が広がります。

今回の御文《ごもん》の直前《ちょくぜん》には、「迦葉尊者《かしょうそんじゃ》にあらずとも、まいをもまいぬべし。舎利弗《しゃりほつ》にあらねども、立《た》っておどりぬべし」（新二一四五ジペー・全一三〇〇ジペー）と仰《おお》せです。

あの「大阪の戦い」も、皆が地涌《じゆ》の舞《まい》を舞《ま》いながら〝まさか〟を実現《じつげん》した。常勝《じょうしょう》関西には師弟《してい》の真髄《しんずい》がある。ゆえに負《ま》けない。

ともあれ、大変であるほど、師弟不二《していふに》の信心の力《ちから》で、仏《ほとけ》の智慧《ちえ》を出して、我《われ》らは戦い進む。

その姿《すがた》を、心ある人々は真摯《しんし》に見つめています。必《かなら》ず仏縁《ぶつえん》が結《むす》ばれ、味方《みかた》は広がります。崇高《すうこう》な使命《しめい》の闘争《とうそう》に、楽《らく》な戦いなどない。試練《しれん》と戦うからこそ、仏《ほとけ》の力《ちから》が出せる。苦難《くなん》に打ち勝つからこそ、師《し》と共《とも》に仏になれる。仏弟子《ぶつでし》が喜《よろこ》び勇《いさ》んで、師《し》のもとで誓《ちか》って立ち上がるのです。これが法華経《ほけきょう》を貫《つらぬ》く師弟《してい》の勝利の舞《まい》なのであります。

思い切り楽《たの》しく!

大聖人は「元品《がんぽん》の法性《ほっしょう》は梵天《ぼんてん》・帝釈等《たいしゃくとう》と顕《あらわ》れ」(新一三三一ジペー・全九九七ジペー)と仰《おお》せになられている。梵天・帝釈といっても、遠《とお》くにいるのではない。強盛《ごうじょう》な祈《いの》りで、わが法性(仏《ぶっ》性《しょう》)を発揮《はっき》する時、その生命が梵天・帝釈として現《あらわ》れ、我《われ》らを厳然《げんぜん》と守護《しゅご》することを忘《わす》れてはなりません。

信心とは、究極《きゅうきょく》の勇気です。その勇猛《ゆうみょう》なる信心の一念《いちねん》で、衆生世間《しゅじょうせけん》、国土《こくど》世間をも大きく動かし、勝利していける。これが「一念三千《いちねんさんぜん》」の極意《ごくい》です。

私が戸田先生の弟子《でし》として、中国とロシア(旧《きゅう》ソ連《れん》)を初訪問《はつほうもん》(一九七四年)してから今年(二〇〇九年)で三十五年になります。

当時は、反対《はんたい》や圧迫《あっぱく》の声が渦巻《うずま》いていた。しかし今や、両国《りょうこく》をはじめ世界の五大州《ごだいしゅう》と結《むす》んできた平和・文化・教育の金《きん》の橋《はし》は、日本にとっても大事《だいじ》な命脈《めいみゃく》として感謝《かんしゃ》されている事実《じじつ》は、皆様方がご存《ぞん》じの通《とお》りです。

法華経《ほけきょう》では、地涌《じゆ》の菩薩《ぼさつ》の出現《しゅつげん》によって本門《ほんもん》が始まる。世界を舞台《ぶたい》に、幾《いく》百万の地涌の青年が立ち上がった今、いよいよ創価の「本門の時代」の開幕《かいまく》です。

戸田先生は叫《さけ》ばれました。

「前進前進、勝利勝利の創価学会であれ！

そのためには、勇気と確信《かくしん》と真剣勝負《しんけんしょうぶ》の創価学会たれ！

断《だん》じて皆が勝つのだ。負《ま》けてはならない。

これが広宣流布《こうせんるふ》の方程式《ほうていしき》だ。これが自分自身の永遠《えいえん》の勝利の人生、すなわち仏《ほとけ》になりゆくことだ」

わが広布《こうふ》の英雄《えいゆう》の皆様よ！

歓喜踊躍《かんきゆやく》して舞《ま》う上行菩薩《じょうぎょうぼさつ》の生命力を漲《みなぎ》らせて、生まれ変わったように生き生きと戦おう！　そして思い切り楽《たの》しく声を出しながら、仏《ほとけ》になりゆく勝利の万歳《ばんざい》を叫《さけ》び、勇敢《ゆうかん》に進もう！

妙《みょう》の三義《さんぎ》

わが生命は偉大《いだい》なり！

御聖訓

妙《みょう》と申《もう》すことは、開《かい》ということなり

――法《ほ》華《け》経題目抄《きょうだいもくしょう》（妙《みょう》の三義《さんぎ》の事《こと》）、新五三六ページ・全九四三ページ

妙《みょう》とは具《ぐ》の義《ぎ》なり。具《ぐ》とは円満《えんまん》の義《ぎ》なり

――新五三七ページ・全九四四ページ

妙《みょう》とは蘇生《そせい》の義《ぎ》なり。蘇生《そせい》と申《もう》すは、よみがえる《蘇》義《ぎ》なり

――新五四一ジペー・全九四七ジペー

人間の生命は、計《はか》り知《し》れない不思議《ふしぎ》な力《ちから》を持っています。

仏法《ぶっぽう》は、万人《ばんにん》に具《そな》わる偉大《いだい》な仏《ほとけ》の力用《りきゆう》を引き出す大法《だいほう》です。

私は広宣流布《こうせんるふ》の闘士《とうし》として、誰《だれ》もが持つ生命それ自体《じたい》の偉大《いだい》な力《ちから》を触発《しょくはつ》し、地球上に幸福と平和の花を咲《さ》かせゆくことを願《ねが》って、行動《こうどう》してきました。

モスクワ大学での二度目の講演《こうえん》

一九七四年（昭和四十九年）九月、私が初《はじ》めてロシアを訪問《ほうもん》したとき、「宗教否定《しゅうきょうひてい》の国になぜ行くのか」と問《と》われました。

私は、「そこには同じ人間がいるからです」と即答《そくとう》しました。

同じ人間として、わかり合えないはずはない。

友情《ゆうじょう》を結《むす》べないはずがない。

これが、仏法《ぶっぽう》の人間主義《しゅぎ》に生《い》き抜《ぬ》く私の信念《しんねん》であり、結論《けつろん》です。

平和への道も、人類《じんるい》の発展《はってん》も、一切《いっさい》は人間に始まり人間に帰着《きちゃく》するからです。
以来、日ロ友好《ゆうこう》の橋を大きく結《むす》んできた私は、一九九四年の五月には、モスクワ大学で「人間――大《おお》いなるコスモス」と題《だい》し、二度目の講演《こうえん》を行《おこな》いました。

ソ連邦《れんぽう》の崩壊《ほうかい》（一九九一年）後の激動《げきどう》の社会を毅然《きぜん》とリードされゆくロシアの第一級《だいいっきゅう》の学識者《しきしゃ》や、瞳凛々《ひとみりり》しき学生たちを前に論《ろん》じたのが、日蓮大聖人の仏法《ぶっぽう》の「妙《みょう》の三義《さんぎ》」であります。

この時は、「妙《みょう》」の一字に込《こ》められた哲理《てつり》を、「規範性《きはんせい》」「普遍性《ふへんせい》」「内発性《ないはっせい》」という観点《かんてん》から語《かた》り、自身の内面《ないめん》の価値《かち》に目覚《めざ》めた人間こそ歴史転換《てんかん》の鍵《かぎ》を握《にぎ》ることを論《ろん》じました。

〝妙《みょう》とは不可思議《ふかしぎ》〟

ここでは、この「妙《みょう》の三義《さんぎ》」を、私たち信仰者《しんこうしゃ》の「実践《じっせん》と人生」に即《そく》し、学《まな》んでいきましょう。

この「妙《みょう》の三義《さんぎ》」は、大聖人が「法華経題目抄《ほけきょうだいもくしょう》」で示《しめ》された甚深《じんじん》の法門《ほうもん》に基《もと》づきます。
万人《ばんにん》を成仏《じょうぶつ》に導《みちび》く法華経《ほけきょう》の題目――南無妙法蓮華経《なんみょうほうれんげきょう》の「妙《みょう》」の字に込《こ》められた功力《くりき》を、①開く義②具足《ぐそく》・円満《えんまん》の義③蘇生《そせい》の義、という意義《いぎ》に集約《しゅうやく》なされたものです。

第一に、大聖人は「妙《みょう》と申《もう》すことは、開《かい》ということなり」（新五三六ページ・全九四三ページ）と仰《おお》せである。

「開《ひら》く」義とは、法華経《ほけきょう》こそが諸経《しょきょう》の蔵《くら》を開く鍵《かぎ》である――すなわち、仏教《ぶっきょう》の大目的《だいもくてき》である一切衆生《いっさいしゅじょう》の成仏《じょうぶつ》の道を開く唯一《ゆいいつ》の経典《きょうてん》であると明《あ》かしています。

妙法には、九界《きゅうかい》の現実《げんじつ》の人間生命に秘《ひ》められた仏界《ぶっかい》という胸中《きょうちゅう》の宝蔵《ほうぞう》を開き、万人《ばんにん》の生命に伸《の》び伸びと躍動《やくどう》させていく力《ちから》があるのです。

第二に、「妙《みょう》とは具《ぐ》の義《ぎ》なり。具《ぐ》とは円満《えんまん》の義なり」（新五三七ページ・全九四四ページ）であります。

「具足《ぐそく》・円満《えんまん》」の義とは、法華経《ほけきょう》の題目は「根源《こんげん》の一法《いっぽう》」であり、あらゆる価値《かち》、あらゆる功徳《くどく》が、完全に収《おさ》まっていることを明《あ》かしています。

「譬《たと》えば、大海《たいかい》の一滴《いったい》の水《みず》に一切《いっさい》の河《かわ》の水を納《おさ》め」「秋冬枯《あきふゆか》れたる草木《そうもく》の、春夏《はるなつ》の日《ひ》に値《あ》って、枝葉《えだは》・華菓《はなみ》出来《しゅったい》するがごとし」（同）と仰《おお》せのように、「妙《みょう》」の一字には、あらゆる法と功徳《くどく》が円満《えんまん》に具《そな》わり、漲《みなぎ》っている。

そして第三に、「妙《みょう》とは蘇生《そせい》の義《ぎ》なり。蘇生と申《もう》すは、よみ《蘇》がえる義なり」（新五四一ページ・全九四七ページ）です。

これは、いかなる衆生《しゅじょう》をも蘇生《そせい》させ、成仏《じょうぶつ》させることができるという妙法の無量無辺《むりょうむへん》の功力《くりき》を説《と》いたものです。

爾前《にぜん》の経々《きょうぎょう》では、二乗《にじょう》などは、成仏《じょうぶつ》の種を炒《い》ってしまったようなもので、仏《ほとけ》になれないと差別《さべつ》されていた。しかし妙法は、権経《ごんきょう》で「死《し》せる者」とされていた人々の種も蘇《よみがえ》らせ、広々《ひろびろ》と成仏の境涯《きょうがい》へ導《みちび》くことができるのです。

以上が「妙《みょう》の三義《さんぎ》」の大要《たいよう》です。すなわち、わが胸中《きょうちゅう》の仏《ほとけ》の大生命を「開《ひら》く」。大宇宙《だいうちゅう》に遍満《へんまん》する仏の大生命が、わが一念《いちねん》に「具足《ぐそく》」する。そして凡夫《ぼんぷ》の生命を仏の生命へ「蘇《そ》生《せい》」させる。この妙法の「大良薬《だいろうやく》」の働《はたら》きを表《あらわ》しているのです。

天台大師《てんだいだいし》も「法華玄義《ほっけげんぎ》」に、「妙《みょう》は不可思議《ふかしぎ》に名《な》づくるなり」（新三四〇ジペー・全四〇〇ジペー）と述《の》べている。

私たちが唱《とな》える題目の「妙《みょう》」の一字には、これほど絶大《ぜつだい》な功徳力《くどくりき》があります。唱題《しょうだい》に励《はげ》み、広宣流布《こうせんるふ》に進みゆく我《われ》らの仏道修行《ぶつどうしゅぎょう》は、まさにこの「妙《みょう》の三義《さんぎ》」を、わが生活・人生の上に晴《は》れ晴《ば》れと現《げん》じゆく尊極《そんごく》の実践《じっせん》にほかならない。

ゆえに我《われ》らの信仰即人生《しんこうそくじんせい》には、絶対《ぜったい》に行き詰《づ》まりはありません。どんな境遇《きょうぐう》にいても、必《かなら》ず蘇生《そせい》できる。宇宙《うちゅう》の大法則《だいほうそく》に則《のっと》り、すべてを円満《えんまん》に調和《ちょうわ》させながら、無限《むげん》の活力《かつりょく》をもって勝利を開いていけることは、御聖訓《ごせいくん》に照《て》らし間違《まちが》いないのです。

わが師《し》・戸田先生は、病気や経済苦《けいざいく》と闘《たたか》う、草創《そうそう》の関西の同志《どうし》に師子吼《ししく》されました。

「信心をする目的《もくてき》は、みんなが本当に幸福になるためです。我々《われわれ》の生活は、悩《なや》みの生活です。貧乏《びんぼう》なものは裕福《ゆうふく》になり、病気の人は病気が治《なお》る。一家団欒《いっかだんらん》して、この世《よ》を幸福に暮《く》らすことです。

そしてまた、未来永劫《えいごう》に幸福になるために、信仰《しんこう》するのです」

民衆《みんしゅう》を救《すく》ってこそ

この恩師《おんし》の宣言《せんげん》の通《とお》り、妙法を持《たも》った友は、病魔《びょうま》を乗《の》り越《こ》え、仕事で実証《じっしょう》を広げ、一家和楽《わらく》を実現《じつげん》し、何ものにも崩《くず》されない幸福境涯《きょうがい》を開いてこられました。

あの「〝まさか〟が実現《じつげん》」と言われた「大阪の戦い」も、健気《けなげ》な庶民《しょみん》の人生の勝利劇《げき》こそが拡大《かくだい》の推進力《すいしんりょく》となったのです。宿命《しゅくめい》の嵐《あらし》に翻弄《ほんろう》され、絶望《ぜつぼう》の底《そこ》にいた庶民に手を差《さ》し伸《の》べてきたことこそ、学会の誇《ほこ》りです。

「妙《みょう》とは蘇生《そせい》の義《ぎ》なり」

創立《そうりつ》の父・牧口常三郎《つねさぶろう》先生が拝《はい》されていた御書をひもとくと、この一節《いっせつ》に傍線《ぼうせん》が引かれています。

牧口先生・戸田先生が身読《しんどく》なされた、この御聖訓《ごせいくん》を抱《だ》きしめて、どれほど多くの庶民《しょみん》が立ち上がり、幸福を勝ち取ってきたことでしょうか。まさに、民衆《みんしゅう》を絶望《ぜつぼう》の淵《ふち》から蘇生《そせい》させずにはおかぬ希望の御金言《ごきんげん》です。

不幸《ふこう》な民衆《みんしゅう》を救《すく》ってこそ、真《しん》の力《ちから》ある宗教《しゅうきょう》であり、生きた宗教である。学会こそ、「妙《みょう》の三義《さんぎ》」の功徳《くどく》を体現《たいげん》した金剛不滅《こんごうふめつ》の仏《ほとけ》の大連帯《だいれんたい》なのであります。

閉塞感《へいそくかん》を打《う》ち破《やぶ》る根本《こんぽん》の力《ちから》

ここで、本抄《ほんしょう》の時代背景《はいけい》を確認《かくにん》しておきたい。

この「法華経題目抄《ほけきょうだいもくしょう》」の御執筆《ごしっぴつ》は、文永《ぶんえい》三年（一二六六年）の正月とされます。いまだ念仏《ねんぶつ》に執着《しゅうちゃく》を持っていた女性に、大聖人は力強《ちからづよ》く法華経の題目の大功力《だいくりき》を綴《つづ》られております。

「女人《にょにん》は法華経《ほけきょう》をはなれ《離》て仏《ほとけ》になるべからず」（新五四二ページ・全九四八ページ）、「常《つね》に南無妙法蓮《なんみょうほうれん》華経《げきょう》と唱《とな》えさせ給《たも》うべし」（新五三三ページ・全九四一ページ）と明快《めいかい》に励《はげ》まされているのです。

当時、念仏宗《ねんぶつしゅう》では、法華経《ほけきょう》を捨《す》てよ、閉《と》じよ、閣《さしお》け、抛《なげう》て（捨閉閣抛《しゃへいかくほう》）と説《と》いていた。法華経《ほけきょう》という人間生命の尊厳性《そんげんせい》を説《と》き切った大法《だいほう》を「捨閉閣抛《しゃへいかくほう》」することは、実《じつ》は自分自身の尊極《そんごく》の生命を「捨閉閣抛」することにほかならない。それでは、希望を捨《す》て幸福の道を閉《と》ざしてしまうばかりであります。

大聖人は、こうした人々の生命力を奪《うば》う邪説《じゃせつ》の哀音《あいおん》を、鋭《するど》く破折《はしゃく》し抜《ぬ》かれたのです。

今日《こんにち》の時代相《じだいそう》も、同様《どうよう》の風潮《ふうちょう》が色濃《いろこ》く現《あらわ》れています。

確《たし》かな哲学《てつがく》に目を閉《と》ざし、小さなエゴに閉じこもりがちで、未来への希望が持てない青年も少《すく》なくない。人と人が織《お》りなす交流《こうりゅう》の縁起《えんぎ》を断《た》ち切《き》ることは、人生の豊《ゆた》かな宝《たから》を自《みずか》ら「捨閉閣抛《しゃへいかくほう》」することになってしまう。

「当世《とうせい》は世《よ》みだれ《乱》て民《たみ》の力《ちから》よわし《弱》」(新二〇四七ジペー・全一五九五ジペー)と、大聖人は慨嘆《がいたん》なされました。

生きる活力《かつりょく》が弱《よわ》まれば、新時代を創《つく》る息吹《いぶき》も生まれません。

いうならば、「捨閉閣抛《しゃへいかくほう》」の悪弊《あくへい》ともいうべき閉塞感《へいそくかん》・虚無感《きょむかん》を打破《だは》しゆく根本《こんぽん》のエネルギーこそ、妙法なのです。

対話、信頼《しんらい》、希望を広げる宗教《しゅうきょう》

日蓮仏法《ぶっぽう》は、どこまでも現実変革《げんじつへんかく》の宗教《しゅうきょう》です。「妙《みょう》の三義《さんぎ》」に即《そく》して言えば、閉《と》ざされた時代の闇《やみ》を打《う》ち破《やぶ》る宗教である。

すなわち――

①開く＝はつらつと社会に飛《と》び込《こ》み、人々の心《こころ》を開きゆく「対話《たいわ》の宗教《しゅうきょう》」です。

②具足《ぐそく》・円満《えんまん》＝万人《ばんにん》に具《そな》わる尊貴《そんき》な生命を、共々《ともども》に輝《かがや》かせてゆく「信頼《しんらい》の宗教《しゅうきょう》」です。

③蘇生《そせい》＝いかなる壁《かべ》をも打開《だかい》し、永遠《えいえん》の幸福境涯《きょうがい》を生き生きと築《きず》いてゆく「希望の宗《しゅう》教《きょう》」なのです。

その偉大《いだい》な実践者《じっせんしゃ》が、わが創価の同志《どうし》の皆様であります。

人間は、人間の中でしか自分を磨《みが》くことはできません。人と交《まじ》わり、人に学《まな》ぶ中でこそ、自分を鍛《きた》え、向上《こうじょう》していける。

爽《さわ》やかに、挨拶《あいさつ》の声をかける。友の悩《なや》みに耳を傾《かたむ》ける。

それは、「必《かなら》ず幸福になる仏《ほとけ》の力《ちから》が、あなたの生命の中に具《そな》わっています」との大確信《だいかくしん》を伝《つた》える対話です。

そして「何があっても、絶対《ぜったい》に道は開けます」と、勇気と希望を贈《おく》る励《はげ》ましです。

「自他共《じたとも》の幸福」を目指《めざ》して進む、婦人部をはじめ学会の同志《どうし》こそ、地域《ちいき》・社会における人間交流《こうりゅう》の太陽なのです。学会ほど、ありがたいところはありません。

日蓮大聖人は、病気《びょうき》と闘《たたか》う富木常忍《ときじょうにん》の夫人《ふじん》に対《たい》して、「尼御前《あまごぜん》の御所労《ごしょろう》の御事《おんこと》、我《わ》が身《み》一身《いっしん》の上《うえ》とおも思《おも》い候《そうら》えば、昼夜《ちゅうや》に天《てん》に申《もう》し候《そうろう》なり」（新一三五三ジペー・全九七八ジペー）と仰《おお》せになられました。

この末法《まっぽう》の御本仏《ごほんぶつ》の大慈大悲《だいじだいひ》に直結《ちょっけつ》し、同志《どうし》の悩《なや》みを我《わ》がこととして、真剣《しんけん》に祈《いの》り、励《はげ》まし合う世界が創価学会です。

何かあれば、すぐに同志《どうし》が飛《と》んで来てくれる。自分の方《ほう》が大変であっても、心にかけ、声をかけ、渾身《こんしん》の力《ちから》で支《ささ》えてくれる。菩薩《ぼさつ》の振《ふ》る舞《ま》いです。いな仏《ほとけ》そのものの心です。

インドの名門《めいもん》ヒマーチャル・プラデーシュ大学のシャルマ副総長は語《かた》ってくださいました。

「SGIは、この世界に永遠《えいえん》に続《つづ》いていくべき団体《だんたい》であると私は信《しん》じます。なぜなら、池田博士とSGIの皆さんの世界への貢献《こうけん》は、誠実《せいじつ》・希望・慈愛《じあい》といった人間的な価値《かち》を、それを失《うしな》った人々に蘇《よみがえ》らせてくれるからです。破壊《はかい》のためではなく、建設《けんせつ》のためのエネルギーを贈《おく》ってくれるからです」

全国の同志《どうし》、なかんずく地区部長・地区婦人部長（現・地区女性部長）の尊《とうと》い労苦《ろうく》に、私も妻《つま》も心から感謝申《かんしゃもう》し上《あ》げます。〝絶対無事故《ぜったいむじこ》で健康《けんこう》・長寿《ちょうじゅ》たれ〟〝断《だん》じて断じて幸福に〟

と祈《いの》りに祈る日々です。

妙法根本《こんぽん》に自身の宿命《しゅくめい》を転換《てんかん》

もちろん、長い人生ですから、決《けっ》して順風満帆《じゅんぷうまんぱん》な時だけではない。会社の倒産《とうさん》や突然《とつぜん》のリストラ、農漁業《のうぎょぎょう》では凶作《きょうさく》や不漁《ふりょう》の時もある。

さらに病気《びょうき》や災害《さいがい》、不慮《ふりょ》の事故《じこ》など、「もう駄目《だめ》だ！」と思うような絶体絶命《ぜったいぜつめい》の苦境《くきょう》に直面《ちょくめん》することもあるかもしれません。

しかし、妙法は「蘇生《そせい》」の力《ちから》です。「苦《く》をば苦とさとり」（新一五五四㌻・全一一四三㌻）と仰《おお》せのごとく、一切《いっさい》を御本尊に訴《うった》え、師子吼《ししく》の題目を唱《とな》え抜《ぬ》いていくならば、わが生命の仏《ほとけ》の力用《りきゆう》が発動《はつどう》し、断《だん》じて勝ち越《こ》えていける。それだけの広大無辺《こうだいむへん》の力《ちから》が妙法には具《そな》わっている。宇宙《うちゅう》をも包《つつ》みこむ大境涯《だいきょうがい》を開き、無数《むすう》の諸天善神《しょてんぜんじん》を動かせるのです。

仏法《ぶっぽう》には無駄《むだ》がない。仏眼《ぶつげん》・法眼《ほうげん》で見れば、信心の途上《とじょう》でぶつかる苦悩《くのう》や課題《かだい》は全部、意味がある。祈《いの》り、戦い、負《ま》けずに進んでいけば、あとで振《ふ》り返《かえ》ったとき、一番良い方向《ほうこう》に進んでいたことがわかります。

恩師《おんし》は私に「大ちゃん、人生は悩《なや》まねばならぬ。悩んではじめて、信心もわかる、偉大《いだい》な人になるのだ」と言われました。

最強無敵《さいきょうむてき》の妙法の利剣《りけん》を持つ私たちは、不幸《ふこう》を幸福に、宿命《しゅくめい》を使命《しめい》に変えることができる。

「苦《くる》しみはどんな苦しみでも、必ずわれわれに益《えき》するものである」*とは、大文豪《だいぶんごう》トルストイの至言《しげん》です。

どんな苦難《くなん》でも来《こ》い。さあ、宿命転換《しゅくめいてんかん》の時だ。大境涯《だいきょうがい》を開くチャンスだ――そう腹《はら》を決めた人は、一切《いっさい》を幸福への原動力《げんどうりょく》に変えていけるのです。

信心とは、永久《えいきゅう》に「蘇生《そせい》」であり、永遠《えいえん》に「復活《ふっかつ》」の道だからであります。

戸田先生は青年に語《かた》られた。

「妙法を受持《じゅじ》して、絶望《ぜつぼう》の淵《ふち》から美事《みごと》に立ち上がって、生きがいをもって蘇生《そせい》した学会員が、どれほど多くいることか。

学会は考《かんが》えれば考えるほど、不思議《ふしぎ》な団体《だんたい》です。使命《しめい》を持った教団《きょうだん》です。この学会と縁《えにし》を結《むす》んだ諸君《しょくん》も、誠《まこと》に不思議な青年と言わなくてはならない」

どうか、信心を貫《つらぬ》く皆様方の生命そのものが「開《ひら》く」「具足《ぐそく》・円満《えんまん》」「蘇生《そせい》」という「妙《みょう》の三義《さんぎ》」の当体《とうたい》であることを、強く深《ふか》く確信《かくしん》して、広宣流布《こうせんるふ》の先頭《せんとう》を進み抜《ぬ》いてください。

「自《みずか》らの主《あるじ》たれ！」

戸田先生は「妙法蓮華経《みょうほうれんげきょう》とは、宇宙《うちゅう》の一切《いっさい》の森羅万象《しんらばんしょう》を包含《ほうがん》する一大活動なり」と断言《だんげん》されました。

「妙《みょう》の三義《さんぎ》」は、この宇宙根源《うちゅうこんげん》の妙法の尊《とうと》い意義《いぎ》を教えています。それとともに、妙法を持《たも》つ人間生命それ自体《じたい》の偉大《いだい》さ、無限《むげん》さを表現《ひょうげん》した哲理《てつり》であると言えましょう。

いわば「わが生命は宇宙大《うちゅうだい》なり！」という大《おお》いなる讃歌《さんか》にほかなりません。

十五年前（一九九四年）、私がモスクワ大学の講演《こうえん》で語《かた》った眼目《がんもく》も、「人間は大《おお》いなるコスモス（宇宙《うちゅう》）である」「人間よ自《みずか》らの主《あるじ》たれ！」という生命讃嘆《さんたん》のメッセージでありました。

私たちの運動は、世界の民衆《みんしゅう》を結《むす》び、青年をつなぎ、幾多《いくた》の人々に生きがいを贈《おく》り、社会を「蘇生《そせい》」させてきました。まさに平和と幸福のシルクロードを広げゆく、二十一世紀文明《ぶんめい》の栄光の大行進《だいこうしん》であります。

「妙《みょう》」なる大法《だいほう》を持《たも》つ我《われ》らの人生は、三世永遠《さんぜえいえん》にわたる無限《むげん》の希望の大航海《だいこうかい》です。

妙法を唱《とな》え、広宣流布《こうせんるふ》へ逞《たく》しく戦えば、「年《とし》はわこう《若》なり、福《ふく》はかさ《重》なり候《そうろう》べし」（新一五四三㌻・全一一三五㌻）の生命となるのです。

どうか共々《ともども》に、妙法を唱《とな》えに唱え、正義《せいぎ》を語《かた》りに語り、生まれ変わったような瑞々《みずみず》しい生命で、勝利また勝利の師弟《してい》の劇《げき》を勝ち開いていきましょう。

妙法の
力《ちから》は宇宙《うちゅう》の
力なば
何も恐《おそ》れず
すべてに勝ち抜《ぬ》け

師弟一体《していいったい》の労苦《ろうく》こそ必勝《ひっしょう》の力《ちから》

御聖訓

これ程《ほど》の不思議《ふしぎ》は候《そうら》わず。これひとえに、「陰徳《いんとく》あれば陽報《ようほう》あり」とは、これなり

——四条金吾殿御返事《しじょうきんごどののごへんじ》（源遠流長の事《げんおんりゅうちょうのこと》）、新一六一四ジペー・全一一八〇ジペー

陰徳《いんとく》の
労苦《ろうく》に励《はげ》みし
皆様は
必《かなら》ず幸《さち》の
陽報《ようほう》あるかな

冬の寒い朝、手にする「聖教新聞」から伝《つた》わってくるのは、寒風《かんぷう》を突《つ》いて配達《はいたつ》してくださっている「無冠《むかん》の友」の真心《まごころ》の温《ぬく》もりです。

いつ、いずこにあっても、私と妻《つま》の一念《いちねん》から、広布《こうふ》のために陰《かげ》で戦われる尊《とうと》き同志《どうし》への感謝《かんしゃ》が離《はな》れることはありません。

個人会場《こじんかいじょう》のご家庭《かてい》の方々《かたがた》、いつもありがとうございます。

創価班《そうかはん》、牙城会《がじょうかい》、王城会《おうじょうかい》、白蓮《びゃくれん》グループ、香城会《こうじょうかい》、白樺会《しらかばかい》・白樺グループ、会館守る会、創価宝城会《ほうじょうかい》、サテライトグループ、設営《せつえい》グループなど、青年部、壮年・婦人部の皆様のご尽力《じんりょく》にも、心より感謝申《かんしゃもう》し上《あ》げます。

また、各種会合《かくしゅかいごう》の役員の方々には、いつも本当にお世話《せわ》になります。新聞長《しんぶんちょう》、教宣部《きょうせんぶ》、書籍長《しょせきちょう》、文化長、統監部《とうかんぶ》、民音推進委員《みんおんすいしんいいん》等、広宣流布《こうせんるふ》を大きく開拓《かいたく》してくださっている皆様方。そして儀典長《ぎてんちょう》、儀典委員の皆様、本当にご苦労様《くろうさま》でございます。

さらに、大切《たいせつ》な大切な未来部を育《はぐく》む皆様方が、厳《きび》しい社会情勢《じょうせい》のなか、どれほど奮闘《ふんとう》してくださっていることか。

私は、各地の誉《ほま》れの一人《ひとり》ひとりに、直接《ちょくせつ》お会いして、御礼《おんれい》をお伝《つた》えする思いで、ここでは、陰徳陽報《いんとくようほう》を教えられている御文《ごもん》を拝《はい》してまいります。

「これ程《ほど》の不思議《ふしぎ》は候《そうら》わず。これひとえに、『陰徳《いんとく》あれば陽報《ようほう》あり』とは、これなり」（新一六一四㌻・全一一八〇㌻）——これほど不思議なことはない。まったく陰徳あれば陽報ありとは、このことである——。

これは、四条金吾《しじょうきんご》に贈《おく》られた御聖訓《ごせいくん》です。金吾は、正《ただ》しき信仰《しんこう》ゆえに、讒言《ざんげん》をされ、主君《しゅくん》である江間氏《えまし》の不興《ふきょう》をかい、所領《しょりょう》を没収《ぼっしゅう》されかけるなど、長期《ちょうき》にわたって苦境《くきょう》が続《つづ》きました。

しかし、ついには、主君《しゅくん》の信頼《しんらい》を再《ふたた》び勝ち得《え》て、以前より所領《しょりょう》も加増《かぞう》された。坊主《ぼうず》の謀略《ぼうりゃく》も、同僚《どうりょう》の妬《ねた》みもはね返し、威風堂々《いふうどうどう》たる大勝利を飾《かざ》りました。その弟子《でし》の実証《じっしょう》を、日蓮大聖人は「陰徳《いんとく》あれば陽報《ようほう》あり」と喜《よろこ》ばれ、讃《たた》えてくださったのです。

もともとは、中国の古典《こてん》『淮南子《えなんじ》』に出てくる言葉《ことば》です。

「陰徳《いんとく》」とは、人の知らないところで積《つ》んだ徳をいいます。

「陽報《ようほう》」は、目に見える具体的《ぐたいてき》な結果《けっか》を表《あらわ》しています。

「陰徳《いんとく》」を積《つ》まずして「陽報《ようほう》」のみを追《お》い求《もと》める。それは人生の正道《せいどう》ではない。

そこには、因果律《いんがりつ》を弁《わきま》えない愚《おろ》かさがあり、努力《どりょく》を怠《おこた》り、苦労《くろう》を避《さ》けようとする弱《よわ》さがあるからです。

私たちにとって「陰徳《いんとく》」とは、人が見ていようがいまいが、勇気ある信心を貫《つらぬ》き、真剣《しんけん》に誠実《せいじつ》に智慧《ちえ》と力《ちから》の限《かぎ》りを尽《つ》くしていくことです。仏法《ぶっぽう》の功徳《くどく》は、顕益《けんやく》、冥益《みょうやく》、いずれもあります。

いつ現《あらわ》れるか。それは、わからない。けれども絶対《ぜったい》に、陰徳《いんとく》は陽報《ようほう》の源《みなもと》となり、果報《かほう》となって現れる。その意味《いみ》で、「陽報」の究極《きゅうきょく》は妙法にあるとも言えるのです。

これが、「冬《ふゆ》は必《かなら》ず春《はる》となる」（新一六九六ジペー・全一二五三ジペー）という仏法《ぶっぽう》の法理《ほうり》です。

四条金吾《しじょうきんご》の過酷《かこく》な逆境《ぎゃっきょう》の冬は、五年の長きに及びました。普通《ふつう》であれば、へこたれ、つぶれてしまったかもしれない。

しかし金吾《きんご》には、自らの「陰徳《いんとく》」の一切《いっさい》を、見守《みまも》り導《みちび》いてくださる大聖人《だいしょうにん》がおられた。

御書には一貫《いっかん》して、金吾の「心《こころ》」「心ざし」「一念《いちねん》」が深《ふか》く強く固《かた》まるよう激励《げきれい》されております。


「この経を持《たも》たん人《ひと》は難《なん》に値《あ》うべしと心得《こころえ》て持つなり」（新一五四四ページ・全一一三六ページ）

「心《こころ》ざし人《ひと》にすぐ《勝》れておわする」（新一五六二ページ・全一一四九ページ）

「心《こころ》の財第一《たからだいいち》なり」（新一五九六ページ・全一一七三ページ）

「心の財をつま《積》せ給《たも》うべし」（同）

「いよいよ道心堅固《どうしんけんご》にして、今度《こんど》仏《ほとけ》になり給《たま》え」（新一六〇六ページ・全一一八四ページ）

「されば、能《よ》く能く心《こころ》をきたわ《鍛》せ給《たも》うにや」（新一六〇八ページ・全一一八六ページ）

一切《いっさい》は「心《こころ》」で決まる。

「心」で耐《た》え抜《ぬ》く。「心」で開く。

そして「心」で勝つのです。まさに「心こそ大切《たいせつ》なれ」（新一六二三ページ・全一一九二ページ）です。

ただ、その心《こころ》というものは、すぐ縁《えん》に紛動《ふんどう》され、揺《ゆ》れ動《うご》いてしまう。

だからこそ、師《し》の言われる通《とお》り仏道修行《ぶつどうしゅぎょう》に励《はげ》み、師の心《こころ》にわが心を合致《がっち》させていく。この不二《ふに》の結合《けつごう》から、金剛不壊《こんごうふえ》の仏《ほとけ》の力《ちから》が生まれるのです。

〝前へ 前へ 永遠《えいえん》に前へ〟

私は、戸田先生が最《もっと》も苦難《くなん》に立たれた時、師子奮迅《ししふんじん》の力《ちから》でお仕《つか》えし、お護《まも》りしました。それは死闘《しとう》でありました。

当時の日記にこう記《しる》しております。

「毎日、地味《じみ》な、誰人《たれびと》にも知られぬ仕事。これが大事《だいじ》だ。自分の振《ふ》る舞《ま》いを、満天下《まんてんか》に示《しめ》すのは、時代が決定《けってい》するものだ」

「私は再《ふた》び、次の建設《けんせつ》に、先生と共《とも》に進む。唯《ただ》これだけだ。前へ、前へ、永遠《えいえん》に前へ」*

師弟《してい》の労苦《ろうく》に、少《すこ》しも無駄《むだ》はありません。全部、不滅《ふめつ》の宝《たから》となり、栄光となっていきます。

大変であればあるほど、自分が率先《そっせん》して祈《いの》り動く。誰《だれ》よりも苦労《くろう》して、勝利を開いてみせる。その決定《けつじょう》した「不惜身命《ふしゃくしんみょう》」の信力《しんりき》・行力《ぎょうりき》に、偉大《いだい》な仏力《ぶつりき》・法力《ほうりき》が現《あらわ》れるのです。

広布《こうふ》も人生も真剣勝負《しんけんしょうぶ》です。油断《ゆだん》や逡巡《しゅんじゅん》、要領《ようりょう》や狡《ずる》さがあれば、戦いは勝てません。

一九五六年（昭和三十一年）の「大阪の戦い」の折《おり》、私は早朝《そうちょう》から全身全霊《ぜんしんぜんれい》の指揮《しき》を執《と》りました。

一人《ひとり》ひとりの友を誠心誠意《せいしんせいい》、励《はげ》まし、大阪中を隅《すみ》から隅まで駆《か》けずり回《まわ》りました。そして深夜《しんや》は、ただ一人、丑寅勤行《うしとらごんぎょう》を続《つづ》けました。

もともと「絶対《ぜったい》に不可能《ふかのう》」と言われた戦いです。

しかし「戸田先生のために断《だん》じて勝たせてください」と、私は祈《いの》って祈って祈り抜《ぬ》きました。打てる手は、すべて打ち尽《つ》くしました。

丑寅勤行《うしとらごんぎょう》のことも誰《だれ》も気づかなかった。だが御本尊は御照覧《ごしょうらん》です。その陰徳《いんとく》に無量無数《むりょうむすう》の仏天《ぶってん》も応《こた》えて「〝まさか〟が実現《じつげん》」の果報《かほう》として陽報《ようほう》が厳然《げんぜん》と現《あらわ》れたのです。

学会活動に徹《てっ》し抜いた功徳《くどく》は絶大《ぜつだい》です。

その功徳《くどく》は、足《た》し算《ざん》ではなくて、いわば掛《か》け算のように溢《あふ》れ出《で》てくる。これが一念《いちねん》の力《ちから》であり、妙法の法則《ほうそく》であり、勝利の方程式《ほうていしき》です。広布《こうふ》の責任《せきにん》を担《にな》い立つ行動《こうどう》は計《はか》り知《し》れない威光勢力《いこうせいりょく》を広げます。

仏法《ぶっぽう》の「内薫外護《ないくんげご》」の法理《ほうり》

古来《こらい》、「陰徳陽報《いんとくようほう》」とは、真面目《まじめ》に生きゆく人々の切実《せつじつ》な願望《がんぼう》であったといってよい。現《げん》実《じつ》は複雑《ふくざつ》であり、健気《けなげ》な努力《どりょく》が報《むく》われない場合《ばあい》があまりにも多いからです。

まして、人々の生命が濁《にご》った時代は、むしろ正義《せいぎ》の行動《こうどう》が反発《はんぱつ》される。陽報《ようほう》が現《あらわ》れない。ここに人間社会の宿命的《しゅくめいてき》な矛盾《むじゅん》がある。

これに対《たい》して、妙法を根底《こんてい》とした「陰徳《いんとく》」は必《かなら》ず、妙法の果報《かほう》として「陽報《ようほう》」となって輝《かがや》きます。

仏法《ぶっぽう》に「内薫外護《ないくんげご》」の法理《ほうり》があります。これも、戦う四条金吾《しじょうきんご》に示《しめ》された深義《じんぎ》であります。

「仏法《ぶっぽう》の中《なか》に内薫外護《ないくんげご》と申《もう》す大《おお》いなる大事《だいじ》ありて宗論《しゅうろん》にて候《そうろう》」（新一五九二ページ・全一一七〇ページ）、「かくれ《隠》たることのあらわれ《顕》たる徳《とく》となり候なり」（新同・全一一七一ページ）。

「内薫外護《ないくんげご》」の法理《ほうり》を踏《ふ》まえれば、私たちの生命に内在《ないざい》する仏性《ぶっしょう》が内《うち》から薫発《くんぱつ》し、外《そと》に自分を守り助《たす》ける働《はたら》きとして顕《あらわ》れる。つまり、自身の仏性を輝《かがや》かせることで、必《かなら》ず外護《げご》の働きを招《まね》き、「陽報《ようほう》」を現《あらわ》していくことができるのです。

妙法の「陰徳陽報《いんとくようほう》」とは、自らの内なる一念《いちねん》の力《ちから》で、外界《がいかい》の状況《じょうきょう》も揺《ゆ》り動かして勝っていく「生命の法則《ほうそく》」なのです。

戸田先生は言われました。

「妙法の功徳《くどく》は目に見えないうちに大きくなってくる。胸《むね》に植《う》えた仏《ほとけ》の種は必《かなら》ず大樹《たいじゅ》になる。いったん、そうなってしまえば、その時には〝もう功徳はいらない〟と言っても、どんどん出てくるんだ」

私のもとには、この厳《きび》しい不況《ふきょう》と戦いながら、崇高《すうこう》なる「陰徳《いんとく》」を積《つ》まれゆく同志《どうし》の報《ほう》告《こく》が次々と届《とど》きます。

「必《かなら》ず勝ちます！」「見ていてください！」

私は妻《つま》と共《とも》に懸命《けんめい》に題目を送《おく》り続《つづ》ける日々です。

断固《だんこ》として勝利されることを祈《いの》っています。

祈《いの》りの「宝刀《ほうとう》」で開け！

私が対談《たいだん》した、アメリカのカズンズ博士は「希望こそ私の秘密兵器《ひみつへいき》」と語《かた》られました。

妙法は、究極《きゅうきょく》の希望の力《ちから》です。勝利の力です。

「苦《く》をば苦とさとり《覚》、楽《らく》をば楽とひらき《開》、苦楽ともに思《おも》い合《あ》わせて南無妙法蓮華経《なんみょうほうれんげきょう》とうち《打》となえ《唱》い《居》させ給《たま》え」（新一五五四ページ・全一一四三ページ）

何があっても題目を唱《とな》え抜《ぬ》きながら、永遠《えいえん》に崩《くず》れざる幸福の大境涯《だいきょうがい》を開き切っていく。

祈《いの》りは「宝刀《ほうとう》」です。

大聖人は、絶《た》え間《ま》なく金吾《きんご》に励《はげ》ましを贈《おく》り続《つづ》けられた。

これが仏《ほとけ》の振《ふ》る舞《ま》いであられる。

トインビー博士は、北海道の青年教育者に言われました。

「(=人々が)『ありがとう』という言葉《ことば》を、昨日よりもきょう、一回でも多く交《か》わしあうような人間社会の創造《そうぞう》に向けて努力《どりょく》されるように期待《きたい》しています」*

陰《かげ》で苦労《くろう》する人に、最敬礼《さいけいれい》して感謝《かんしゃ》と労《ねぎら》いの声をかける。

喜《よろこ》びが広がり、力《ちから》は倍加《ばいか》する。ここに、創価の世界があります。

共々《ともども》に励《はげ》まし合い、偉大《いだい》な勝利の金字塔《きんじとう》を、痛快《つうかい》に打ち立てようではありませんか。

晴《は》ればれと
　この世《よ》勝ち抜《ぬ》き
　　三世《さんぜ》まで
我《われ》らの生命《いのち》は
　　不滅《ふめつ》の功徳《くどく》と

創価の師《し》弟《てい》

「御義口伝《おんぎくでん》」と青年

永遠《えいえん》を一瞬《いっしゅん》に凝結《ぎょうけつ》しゆく唱題行《しょうだいぎょう》

御聖訓

一念《いちねん》に億劫《おくごう》の辛労《しんろう》を尽《つ》くせば、本来無作《ほんらいむさ》の三身念々《さんじんねんねん》に起《お》こるなり。いわゆる南無妙法蓮華経《なんみょうほうれんげきょう》は精進行《しょうじんぎょう》なり

——御義口伝《おんぎくでん》、新一〇九九ジペー・全七九〇ジペー

「大作、いいか。この御書を命《いのち》に刻《きざ》んでおけ。学会の闘士《とうし》は、この御聖訓《ごせいくん》を忘《わす》れるな！」

ここでは、入信の直後《ちょくご》、わが師《し》・戸田城聖《じょうせい》先生から、烈々《れつれつ》たる気迫《きはく》で魂《たましい》に打ち込《こ》んでいただいた御金言《ごきんげん》を共々《ともども》に拝《はい》したい。

法華経《ほけきょう》の涌出品《ゆじゅっぽん》第十五には「昼夜《ちゅうや》に常《つね》に精進《しょうじん》するは　仏道《ぶつどう》を求《もと》めんが為《ため》の故《ゆえ》なり」（法華経四六六ページ）と説《と》かれております。

これは、大地《だいち》より出現《しゅつげん》した無量《むりょう》千万億の地涌《じゆ》の菩薩《ぼさつ》が、無数劫《むしゅこう》という過去から、師匠《ししょう》である仏《ほとけ》の智慧《ちえ》を習《なら》い修《おさ》めてきた。その修行《しゅぎょう》の姿《すがた》を説《と》いた経文《きょうもん》です。

地涌《じゆ》の菩薩《ぼさつ》は、無量《むりょう》の長い時間、昼夜を問《と》わず一心《いっしん》に「師弟《してい》の道」を精進《しょうじん》し、巍々堂々《ぎぎどうどう》たる境涯《きょうがい》を開いたのです。この法華経《ほけきょう》の一文《いちぶん》について、日蓮大聖人は仰《おお》せになられました。

「一念《いちねん》に億劫《おくごう》の辛労《しんろう》を尽《つ》くせば、本来無作《ほんらいむさ》の三身念々《さんじんねんねん》に起《お》こるなり。いわゆる南無妙法《なんみょうほう》蓮華経《れんげきょう》は精進行《しょうじんぎょう》なり」（新一〇九九ページ・全七九〇ページ）

仏法《ぶっぽう》を行《ぎょう》ずる地涌《じゆ》の菩薩《ぼさつ》が、瞬間《しゅんかん》瞬間、仏《ほとけ》の生命を現《あらわ》していることを示《しめ》されています。

今、末法《まっぽう》の我々《われわれ》、地涌《じゆ》の菩薩《ぼさつ》が、この瞬間《しゅんかん》瞬間の生命の内に億劫《おくごう》の辛労《しんろう》を尽《つ》くしゆくこと。それが南無妙法蓮華経《なんみょうほうれんげきょう》の唱題行《しょうだいぎょう》なのである、との御文《ごもん》です。

それまでの仏道修行《ぶつどうしゅぎょう》は、「無量劫《むりょうこう》」という想像《そうぞう》を絶《ぜっ》する長遠《ちょうおん》な時間をかけて行《おこな》わねばならないとされてきました。そうではなく、南無妙法蓮華経《なんみょうほうれんげきょう》と唱《とな》えることによって、わが「一《いち》念《ねん》」に「本来無作《ほんらいむさ》の三身《さんじん》」、すなわち、もともと（本来）自分自身に具《そな》わっている、ありのまま（無作）の仏《ほとけ》の生命を湧《わ》き上《あ》がらせることができる。

いわば、永遠《えいえん》を一瞬《いっしゅん》に凝結《ぎょうけつ》して行《ぎょう》ずる修行《しゅぎょう》が、私たちの唱題行《しょうだいぎょう》なのです。

胸中《きょうちゅう》の仏《ほとけ》の大生命

「三身《さんじん》」とは、仏《ほとけ》の生命の三つの側面《そくめん》であり、端的《たんてき》に言えば「法身《ほっしん》」（真理《しんり》）、「報身《ほうしん》」（智慧《ちえ》）、「応身《おうじん》」（慈悲《じひ》）です。この三身がそろった完全《かんぜん》な大生命が、他のどこでもない、わが胸中《きょうちゅう》から湧《わ》き起《お》こってくるのです。

どれほど素晴《すば》らしい妙法の功力《くりき》であり、どれほど深遠《しんえん》な法理《ほうり》であり、どれほど荘厳《そうごん》な私たちの仏道修行《ぶつどうしゅぎょう》でありましょうか。

凡夫《ぼんぷ》である私たち自身の内に尊極《そんごく》の仏《ほとけ》の生命が厳然《げんぜん》と具《そな》わっている――この仰《おお》せは、仏法《ぶっぽう》の人間主義《しゅぎ》の精髄《せいずい》です。

古今東西《ここんとうざい》、権威《けんい》の聖職者《せいしょくしゃ》らが民衆《みんしゅう》を見下《みくだ》し、抑圧《よくあつ》してきたのが、多くの宗教《しゅうきょう》の悲劇《ひげき》の歴史です。「御義口伝《おんぎくでん》」は、こうした人間蔑視《べっし》、民衆《みんしゅう》蔑視の宗教《しゅうきょう》に対《たい》する挑戦《ちょうせん》であり、高《たか》らかな勝利宣言《せんげん》とも拝察《はいさつ》されます。

「一念《いちねん》に億劫《おくごう》の辛労《しんろう》を尽《つ》くせば」――私は若《わか》き日より、この「御義口伝《おんぎくでん》」を身《み》で拝《はい》し切る覚悟《かくご》で、戸田先生の弟子《でし》としての実践《じっせん》を貫《つらぬ》いてきました。広宣流布《こうせんるふ》の大師匠《だいししょう》であられる戸田先生をお護《まも》りし、その構想《こうそう》を一つ一つ実現《じつげん》するために、一念《いちねん》に億劫《おくごう》の辛労《しんろう》を尽《つ》くすのだ、と誓願《せいがん》していたのであります。

今の「一念《いちねん》」が勝負《しょうぶ》

私が先生にお仕《つか》えしたのは十年間です。しかし、そこには百年、いな千年にも匹敵《ひってき》する師弟《してい》の歴史が刻《きざ》まれました。

「南無妙法蓮華経《なんみょうほうれんげきょう》は精進行《しょうじんぎょう》なり」――甚深《じんじん》の仰《おお》せであります。精進《しょうじん》の「精」とは「無雑《むざつ》」。混《ま》じりけのない信心です。「進」とは「無間《むけん》」。絶《た》え間《ま》ない前進です。この純一《じゅんいつ》にして不退《ふたい》の「行《ぎょう》」に励《はげ》みゆくことが、私たちの成仏《じょうぶつ》への直道《じきどう》なのです。私たちにとって、広宣流布《こうせんるふ》のために苦労《くろう》しながら、前へ前へ進んでいくことは、すべて「億劫《おくごう》の辛労《しんろう》」に通《つう》じていきます。

今の「一念《いちねん》」が勝利を決する。ロシアの大文豪《だいぶんごう》トルストイも、「今に生きること、つまり、今、最高の行動《こうどう》をすることこそが賢明《けんめい》である」*と語《かた》った。真剣《しんけん》の一念《いちねん》が未来を開きます。

「一念《いちねん》」は見えない。しかし、それは行動《こうどう》となって現《あらわ》れる。「賢者《けんじゃ》はよろこび愚者《ぐしゃ》は退《しりぞ》く」（新一四八八ページ・全一〇九一ページ）と仰《おお》せの如《ごと》く、試練《しれん》にも喜《よろこ》び勇《いさ》んで挑《いど》む一念。これが「信心」です。その勇敢《ゆうかん》な前進の原動力《げんどうりょく》が「題目」です。

誰《だれ》しも、苦《くる》しみや悩《なや》みはある。経済苦《けいざいく》や病苦《びょうく》もある。けれども、妙法を唱《とな》え、広宣流布《こうせんるふ》へ進む人は、自分自身が仏《ほとけ》の生命となる。いかなる苦難《くなん》も乗《の》り越《こ》え、勝ち越えゆく仏の智《ち》慧《え》と力《ちから》を、わが命《いのち》から引き出すことができる。その戦いの中で、わが一念《いちねん》は、真金《しんきん》の如《ごと》く強くなり、深《ふか》まっていくのです。

「素晴《すば》らしい悩《なや》み」

戸田先生は、よく言われました。「お金がなくて悩《なや》む。体が弱《よわ》くて悩む。悩みは多次元《たじげん》にわたって時々刻々《じじこっこく》と起《お》こってくる。その中にあって、法を弘《ひろ》めようとして悩む。人々を幸福にしようとして悩む。正《ただ》しき信心に立って、法のため、人のため、広宣流布《こうせんるふ》のために悩む、ということは、最大の素晴《すば》らしい悩みである」と。

師弟《してい》の大願《だいがん》を掲《かか》げて行動《こうどう》する、その一瞬《いっしゅん》一瞬の生命に、仏《ほとけ》と等《ひと》しい生命が「念々《ねんねん》に」溢《あふ》れてくるのです。

「月々日々《つきづきひび》」に強く励《はげ》みゆく学会活動こそ、現代《げんだい》の精進行《しょうじんぎょう》にほかなりません。わが同志《どうし》の皆様こそ、「本来無作《ほんらいむさ》の三身《さんじん》」の大生命を「念々《ねんねん》に」躍動《やくどう》させて戦う尊貴《そんき》な地涌《じゆ》の菩薩《ぼさつ》です。

「我《われ》らは、二十一世紀の精進行《しょうじんぎょう》の大英雄《だいえいゆう》なり」と、胸《むね》を張《は》って勇敢《ゆうかん》に今日も一歩前進していきましょう！

若師子《わかじし》の大法戦《だいほうせん》

「御義口伝《おんぎくでん》」は、日蓮大聖人が法華経《ほけきょう》の要文《ようもん》を講義《こうぎ》された御口授《ごこうじゅ》（口伝）を日興上人《にっこうしょうにん》が綴《つづ》り残《のこ》され、大聖人に御允可《ごいんか》（＝許可《きょか》）をいただいたと伝《つた》えられる、真髄《しんずい》の法門《ほうもん》です。

大聖人は身延《みのぶ》に入《はい》られてから法華経《ほけきょう》を講義《こうぎ》されました。大聖人は、あらゆる大難《だいなん》に打ち勝たれ、悠然《ゆうぜん》たる勝利の御境涯《ごきょうがい》で、末法万年《まっぽうまんねん》のため、後継《こうけい》の育成《いくせい》に全精魂《ぜんせいこん》を注《そそ》がれていたのです。

数多《かずおお》くの門下《もんか》の中で、日興上人《にっこうしょうにん》の闘争力《とうそうりょく》は抜《ぬ》きん出《で》ておられました。大聖人が御年《おんとし》五十三歳で身延《みのぶ》に入山《にゅうざん》された時、日興上人は二十九歳であられた。日興上人は、駿河《するが》（現在の静岡県中央部）を拠点《きょてん》として、大聖人のおられる甲斐《かい》（現在の山梨県）までの一帯《いったい》――いわば師《し》匠《しょう》を厳護《げんご》する「本陣《ほんじん》」で颯爽《さっそう》と指揮《しき》を執《と》り、弘教《ぐきょう》を展開《てんかい》された。そして、後《のち》に教団《きょうだん》の中核《ちゅうかく》となる青年門下《もんか》を続々《ぞくぞく》と育《そだ》てていかれたのです。

権力者《けんりょくしゃ》や邪法《じゃほう》の悪僧《あくそう》らは、大聖人の厳然《げんぜん》たる師子《しし》王《おう》のお姿《すがた》に恐《おそ》れおののいていた。ゆえに〝弟子《でし》を狙《ねら》え！〟と矛先《ほこさき》を変え、日興上人《にっこうしょうにん》とその後進《こうしん》たちも〝標的《ひょうてき》〟とされた。謀略《ぼうりゃく》によって追放《ついほう》された弟子門下《もんか》もいたのです。

あの「熱原《あつはら》の法難《ほうなん》」は、大聖人が弟子《でし》を育成《いくせい》されている時代に起《お》こりました。その熾烈《しれつ》な弾圧《だんあつ》との戦いの矢面《やおもて》に、若師子《わかじし》・日興上人《にっこうしょうにん》は立たれたのです。

師《し》であられる大聖人が、尽未来際《じんみらいさい》に向けて法華経《ほけきょう》の極理《ごくり》を講義《こうぎ》される中で、弟子《でし》の日興《にっこう》上人《しょうにん》は、破邪顕正《はじゃけんせい》のために「億劫《おくごう》の辛労《しんろう》」を尽《つ》くしておられた。

師匠《ししょう》をお護《まも》りし、広布《こうふ》の地盤《じばん》を広《ひろ》げる拡大戦《かくだいせん》。襲《おそ》い来る魔軍《まぐん》との攻防戦《こうぼうせん》。日興上人《にっこうしょうにん》は、この闘争《とうそう》の状況《じょうきょう》を逐一《ちくいち》、大聖人にご報告《ほうこく》し、次の前進への御指南《ごしなん》を仰《あお》がれたに違《ちが》いない。戦いは、ひたぶるに師《し》を求《もと》め、師と呼吸《こきゅう》を合わせる電光石火《でんこうせっか》の往来《おうらい》の中で勝ち開かれたのです。

そうした中で日興上人《にっこうしょうにん》は、命《いのち》を賭《と》しての闘争《とうそう》に身《み》を置《お》かれながら、師《し》の講義《こうぎ》を完璧《かんぺき》に後《こう》世《せい》に伝《つた》えようとされたのだと拝《はい》されます。万年《まんねん》の民衆救済《みんしゅうきゅうさい》へ、遺言《ゆいごん》の思いで講義なされる師匠《ししょう》。その師の教《おし》えを一言一句《いちごんいっく》も違《たが》えず心肝《しんかん》に染《そ》め、権力《けんりょく》の魔性《ましょう》と戦い抜《ぬ》く覚悟《かくご》の弟子《でし》。あまりにも厳粛《げんしゅく》でした。その志《こころざし》は、他の五老僧《ごろうそう》とは天地雲泥《てんちうんでい》であった。だからこそ、師《し》の正義《せいぎ》と法華経《ほけきょう》の真髄《しんずい》を余《あま》すところなく残《のこ》すことができた。「御義口伝《おんぎくでん》」は、まさに師弟不二《していふに》の勝利劇《げき》の結晶《けっしょう》として残されているのです。

歴史は、人間と人間が創《つく》る。その究極《きゅうきょく》が師弟《してい》です。師とともに「精進行《しょうじんぎょう》」に打《う》ち込《こ》める人生は、最高に幸福です。それ自体《じたい》が不滅《ふめつ》の光《ひかり》を放《はな》つ栄光の一日一日なのです。

戸田先生の講義《こうぎ》

戸田先生は、師《し》・牧口常三郎《つねさぶろう》先生にお供《とも》されて、命《いのち》がけの獄中闘争《ごくちゅうとうそう》で仏法《ぶっぽう》の真髄《しんずい》を悟達《ごだつ》なされた。学者でも、聖職者《せいしょくしゃ》でもない。最極《さいごく》の法を生命で実践《じっせん》された行者《ぎょうじゃ》でした。その先生が、時に厳《げん》として、時に闊達《かったつ》に、時にユーモアを交《まじ》えながら、自在《じざい》に発《はっ》せられる指導《しどう》や講義《こうぎ》は、幾《いく》十万もの庶民《しょみん》の心に勇気と希望の炎《ほのお》を点火《てんか》してくださいました。

先生は、場所《ばしょ》も時も問《と》わず、あらゆる場面《ばめん》でご指導《しどう》くださった。ご自宅《じたく》や西神田《にしかんだ》の旧学会本部だけではありません。道を歩《ある》きながらでも、地方に向かう列車《れっしゃ》の中でも、突如《とつじょ》として御書の講義《こうぎ》が始まるのが常《つね》でした。

「本当に私の講義《こうぎ》を身《み》をもって受けた人間は、根本的《こんぽんてき》に力《ちから》が違《ちが》うよ。あとでわかる」と語《かた》られておりました。

門下《もんか》よ戦い進め！

学会は、戸田先生の願業《がんぎょう》である七十五万世帯《せたい》の大折伏《だいしゃくぶく》に向かって勇猛精進《ゆうみょうしょうじん》していた。私は師《し》の構想《こうそう》を実現《じつげん》する大闘争《だいとうそう》の中で、深夜《しんや》、妻《つま》とともに、先生の指導《しどう》を必死《ひっし》に綴《つづ》り残《のこ》しました。師の教《おし》えを一言《ひとこと》も漏《も》らさず、未来永遠《えいえん》に残しゆかんとの祈《いの》りを込《こ》めてです。

先生が逝去《せいきょ》された後も、小説《しょうせつ》『人間革命』を不惜身命《ふしゃくしんみょう》の激務《げきむ》の中で執筆《しっぴつ》してきました。さらに先生の全集《ぜんしゅう》をまとめ、講義《こうぎ》のレコードを作り、先生の思想《しそう》を語《かた》りに語り抜《ぬ》いてきました。

恩師逝《おんしゆ》いて五十年（二〇〇八年）――。私は師《し》の正義《せいぎ》を社会に宣揚《せんよう》し、世界に広げる使命《しめい》に、全生命を捧《ささ》げてきたのです。

「仏法《ぶっぽう》は、すべて証拠主義《しょうこしゅぎ》である。証拠がなければ、観念論《かんねんろん》でしかない」とは、戸田先生の透徹《とうてつ》した指針《ししん》でした。

今、私はこの師弟不二《していふに》の使命と栄光の印綬《いんじゅ》を、わが青年部の諸君《しょくん》に託《たく》したい。

創価の正義《せいぎ》を未来へ広げゆくには、師《し》と心を合わせて弟子《でし》が妙法を朗々《ろうろう》と唱《とな》え抜《ぬ》き、「一《いち》念《ねん》に億劫《おくごう》の辛労《しんろう》」を尽《つ》くす以外にない。広宣流布《こうせんるふ》は、一閻浮提《いちえんぶだい》に開きゆく、師と青年との〝勝利の共同作業《きょうどうさぎょう》〟であることを宣言《せんげん》しておきます。

先生は「大作を育《そだ》てたから、もう安心だ」と語《かた》っておられました。弟子《でし》の誉《ほま》れです。師匠《ししょう》に、ご安心していただけること以上の幸福はありません。

先生はこうも言われました。

「人間は戦うために生まれてきた。進みに進み、勝つために生まれた。これが幸福と平和につながる人生の意義《いぎ》である。人生は勝利のためにある」

その勝利の力《ちから》が題目です。

今、私は直系《ちょっけい》の弟子《でし》である青年部に、万感《ばんかん》の期待《きたい》を込《こ》めて呼《よ》びかけたい。

わが門下《もんか》よ、一念《いちねん》に億劫《おくごう》の辛労《しんろう》を尽《つ》くせ！　徹底《てってい》して苦労《くろう》せよ！

試練《しれん》の炎《ほのお》の中で生命を鍛《きた》え、金剛不壊《こんごうふえ》の大城《だいじょう》の如《ごと》き自分自身を創《つく》り上《あ》げよ！

私とともに戦おう！　私とともに勝って勝って、勝ちまくろう！

そして永遠不滅《えいえんふめつ》の歴史を築《きず》きゆこう！

不惜身命《ふしゃくしんみょう》と現代《げんだい》

「死身弘法《ししんぐほう》」が創価三代の魂《たましい》

御聖訓

されば我《わ》が弟子等《でしとう》、心《こころ》みに法華経《ほけきょう》のごとく身命《しんみょう》もおしまず修行《しゅぎょう》して、この度仏法《たびぶっぽう》を心《こころ》みよ

——撰時抄《せんじしょう》、新二一〇ジペー・全二九一ジペー

「なぜ、不惜身命《ふしゃくしんみょう》の信心が大切《たいせつ》なのでしょうか」

ある時、私は戸田先生にこう質問《しつもん》をしたことがあります。

先生の答《こた》えは明快《めいかい》でした。

「人間の業《ごう》というか、社会は複雑《ふくざつ》で、すべてが矛盾《むじゅん》だらけである。どこにも、万人《ばんにん》の幸福への根本的《こんぽんてき》な道はない。そのなかで、大聖人の仏法《ぶっぽう》だけは、人間の根本的《こんぽんてき》な宿命転換《しゅくめいてんかん》の方《ほう》途《と》を示《しめ》されている。常楽我浄《じょうらくがじょう》と、永遠《えいえん》の所願満足《しょがんまんぞく》への軌道《きどう》を教《おし》えてくださっている。これ以上の究極《きゅうきょく》の人生の道はない。だから、信心だけは命《いのち》をかけてやって悔《く》いがないのだ」

本当に恩師《おんし》のおっしゃる通《とお》りです。師《し》の教《おし》えのままに、世界広宣流布《こうせんるふ》に身命《しんみょう》を捧《ささ》げてきた私の胸中《きょうちゅう》は、「不惜《ふしゃく》の喜悦《きえつ》」に満《み》ちあふれています。この使命《しめい》の無上道《むじょうどう》を、私は今、青年に伝《つた》えたい。

仏法《ぶっぽう》の真髄《しんずい》は、どこまでも不惜身命《ふしゃくしんみょう》、死身弘法《ししんぐほう》の精神《せいしん》にある。命《いのち》を惜《お》しまず、広宣流布《こうせんるふ》に進みゆく行動《こうどう》にあります。正法《しょうほう》のため、人々のために、わが命を賭《と》して戦い抜《ぬ》くことこそ、自分自身の生命を最高に輝《かがや》かせる生き方なのです。

この仏法《ぶっぽう》の生き方は、実《じつ》は現代《げんだい》社会にとって最《もっと》も大切《たいせつ》な指針《ししん》となっています。ここでは「撰時抄《せんじしょう》」を拝読《はいどく》し、この大精神を学《まな》んでいきましょう。

必《かなら》ず勝利の現証《げんしょう》が

日蓮大聖人は「撰時抄《せんじしょう》」で、正《ただ》しき哲理《てつり》が隠《かく》れ没《ぼっ》する末法《まっぽう》という〝時〟をあえて撰《えら》んで、南無妙法蓮華経《なんみょうほうれんげきょう》の大白法《だいびゃくほう》を日本一国に広宣流布《こうせんるふ》し、一閻浮提《いちえんぶだい》に大興隆《だいこうりゅう》させゆくことを述《の》べられています。

さらに、日蓮大聖人御自身こそ、この大白法《だいびゃくほう》を弘《ひろ》める人であることを高《たか》らかに宣言《せんげん》されました。そして如来《にょらい》の金言《きんげん》は絶対《ぜったい》に間違《まちが》いないと示《しめ》され、「されば我《わ》が弟子等《でしとう》、心《こころ》みに法華経《ほけきょう》のごとく身命《しんみょう》もお《惜》しまず修行《しゅぎょう》して、この度仏法《たびぶっぽう》を心みよ」（新二一〇ページ・全二九一ページ）と呼《よ》びかけておられるのです。

わが弟子《でし》たちよ、命《いのち》も惜《お》しまず修行《しゅぎょう》して、仏法《ぶっぽう》を実践《じっせん》せよ！　末法《まっぽう》の不惜身命《ふしゃくしんみょう》の闘争《とうそう》とは、三類《さんるい》の強敵《ごうてき》に打ち勝つことだ！　これが大聖人の厳命《げんめい》です。

「身命《しんみょう》もお《惜》しまず」——不惜《ふしゃく》身命とは、法華経勧持品《ほけきょうかんじほん》第十三に説《と》かれている金言《きんげん》です。菩薩《ぼさつ》たちが、身命を惜《お》しまず妙法を弘通《ぐつう》することを誓《ちか》った言葉《ことば》です。

大聖人が「撰時抄《せんじしょう》」で示《しめ》された「師弟不二《していふに》の道」。「破邪顕正《はじゃけんせい》の道」。そして「一生成仏《いっしょうじょうぶつ》の道」。それは、まさしく「不惜身命《ふしゃくしんみょう》の道」なのです。

不惜身命《ふしゃくしんみょう》に徹《てっ》し抜《ぬ》けば、必《かなら》ず勝利の現証《げんしょう》が出ます。それが「心《こころ》みよ」の大確信《だいかくしん》です。

この御聖訓《ごせいくん》に寸分違《すんぶんたが》わず、初代・牧口常三郎《つねさぶろう》先生、二代・戸田城聖《じょうせい》先生は、軍部政府《ぐんぶせいふ》の弾圧《だんあつ》にも屈《くっ》することなく「死身弘法《ししんぐほう》」を貫《つらぬ》かれた。第三代の私も、この初代・二代の精神《せいしん》のままに三類《さんるい》の強敵《ごうてき》と戦い抜《ぬ》いてきました。この三代の仏法勝負《ぶっぽうしょうぶ》の現証《げんしょう》が、今日《こんにち》の学会の大発展《だいはってん》にほかなりません。

さらに、この不惜身命《ふしゃくしんみょう》という思想《しそう》は、人生観《かん》の上からも深《ふか》く論《ろん》ずることができます。

歴史家のトインビー博士も慨嘆《がいたん》されていた通《とお》り、どんなに文明《ぶんめい》が進んでも、「生死《しょうじ》」という根本《こんぽん》の問題への解決《かいけつ》にはつながらない。

何《なん》のために生き、何のために死んでいくのか。生命は、いずこより来《き》たり、いずこへ行こうとするのか――。この問《と》いかけに答《こた》える道こそ、仏法《ぶっぽう》の探究《たんきゅう》であり、実践《じっせん》であります。

誰《だれ》でも、自分の命《いのち》は何よりも大事《だいじ》です。しかし、わが身《み》を惜《お》しむあまり、他人《たにん》を傷《きず》つけたり、自分の命までも無駄《むだ》にしてしまう場合《ばあい》が、あまりにも多い。戸田先生が言われた通《とお》り、まさに「人間の業《ごう》」です。

現代文明《げんだいぶんめい》への指標《しひょう》

「佐渡御書《さどごしょ》」には、いくら命《いのち》を大事《だいじ》にしようとしても結局《けっきょく》、「えに《餌》ばか《化》されて」釣《つ》り針《ばり》を呑《の》む魚や、網《あみ》にかかる鳥の例《れい》が挙《あ》げられています。こうした小さな目的《もくてき》のために自《みずか》らの命を費《つい》やすのは、人間も変わりありません。私たち人間の生命には、根源的《こんげんてき》な迷《まよ》い、すなわち

「無明《むみょう》」があるということです。

この人間の「無明《むみょう》」から起《お》こる「貪《むさぼ》り」「瞋《いか》り」「癡《おろ》か」という生命の歪《ゆが》みが、飢餓《きが》、戦争、疫病《えきびょう》、環境《かんきょう》破壊《はかい》など、多くの文明的な課題《かだい》の元凶《げんきょう》になっていることも事実《じじつ》です。

ゆえに、この「無明《むみょう》」を打ち破《やぶ》らない限《かぎ》り、人類《じんるい》の宿命転換《しゅくめいてんかん》の道を開くことはできない。世界の心ある識者《しきしゃ》たちも、人間自身の生命の変革《へんかく》こそ現代世界の急務《きゅうむ》であるという点で、意見《いけん》が一致《いっち》する時代となりました。

確《たし》かに、富《とみ》や権力《けんりょく》や名声《めいせい》、快楽《かいらく》などをいくら追《お》い求《もと》めても、それは、所詮《しょせん》、「夢《ゆめ》の中《なか》のさかえ《栄》、まぼろし《幻》のたのしみ《楽》」（新三二一ページ・全三八六ページ）に過《す》ぎません。あまりにも儚《はかな》い。永遠《えいえん》の幸福を得《え》ることはできません。今、激動《げきどう》の社会のなかで多くの人々が、このことに気付き始めていると言えるでしょう。

そもそも、なぜ現代《げんだい》は、こんなにも生命が軽《かろ》んじられる社会になってしまったのでしょうか。一次元《いちじげん》からいえば、それは人々が、自《みずか》らの命《いのち》を賭《と》しても悔《く》いないと思えるだけの大《たい》切《せつ》な「理想《りそう》」や「目的《もくてき》」を見失《みうしな》ってしまったからではないでしょうか。

ロシアの大文豪《だいぶんごう》トルストイは、明言《めいげん》しました。

「真理《しんり》のためには何物《なにもの》をも恐《おそ》れず、常《つね》にわが生命を投げだす覚悟《かくご》でいる人は、みんなが恐れる人や人々の生殺与奪《せいさつよだつ》の権《けん》を握《にぎ》っている人よりもはるかに強い」*

本来《ほんらい》、自分の命《いのち》を捧《ささ》げて貫《つらぬ》く〝道〟をもった人は、自分や他人《たにん》の命の尊《とうと》さを心から実感《じっかん》できるものです。逆《ぎゃく》に、自分を律《りっ》し高める〝道〟をもたない人は、エゴや欲望《よくぼう》や臆病《おくびょう》などの激流《げきりゅう》に翻弄《ほんろう》され、些細《ささい》なことで虚《むな》しく命を落《お》としてしまいかねない。

大宇宙《だいうちゅう》の原動力《げんどうりょく》たる極理《ごくり》を説《と》き明《あ》かした妙法を持《たも》つ私たちの信仰《しんこう》は、生命を最大に輝《かがや》かせゆく価値創造《かちそうぞう》の太陽です。

妙法には、万人《ばんにん》の生命の無明《むみょう》を打《う》ち破《やぶ》り、本源的《ほんげんてき》な智慧《ちえ》と勇気と慈悲《じひ》を引き出し開花《かいか》させゆく偉大《いだい》な力用《りきゆう》がある。そして、そのためには菩薩《ぼさつ》の実践《じっせん》が不可欠《ふかけつ》です。この菩薩道《どう》を万人に開く哲学《てつがく》と行動《こうどう》を、人類《じんるい》は求《もと》め続《つづ》けてきたといってよい。

生命尊厳《そんげん》のゆえに

要《よう》するに、わが命《いのち》をかけて悔《く》いのない、不惜身命《ふしゃくしんみょう》にふさわしい、人類の境涯《きょうがい》を高めゆく無上道《むじょうどう》――それが仏法《ぶっぽう》です。宿縁深《しゅくえんふか》く、この仏法に巡《めぐ》り合えたのだから、弟子《でし》たちよ、不惜身命で、命がけで心《こころ》みよ！　こう御聖訓《ごせいくん》には結論《けつろん》されているのです。

戸田先生は言われておりました。

「私は広宣流布《こうせんるふ》という尊《とうと》い仕事に、自分の命《いのち》をかけさせていただいた。どんな人間でも、崇高《すうこう》なる目的《もくてき》に生きることによって、強く、大きな力《ちから》を得《え》ることができるものだ」

仏法《ぶっぽう》では、この生命は全宇宙《ぜんうちゅう》の中で一番尊《とうと》い、生命よりも尊いものはない、と説《と》かれております。

ゆえに仏法《ぶっぽう》は、徹底《てってい》した「生命尊厳《そんげん》」「世界不戦《ふせん》」「非暴力《ひぼうりょく》」の平和思想《しそう》であります。生命を慈《いつく》しみ合い、大切《たいせつ》にし合いながら、生《い》き抜《ぬ》いていくことを教《おし》えているのです。

三千大千世界という大宇宙《だいうちゅう》に敷《し》きつめた財宝《ざいほう》よりも、大切《たいせつ》な一日の生命である。だからこそ、「浅《あさ》き事《こと》」のために浪費《ろうひ》してはならない。「大事《だいじ》の仏法《ぶっぽう》」のために、命《いのち》を惜《お》しまず生き抜《ぬ》くのです。

妙法は、全人類《ぜんじんるい》を善《ぜん》の方向《ほうこう》へ導《みちび》く法則《ほうそく》です。その妙法に全生命を捧《ささ》げる生き方は、どれほど深遠《しんえん》で、偉大《いだい》で、尊《とうと》いものでありましょうか。

小我《しょうが》から大我《たいが》へ

不惜身命《ふしゃくしんみょう》といっても、決《けっ》して命《いのち》を〝粗末《そまつ》にする〟ことではありません。

仏法《ぶっぽう》では「帰命《きみょう》」と説《と》いています。「帰《き》」とは、仏法の不変《ふへん》の真理《しんり》に「帰《き》する」こと。

「命《みょう》」とは、仏《ほとけ》の随縁《ずいえん》の智慧《ちえ》に「命《もと》づく」ことを意味《いみ》します（新九八四ジペー・全七〇八ジペー、趣意）。「帰命《きみょう》」とは、いわば大宇宙《だいうちゅう》の根本法《こんぽんほう》に生命を捧《ささ》げることです。妙法という絶対《ぜったい》の真理《しんり》に身《み》を捧げると同時《どうじ》に、現実《げんじつ》生活で生き生きと智慧《ちえ》を発揮《はっき》していく。この往復作業《おうふくさぎょう》こそが「帰命」の真の意義《いぎ》なのです。

一滴《いってき》の水は、そのままでは、いずれ消《き》え失《う》せてしまう。しかし大海《たいかい》に融《と》け込《こ》むならば、永遠性《えいえんせい》の命《いのち》を得《え》ることができます。

妙法に命《いのち》を捧《ささ》げることで、〝小我《しょうが》〟への執着《しゅうちゃく》を捨《す》て、〝大我《たいが》〟に立脚《りっきゃく》した、より素晴《すば》らしい根源的《こんげんてき》な命を輝《かがや》かせることができる。新しく生まれ変わった生命で、生き切っていける。これが久遠元初《くおんがんじょ》の妙法を持《たも》つ信仰《しんこう》の極意《ごくい》であります。

誰人《たれびと》も、死は避《さ》けられません。人間は誰《だれ》しも、いつかは必《かなら》ず死んでいく。しかし、わが生命を妙法のために捧《ささ》げていけば、その胸中《きょうちゅう》には、末法《まっぽう》の御本仏《ごほんぶつ》・日蓮大聖人の大生命と同じ仏《ほとけ》の生命が現《あらわ》れます。大宇宙《だいうちゅう》の仏界《ぶっかい》の大生命と一体化《いったいか》していくのです。

妙法を弘《ひろ》めるために働《はたら》き、妙法のために苦労《くろう》して戦い、妙法のために人生を生き切る人は、最極《さいごく》の生命の次元《じげん》に融合《ゆうごう》する。

どんな大学者も、大富豪《だいふごう》も絶対《ぜったい》に敵《かな》わない、尊極《そんごく》の境涯《きょうがい》を開いていけるのです。

妙法に生き、妙法に戦い、妙法に死んでいく生命は、妙法と一体《いったい》となり、大宇宙《だいうちゅう》に遍満《へんまん》して自由自在《じざい》です。

すべてを「歓喜《かんき》の中《なか》の大歓喜」（新一〇九七ジペー・全七八八ジペー）に変えゆく妙法です。妙法に生き抜《ぬ》けば、「生も歓喜」「死も歓喜」という絶対的《ぜったいてき》な幸福境涯《きょうがい》を勝ち取れるのです。そのための今世《こんぜ》の修行《しゅぎょう》であり、今の労苦《ろうく》です。

戸田先生は言われていた。

「私は二年間の獄中闘争《ごくちゅうとうそう》に勝った。それは己《おのれ》を捨《す》てたからだよ。牧口先生にお供《とも》して、広布《こうふ》にわが身《み》をなげうつことを決めたから勝ったのだ。そう決めた時から、何の迷《まよ》いも恐《おそ》れもなくなった」と。

この牧口先生、戸田先生の「不惜身命《ふしゃくしんみょう》」の戦いを思えば、私たちの苦難《くなん》は、九牛《きゅうぎゅう》の一毛《いちもう》（＝わずかなこと）にすぎません。

真面目《まじめ》な人が勝つ

私は長年《ながねん》、大勢《おおぜい》の人間を見てきました。人間というものは、本当に立派《りっぱ》な人物《じんぶつ》は得難《えがた》いものです。大聖人は「いとおしと申《もう》す人《ひと》は千人《せんにん》に一人《いちにん》もありがたし」（新二二二〇ジペー・全一四一八ジペー）と仰《おお》せになられています。

大聖人御在世《ございせ》の当時でさえ、心《こころ》の底《そこ》では師匠《ししょう》を見下《みくだ》し、〝我偉《われえら》し〟と思う増上慢《ぞうじょうまん》の輩《やから》が多《おお》かった。

師匠《ししょう》を尊敬《そんけい》するどころか、提婆達多《だいばだった》の如《ごと》く師匠に嫉妬《しっと》する者さえいた。

学会でも、戸田先生の事業《じぎょう》が苦境《くきょう》に陥《おちい》るや、去《さ》っていった者たちがいた。

これが人間界の実相《じっそう》です。

大恩《だいおん》ある学会に反逆《はんぎゃく》した退転者《たいてんしゃ》たちは皆、勤行《ごんぎょう》・唱題《しょうだい》を怠《なま》け、学会活動を疎《おろそ》かにし、魔《ま》に食《く》い破《やぶ》られて己《おのれ》の増上慢《ぞうじょうまん》の生命の虜《とりこ》となってしまったことは、皆様がよくご存《ぞん》じの通《とお》りです。

仏道修行《ぶつどうしゅぎょう》は、真面目《まじめ》に、誠実《せいじつ》にやり抜《ぬ》いた人が勝つ。学会という最高の「善知識《ぜんちしき》」の組《そ》織《しき》とともに歩《あゆ》み抜いた人が勝つのです。

命《いのち》を惜《お》しまず、広宣流布《こうせんるふ》のために戦い切るならば、どれほど偉大《いだい》な境涯《きょうがい》を開くことができるか。これを自《みずか》らの生命で体験《たいけん》し、実証《じっしょう》することです。

革命《かくめい》とは死なり！　我《われ》ら戸田門下生《もんかせい》の革命は、妙法への帰命《きみょう》なり！　私はこう思《おも》い定《さだ》めて、一心不乱《いっしんふらん》に恩師《おんし》をお護《まも》りし、学会を護り、同志《どうし》を励《はげ》まし、正義《せいぎ》の舞台《ぶたい》を広げに広げてまいりました。

役職《やくしょく》の上下《じょうげ》ではない。死《し》に物狂《ものぐる》いで戦った人が偉《えら》いのです。学会は仏《ほとけ》そのものの団体《だんたい》です。師匠《ししょう》と、この学会を大事《だいじ》にすることが、日蓮大聖人を大事にすることにつながります。

不惜身命《ふしゃくしんみょう》とは、人に強《し》いることではありません。自分が真剣《しんけん》かどうか、一人《ひとり》立つかどうかです。

真剣《しんけん》でないところに、油断《ゆだん》が生まれ、魔《ま》が入《はい》る。リーダーが真剣なところは魔がつけ入れない。皆が真剣であれば、邪悪《じゃあく》との戦いにおいても、必《かなら》ず明白《めいはく》な勝利の現証《げんしょう》が出るのです。とくに、婦人部の一心不乱《いっしんふらん》の祈《いの》りほど、強いものはありません。

永遠性《えいえんせい》の光《ひかり》を放《はな》て！

身命《しんみょう》を惜《お》しまず、法を護《まも》り、師《し》を護り、同志《どうし》を護る。それが一番、尊《とうと》い人生です。宇宙《うちゅう》で最《もっと》も尊い人間性の真髄《しんずい》である。

私は戸田先生を阿修羅《あしゅら》の如《ごと》くお護《まも》りする中で、こう日記《にっき》に記《しる》しました。

「毎日が、激戦《げきせん》！　若人《わこうど》は戦う、全生命力を、賭《と》して。それが、尊《とうと》く、それが美《うつく》しい。疲《ひ》労《ろう》の中に、起《た》ち上《あ》がる瞳《ひとみ》、そこに、希望が湧《わ》く、未来が生まれる。そこにこそ、天の大聖《だいせい》曲《きょく》が聞こえる」*

この尊極《そんごく》の大道《だいどう》を、わが門下《もんか》の青年部に堂々《どうどう》と受《う》け継《つ》いでもらいたいのです。

「師弟不二《していふに》」とは、言葉《ことば》だけでは意味がない。弟子《でし》の心の根底《こんてい》が、師匠《ししょう》と合致《がっち》しているかどうか。これが最《もっと》も大切《たいせつ》です。

いかなる分野《ぶんや》でも、精魂《せいこん》を込《こ》めたものは永遠性《えいえんせい》の光《ひかり》を放《はな》っていくものです。芸術《げいじゅつ》でも、学問《がくもん》・教育でも、スポーツでも、政治でも事業《じぎょう》でも——一流《いちりゅう》の人物《じんぶつ》は皆、「命《いのち》がけ」です。「不惜身命《ふしゃくしんみょう》」です。血を吐《は》くような思いで、自己《じこ》の限界《げんかい》に挑《いど》む精進《しょうじん》を重《かさ》ねているものです。わが生命を注《そそ》ぎ込《こ》み、努力《どりょく》に努力を重ねてこそ、後世《こうせい》に残《のこ》る偉大《いだい》な事業や作品《さくひん》が出来上《できあ》がるのです。

わが同志《どうし》こそ尊貴《そんき》

十四世紀スペインの作家《さっか》ドン・ファン・マヌエルは「命《いのち》をかけるに値《あたい》することであれば、身命《しんみょう》を賭《と》して誰《だれ》よりも早く敢然《かんぜん》とやりとげる人が、みずからを大事《だいじ》にする有徳《うとく》の士《し》である」*との箴言《しんげん》を残《のこ》しております。

まして、妙法は三世永遠《さんぜえいえん》の宇宙《うちゅう》の根本法則《こんぽんほうそく》です。不惜身命《ふしゃくしんみょう》で実践《じっせん》すれば、広大無辺《こうだいむへん》の栄光と功徳《くどく》に包《つつ》まれゆくことは絶対《ぜったい》に間違《まちが》いありません。

「石変《いしへん》じて玉《たま》と成《な》る」（新二〇三三ジペー・全一四二三ジペー）という力《ちから》ある妙法です。妙法に生《い》き抜《ぬ》く人生は、信念《しんねん》なき名聞名利《みょうもんみょうり》の人生とは天地雲泥《てんちうんでい》の差がある。

戸田先生は言われました。

「人間革命の運動は、世界的に広がっていくものだ。大作、君《きみ》が世界の広宣流布《こうせんるふ》の道を、命《いのち》を捨《す》てて開いてくれ。これが私の心からの願《ねが》いだ」

私は、その通《とお》り戸田先生にお応《こた》えしました。

そしてまた、この創価三代の精神《せいしん》を根幹《こんかん》として、現代《げんだい》社会で「不惜身命《ふしゃくしんみょう》」の生き方をまっすぐに貫《つらぬ》いておられるのが、わが学会の同志《どうし》であります。

皆様方は大変な環境《かんきょう》の中で、法のため、人のために懸命《けんめい》に戦ってくださっている。悩《なや》んでいる友がいれば、自分のことはさておいても飛《と》んでいって励《はげ》ます。夜更《よふ》けまで、心から題目を送《おく》り続《つづ》ける。勇気を出して「立正安国《りっしょうあんこく》」という社会の正道《せいどう》を堂々《どうどう》と語《かた》る。民衆《みんしゅう》を愚弄《ぐろう》する悪人《あくにん》に対《たい》しては、猛然《もうぜん》と破邪顕正《はじゃけんせい》の論陣《ろんじん》を張《は》る――。この尊《とうと》き皆様以外、一体《いったい》、どこに「身命《しんみょう》もおし惜まず修行《しゅぎょう》」する闘士《とうし》がいるでありましょうか。

仏教流伝《ぶっきょうるでん》の三千年の歴史のなかで、一体《いったい》、誰《だれ》が「不惜身命《ふしゃくしんみょう》」の法華経《ほけきょう》の行者《ぎょうじゃ》なのか。「撰《せん》時抄《じしょう》」全体が、この一点をめぐって綴《つづ》られた書《しょ》であるとも言えます。この「撰時抄」を身《しん》読《どく》しているのが、創価学会です。

日蓮大聖人直結《ちょっけつ》の信心で広布《こうふ》に進む皆様方こそ、現代文明《ぶんめい》の最先端《さいせんたん》の哲学《てつがく》を体現《たいげん》する方々《かたがた》です。最高に尊貴《そんき》な「不惜身命《ふしゃくしんみょう》」の行者《ぎょうじゃ》であります。その福徳《ふくとく》は無量無辺《むりょうむへん》であり、未来永遠《えいえん》に、子々孫々《ししそんそん》に、燦然《さんぜん》と光《ひか》り輝《かがや》くことを、強く強く確信《かくしん》して進んでいってほしいのです。

私と一緒《いっしょ》に、不惜身命《ふしゃくしんみょう》で進もう！　喜《よろこ》び勇《いさ》んで、師子王《ししおう》の心で戦おう！　潔《いさぎよ》く、この仏法《ぶっぽう》にわが人生をかけようではありませんか！

堂々《どうどう》と
　創価の伝統《でんとう》
　　受《う》け継《つ》ぎて
不惜《ふしゃく》の勝利は
　三世《さんぜ》の勝利と

如我等無異《にょがとうむい》と師《し》への報恩《ほうおん》

「師弟不二《していふに》」こそ人生最極《さいごく》の道

御聖訓

我《われ》ら具縛《ぐばく》の凡夫《ぼんぷ》、たちまちに教主釈尊《きょうしゅしゃくそん》と功徳《くどく》ひとし。彼《か》の功徳《くどく》を全体《ぜんたい》うけとる故《ゆえ》なり。経《きょう》に云《い》わく「我《わ》がごとく等《ひと》しくして異《こと》なることなし」等云々《とううんぬん》

――日妙聖人御書《にちみょうしょうにんごしょ》、新一六八一ジペー・全一二一五ジペー

「私が牧口先生のことを話すと、止《と》まらないのです」

恩師《おんし》・戸田先生は、よく言われました。

「私と牧口先生の仲《なか》は、親子といおうか、師弟《してい》といおうか、汲《く》みきれないものがあるのです。私は先生の本当の境地《きょうち》を知っていた。他の者たちは知らなかった。私は『今に牧口先生と会っていたことが、自慢《じまん》になる時期《じき》がくるんだ』と言っていた。そして今、その通《とお》り、門下生《もんかせい》の誇《ほこ》りになっている」

牧口先生と戸田先生は、三類《さんるい》の強敵《ごうてき》と戦い抜《ぬ》かれ、広宣流布《こうせんるふ》の指揮《しき》を執《と》られるご境涯《きょうがい》において、一体不二《いったいふに》であられました。

弟子《でし》を自分と同じ境涯《きょうがい》に、いな、自分以上の立派《りっぱ》な人間に育《そだ》てたい——。これが師《し》の願《ねが》いです。弟子を思う師の慈悲《じひ》は、天空《てんくう》よりも高く、大海《たいかい》よりも深《ふか》い。弟子が思っている以上に、幾《いく》千万倍も高く深いものです。

その師《し》の期待《きたい》に、何《なん》としてもお応《こた》えするのだ——そう一念《いちねん》を定《さだ》めて、祈《いの》り戦う弟子《でし》の生命には、師と等《ひと》しい力《ちから》が湧《わ》き出《で》てきます。この「師弟不二《していふに》」こそ、仏法《ぶっぽう》の根幹《こんかん》であり、学会精神《せいしん》の要《かなめ》です。

日蓮大聖人は、女性の弟子《でし》（日妙聖人《にちみょうしょうにん》）への御聖訓《ごせいくん》に仰《おお》せになられました。

「我《われ》ら具縛《ぐばく》の凡夫《ぼんぷ》、たちまちに教主釈尊《きょうしゅしゃくそん》と功徳等《くどく》ひとし。彼《か》の功徳を全体《ぜんたい》うけとる故《ゆえ》なり。経《きょう》に云《い》わく『我《わ》がごとく等《ひと》しくして異《こと》なることなし』等云々《とううんぬん》」（新一六八一ジペー・全一二一五ジペー）

――煩悩《ぼんのう》に縛《しば》られた我《われ》ら凡夫《ぼんぷ》は、たちまちのうちに教主釈尊《きょうしゅしゃくそん》と等《ひと》しい功徳《くどく》を受けることができるのです。それは、釈尊の功徳の全体を受け取るからです。経文《きょうもん》に「我《わ》がごとく等《ひと》しくして異《こと》なることなし（如我等無異《にょがとうむい》）」とある通《とお》りです――。

あまりにも深遠《しんえん》な御聖訓《ごせいくん》です。苦悩多《くのうおお》き凡夫《ぼんぷ》である私たちが、妙法の功力《くりき》によって、そのまま仏《ほとけ》の大生命を我《わ》が身《み》に輝《かがや》かせていける。最高にありがたい、御本仏《ごほんぶつ》の大慈悲《だいじひ》の法門《ほうもん》です。

仏《ほとけ》の境涯《きょうがい》に高める

ここに仰《おお》せの「如我等無異《にょがとうむい》」とは、法華経方便品《ほけきょうほうべんぽん》第二の経文《きょうもん》です。釈尊《しゃくそん》が、弟子《でし》たちを自身と全《まった》く等《ひと》しい仏《ほとけ》の境涯《きょうがい》に高めるという誓願《せいがん》を果《は》たされた、という金言《きんげん》であります。

大聖人は〝この経文《きょうもん》にある通《とお》り、教主釈尊《きょうしゅしゃくそん》と同じ功徳《くどく》を受けられるのですよ、だから安心しきって信心に励《はげ》んでいきなさい〟と日妙聖人《にちみょうしょうにん》を力強《ちからづよ》く励《はげ》ましておられるのです。

法難《ほうなん》の獄中《ごくちゅう》で仏法《ぶっぽう》の真髄《しんずい》を悟達《ごだつ》された戸田先生は、ある会合《かいごう》で、信心の功徳《くどく》に満《み》ちあふれた体験発表《たいけんはっぴょう》を喜《よろこ》ばれながら、愉快《ゆかい》そうにこう話されました。

「さきほどの体験《たいけん》にあるような功徳《くどく》は、まだ功徳の内《うち》に入《はい》りません。私の受けた功徳をこの講堂一杯《こうどういっぱい》とすれば、ほんの指《ゆび》一本ぐらいにしか当《あ》たりません」

もっともっと大功徳《だいくどく》を受けられるんだよ、とのお心でした。ご自身が仏法《ぶっぽう》を行《ぎょう》じ抜《ぬ》いて得《え》た無量無辺《むりょうむへん》の大功徳を、全学会員に一人残《ひとりのこ》らず、等《ひと》しく実感《じっかん》させたい——これが先生の祈《いの》りであられたのです。

「如我等無異《にょがとうむい》」という思想《しそう》は、古今東西《ここんとうざい》の思想・宗教《しゅうきょう》の中でも、まことに革命的《かくめいてき》な人間主《しゅ》義《ぎ》の大哲理《だいてつり》です。万人《ばんにん》を皆、仏《ほとけ》と等《ひと》しい存在《そんざい》に高めていく——そう宣言《せんげん》しきれる教《おし》えが、他《ほか》にどこにあるでしょうか。

大事《だいじ》なのは、民衆《みんしゅう》です。民衆は目的《もくてき》です。手段《しゅだん》ではない。その民衆を手段にして利用しようとするのが、権力《けんりょく》の魔性《ましょう》です。そうではなく、民衆を目的とし、すべてを、民衆の幸福のために、民衆奉仕《ほうし》の方向《ほうこう》へ持っていくのが、仏法《ぶっぽう》の心です。そのための究極《きゅうきょく》の力《ちから》が「如我等無異《にょがとうむい》」の妙法なのです。

人類《じんるい》の希望の法理《ほうり》

「如我等無異《にょがとうむい》」の根本《こんぽん》には、「師弟不二《していふに》」の精神《せいしん》があります。この師弟の精神が忘《わす》れ去《さ》られてしまえば、仏は民衆《みんしゅう》と隔絶《かくぜつ》した特別《とくべつ》な存在《そんざい》へと権威化《けんいか》されてしまう。インドから中国、日本へ流伝《るでん》するうちに、真《しん》の仏教《ぶっきょう》が隠没《おんもつ》していった一因《いちいん》もここにあります。

法華経《ほけきょう》の真髄《しんずい》を行《ぎょう》ずる日蓮仏法《ぶっぽう》は、こうした仏教史《ぶっきょうし》の宿命《しゅくめい》を打破《だは》する希望の法理であります。

「彼《か》の功徳《くどく》を全体《ぜんたい》うけとる《受取》故《ゆえ》なり」。すなわち、仏《ほとけ》が長遠《ちょうおん》の時間を経《へ》ながら、無量《むりょう》の修行《しゅぎょう》によって得《え》た大功徳、その大境涯《だいきょうがい》の全体を、妙法を持《たも》つ私たちはわが生命に「たちまちに」受け取ることができるのです。

戸田先生は言われました。

「御本尊と大聖人と自分自身とが区別《くべつ》がないと信《しん》じて、そのありがたさを心にしみて感《かん》謝申《しゃもう》し上《あ》げながら、題目を唱《とな》えゆくことです。その時、宇宙《うちゅう》のリズムと我《わ》がリズムは調和《ちょうわ》し、宇宙の大生命が我が生命と連《つら》なり、偉大《いだい》な生命力が涌現《ゆげん》してくるのです」

ゆえに、いかなる人生の苦難《くなん》にも打ち勝てないわけがない。幸福にならないわけがないのです。

戸田先生は「強盛《ごうじょう》に信行学《しんぎょうがく》に励《はげ》めば、いつまでも悩《なや》める凡夫《ぼんぷ》でいるわけがない」とも指《し》導《どう》されておりました。

創価の同志《とも》は、必《かなら》ず仏《ほとけ》に等《ひと》しい生命の光《ひかり》を放《はな》っていけるのです。

ところで、この「如我等無異《にょがとうむい》」という極理《ごくり》の中の極理の法門《ほうもん》が、日妙聖人《にちみょうしょうにん》という女性門《もん》下《か》に説《と》かれた意義《いぎ》は誠《まこと》に大きい。

当時の日本では、女性は宿業深《しゅくごうふか》い身《み》とされていました。その女性の弟子《でし》に対《たい》して、大聖人は「日妙聖人《にちみょうしょうにん》」と最上《さいじょう》の称号《しょうごう》を贈《おく》られ、そして、〝あなたは偉大《いだい》な仏《ほとけ》と同じ境涯《きょうがい》を開《ひら》けるのです〟と説《と》かれたのです。この御金言《ごきんげん》は、先駆的《せんくてき》な女性尊重《そんちょう》・女性解放《かいほう》の人権宣言《じんけんせんげん》とも拝《はい》せましょう。

私が対談集《たいだんしゅう》を発刊《はっかん》した、ブラジル文学アカデミーのアタイデ総裁《そうさい》も、日蓮仏法《ぶっぽう》の先見性《せんけんせい》と創価学会の実践《じっせん》への感銘《かんめい》を語《かた》ってくださいました。

「自由と平等《びょうどう》を求《もと》め、差別《さべつ》と闘《たたか》いゆく努力《どりょく》が、全人類《ぜんじんるい》の守るべき義務《ぎむ》として刻印《こくいん》されたのは、仏教《ぶっきょう》のおかげです。仏教は理想主義《りそうしゅぎ》の活力《かつりょく》となっています」*

これは「世界人権宣言《せんげん》」の起草《きそう》に尽力《じんりょく》した一人《ひとり》でもある総裁《そうさい》の重要《じゅうよう》な証言《しょうげん》です。

健気《けなげ》な求道《きゅうどう》の旅路《たびじ》

日妙聖人《にちみょうしょうにん》は、「乙御前《おとごぜん》の母」と同一人物《どういつじんぶつ》であると考えられています。夫《おっと》と離別《りべつ》しながらも、信仰《しんこう》を貫《つらぬ》き通《とお》した女性です。

鎌倉《かまくら》からはるばる佐渡《さど》の地まで大聖人を訪《たず》ねました。その際、幼子《おさなご》の乙御前《おとごぜん》を連《つ》れていったとも伝《つた》えられています。

乱世《らんせい》で治安《ちあん》もままならないなか、身《み》の危険《きけん》も顧《かえり》みず師匠《ししょう》のもとへ――それが、どれほど勇気のいる旅路《たびじ》であったことか。

大聖人は本抄《ほんしょう》で、この母の求道心《きゅうどうしん》をめでられ、「日本第一《にほんだいいち》の法華経《ほけきょう》の行者《ぎょうじゃ》の女人《にょにん》なり」（新一六八三ページ・全一二一七ページ）と讃嘆《さんたん》されています。

この御聖訓《ごせいくん》に照《て》らしても、海外《かいがい》から尊《とうと》い求道《きゅうどう》の広宣流布《こうせんるふ》の研修会《けんしゅうかい》に参加されるメンバーを、大聖人がどれほど誉《ほ》め讃《たた》えておられるか。その功徳《くどく》は計《はか》り知《し》れないのであります。

ともあれ、健気《けなげ》なる女性の勇気に勝《まさ》るものはありません。

戸田先生も「一番信頼《しんらい》できるのは健気《けなげ》な学会員である。なかんずく女性の方《ほう》が、いざという時、肚《はら》が座《すわ》っている。勇気があって恐《おそ》れない」と結論《けつろん》されておりました。

師匠《ししょう》と苦楽《くらく》を共《とも》に

「『共』とは、『如我等無異《にょがとうむい》（我《わ》がごとく等《ひと》しくして異《こと》なることなし）』なり」（新一〇二四ジペー・全七三四ジペー）とも仰《おお》せです。〝師《し》と共《とも》に〟戦う中に、「如我等無異」の境涯《きょうがい》が実現《じつげん》します。師匠《ししょう》と「功徳《くどく》ひと等《し》」の大境涯《だいきょうがい》に至《いた》るためには、師匠と苦楽《くらく》を共《とも》にし、あらゆる艱難《かんなん》を勝《か》ち越《こ》えゆくことです。

牧口先生は言われました。

「私の言ったことが心でわかれば、口《くち》にも出るし、筆記《ひっき》もできる。行動《こうどう》にも出る。身《しん》・口《く》・意《い》の三業《さんごう》でわかることが、本当にわかったということになるのだ」

その通《とお》りに戸田先生は、牧口先生の教《おし》えを「死身弘法《ししんぐほう》」の大精神《だいせいしん》で実行《じっこう》し抜《ぬ》いておられた。「弟子《でし》は弟子の道を守らねばならぬ。ことばも、実行《じっこう》も、先生の教えを、身《み》に顕現《けんげん》しなければならない」と語《かた》っておられました。これが本当の師弟《してい》です。

私もまた、戸田先生の事業《じぎょう》が最悪《さいあく》の苦境《くきょう》にあった時、一身《いっしん》をなげうって先生をお護《まも》り申《もう》し上《あ》げました。ただただ、先生に、全人類《ぜんじんるい》のための指揮《しき》を悠然《ゆうぜん》と執《と》っていただきたい！

その一心《いっしん》で、阿修羅《あしゅら》の如《ごと》く祈《いの》り、戦い抜《ぬ》いたのです。

戸田先生は、日蓮仏法《ぶっぽう》を身《み》で読《よ》まれ、体現《たいげん》された行者《ぎょうじゃ》であられる。ゆえに、先生に命《いのち》を捧《ささ》げる覚悟《かくご》で戦うことこそ、仏法の奥義《おうぎ》を極《きわ》めゆく正道《せいどう》である。私はこう決めきって、若《わか》き生命を完全燃焼《かんぜんねんしょう》させました。

今日《こんにち》に至《いた》る広宣流布《こうせんるふ》の多くの重要《じゅうよう》な構想《こうそう》を広げていったのも、苦闘《くとう》の中での二人《ふたり》の語《かた》らいでした。

艱難辛苦《かんなんしんく》を共《とも》にした師弟不二《していふに》の一日、また一日、私は先生の境涯《きょうがい》の奥《おく》の奥まで教《おし》えていただいたのです。この大恩《だいおん》に感謝《かんしゃ》は尽《つ》きません。

法華経《ほけきょう》では、「如我等無異《にょがとうむい》」の教《おし》えが説《と》かれる直前《ちょくぜん》に、象徴的《しょうちょうてき》な場面《ばめん》が描《えが》かれています。

それは、五千人の増上慢《ぞうじょうまん》の弟子《でし》たちが、いよいよ最極《さいごく》の真理《しんり》を説《と》き明《あ》かそうとする釈尊《しゃくそん》の前で、会座《えざ》から立《た》ち去《さ》っていくのです。

この弟子《でし》たちは、「未《いま》だ得《え》ざるを得たりと謂《おも》い」（法華経一一九㌻）、師《し》の説法《せっぽう》を軽《かろ》んじてしまった。その本質《ほんしつ》は、恩《おん》を知ることのない無明《むみょう》の生命であります。

しかし、釈尊《しゃくそん》は引きとめようとはしませんでした。「今、ここに集《あつ》まっている者たちからは、枝《えだ》や葉《は》はいなくなった。正《ただ》しく誠実《せいじつ》な人間だけになった」（法華経一一九㌻、趣意）と語《かた》り、悠然《ゆうぜん》と説法《せっぽう》を続《つづ》けるのです。

そして、一切衆生《いっさいしゅじょう》の成仏《じょうぶつ》の道を聞き、釈尊《しゃくそん》の真正《しんせい》の弟子《でし》たちは生命の底《そこ》から踊躍歓喜《ゆやくかんき》する。これが法華経《ほけきょう》の重大《じゅうだい》なドラマの流《なが》れです。

創価の師弟《してい》が世界広布《こうふ》を現実《げんじつ》のものに

仏法《ぶっぽう》の命脈《めいみゃく》は「師弟《してい》」の精神《せいしん》にある。

「如我等無異《にょがとうむい》」の誓願《せいがん》は、仏一人《ほとけひとり》では成就《じょうじゅ》、完結《かんけつ》しないのです。師《し》の教《おし》えを聞いた弟子《でし》たちが、師恩《しおん》に報《むく》いる行動《こうどう》を開始《かいし》しゆくか。ここで決まる。弟子の心に「報恩《ほうおん》」の炎《ほのお》なくして、「師弟《してい》」の道は絶対《ぜったい》に成就しません。

大聖人は「師弟感応《していかんのう》して受《う》け取《と》る時《とき》、『如我等無異《にょがとうむい》（我《わ》がごとく等《ひと》しくして異《こと》なることなし）』と悟《さと》るを、『悟仏知見《ごぶっちけん》』と云《い》うなり」（新九九八ジペー・全七一七ジペー）とも仰《おお》せです。

「弟子《でし》の勝利」こそ「師匠《ししょう》の勝利」です。大聖人直結《ちょっけつ》の創価の師弟《してい》が、「仏《ほとけ》と等《ひと》しい」智《ち》慧《え》と力《ちから》で戦ってきたからこそ、日本、そして世界の広宣流布《こうせんるふ》を成《な》し遂《と》げてくることができたのです。

大聖人は報恩《ほうおん》について、「恩《おん》を知るのを人間と名《な》づけ、知らないのを畜生《ちくしょう》とする」（新五六九ジペー・全四九一ジペー、趣意）と厳《きび》しく戒《いまし》めておられます。

師恩《しおん》を深《ふか》く知る人ほど、深い力《ちから》が出る。弟子《でし》が師恩に報《むく》いようと心に固《かた》く決めた瞬間《しゅんかん》から、生命の次元《じげん》で「師弟不二《していふに》」の勝利の大行進《だいこうしん》は始まる。

そして、その弟子《でし》こそが、「如我等無異《にょがとうむい》」という師弟《してい》栄光の境涯《きょうがい》を、三世永遠《さんぜえいえん》に満喫《まんきつ》しきっていけるのです。

皆を勝者《しょうしゃ》に！

今、世界中が不況《ふきょう》です。どこの国も大変であり、日本も同様《どうよう》です。困難《こんなん》な環境《かんきょう》の中で、学会の同志《どうし》は真剣《しんけん》に奮闘《ふんとう》されています。厳寒《げんかん》の天地でも、離島《りとう》や山間部《さんかんぶ》でも、妙法流布《るふ》に懸命《けんめい》に進んでくださっている。災害《さいがい》に見舞《みま》われた地で、友を励《はげ》ましながら、歯《は》を食《く》いしばって社会に貢献《こうけん》してきた方々《かたがた》も大勢《おおぜい》おられます。

わが同志《どうし》の皆様方は、仏《ほとけ》の「如我等無異《にょがとうむい》」の慈悲《じひ》を万人《ばんにん》に伝《つた》えゆく大闘争《だいとうそう》を繰《く》り広《ひろ》げておられる。それは、いわば「皆を勝利者に」という社会を築《きず》いているのです。断《だん》じて負《ま》けてはいけない。必《かなら》ず「変毒為薬《へんどくいやく》」していける信心です。「仏法《ぶっぽう》は勝負《しょうぶ》」です。断固《だんこ》として勝《か》ち越《こ》えていただきたいのです。

インドの初代首相《しゅしょう》ネルーは強調《きょうちょう》しました。

「仏陀《ぶっだ》が言ったように、真《しん》の勝利は、敗北《はいぼく》というもののない、すべてのものの勝利なのだ」*

女性未来学者のヘンダーソン博士も、「皆が勝者《しょうしゃ》となる世界」というビジョンを提唱《ていしょう》されています。私との対談集《たいだんしゅう》『地球対談　輝《かがや》く女性の世紀へ』*でも、この目標《もくひょう》について語《かた》り合《あ》いました。

弱肉強食《じゃくにくきょうしょく》を繰《く》り返《かえ》してきた、これまでの人類《じんるい》の歴史を転換《てんかん》し、皆が勝者となる二十一世紀を！　と――。

そのためには、庶民《しょみん》が力《ちから》を持つことです。庶民が向上《こうじょう》することです。庶民が希望に燃《も》えることです。そして、庶民が団結《だんけつ》することです。

仏《ほとけ》の称号《しょうごう》の一つが、まさにこの「勝者《しょうしゃ》」であります。ヒマラヤの如《ごと》き最高峰《さいこうほう》の大勝利者の境涯《きょうがい》に、万人《ばんにん》を導《みちび》くことこそ、釈尊《しゃくそん》、日蓮大聖人が貫《つらぬ》かれた「如我等無異《にょがとうむい》」という仏法《ぶっぽう》の大理想《だいりそう》です。そして、これこそが創価の師弟《してい》の精神《せいしん》なのです。

今や、この仏法《ぶっぽう》の師弟《してい》の道に、世界の知性《ちせい》が確《たし》かな光明《こうみょう》を見出《みいだ》す時代に入《はい》りました。

南米《なんべい》の名門《めいもん》コルンビア・デル・パラグアイ大学のエリーアス総長《そうちょう》は語《かた》っておられます。

「仏法《ぶっぽう》は、人間の精神《せいしん》を蘇生《そせい》させ、一人《ひとり》の人間がもっている『極善《ごくぜん》の力《ちから》』を引き出します。また、仏法の弟子《でし》は、師匠《ししょう》から『高い精神性《せいしんせい》と智慧《ちえ》』を学《まな》ぶとともに、それらを他の多くの人々に伝《つた》える力を与《あた》えられるのです」

深《ふか》いご理解《りかい》です。万人《ばんにん》の生命にある「極善《ごくぜん》の力《ちから》」——最強の正義《せいぎ》の力を、わが胸中《きょうちゅう》から湧《わ》き上《あ》がらせる源泉《げんせん》が、師弟《してい》です。

また、私が「名誉郡民証《めいよぐんみんしょう》」を拝受《はいじゅ》した韓国《かんこく》・清道郡《チョンドぐん》の金相淳郡守《キムサンスンぐんしゅ》は、創価の師弟《してい》を賞讃《しょうさん》してくださり、こう語《かた》られました。

「人間を最《もっと》も人間らしくするのは、『恩《おん》を知るゆえ』です。そして、その恩に報《むく》いるために、『今、自身の人生を、どのような方向《ほうこう》に生きているのか』、さらに『恩を受けた師匠《ししょう》を、どのように宣揚《せんよう》していくのか』という悩《なや》みに生きていくのではないかと思います」と。

巡《めぐ》り来る「3・16」

私の胸奥《きょうおう》には、今も「大作、大作」と呼《よ》ばれる戸田先生の大きな声が聞こえてきます。師匠《ししょう》からいただいた私の命《いのち》です。恩師《おんし》の血脈《けつみゃく》は、私の生命に厳然《げんぜん》と流《なが》れ通《かよ》っています。

巡《めぐ》り来る三月十六日「広宣流布記念《こうせんるふきねん》の日」。恩師《おんし》から、私をはじめ後継《こうけい》の青年門下《もんか》が正義《せいぎ》の印綬《いんじゅ》をお受けした久遠《くおん》の儀式《ぎしき》の日です。

一九五八年（昭和三十三年）のこの日、戸田先生は来賓方《らいひんがた》の前で「創価学会は宗教界《しゅうきょうかい》の王《おう》者《じゃ》である」と、誇《ほこ》り高く師子吼《ししく》なされました。これこそ、万代《ばんだい》に輝《かがや》く学会の永遠不滅《えいえんふめつ》の魂《たましい》であります。この大正義《だいせいぎ》と大確信《だいかくしん》を、私は一人《ひとり》、まっすぐに受《う》け継《つ》ぎ、世界へ堂々《どうどう》と宣揚《せんよう》し、証明《しょうめい》してまいりました。

さあ、次の五十年へ、新しき広宣流布の大舞台《ぶたい》の開幕《かいまく》です。

わが頼《たの》もしき門下《もんか》たちよ！

元初《がんじょ》の生命を燃《も》え上《あ》がらせながら、師弟《してい》勝利の大旗《たいき》を高らかに掲《かか》げゆこう！

　我《われ》も師子《しし》
　　君《きみ》も師子たれ
　　　師弟不二《していふに》

女人成仏《じょうぶつ》の宝冠

創価の母に永遠《えいえん》の感謝《かんしゃ》

御聖訓

法華経《ほけきょう》の師子王《ししおう》を持《たも》つ女人《にょにん》は、一切《いっさい》の地獄《じごく》・餓鬼《がき》・畜生等《ちくしょうとう》の百《ひゃく》獣《じゅう》に恐《おそ》るることなし

――千日尼御前御返事《せんにちあまごぜんごへんじ》（雷門鼓御書《らいもんのつづみごしょ》）、新一七四五ジペー・全一三一六ジペー

母の日に
功徳《くどく》と勝利の
母の顔

「母の日」にあたり、尊敬《そんけい》する日本中、世界中のお母さん方に心から感謝申《もう》し上《あ》げます。

私も妻《つま》も、尊《とうと》き「創価の母」に最敬礼《さいけいれい》して、健康《けんこう》・幸福・勝利の道を歩《あゆ》んでいかれるよう、一日一日、真剣《しんけん》に、また深《ふか》く、お題目を送《おく》っております。その意味では、毎日が「母の日」と思っております。

母は温《あたた》かい。母は賢《かしこ》い。そして母は強い。母ありてこそ、私たちがいる。

「母への感謝《かんしゃ》」は人類永遠《じんるいえいえん》の美心《びしん》であります。

いわんや、友のため、地域《ちいき》・社会のため、広宣流布《こうせんるふ》のため、誰《だれ》よりも真剣《しんけん》に、大誠実《だいせいじつ》で戦ってくださっているのが、わが婦人部の皆さんであられます。

その皆様方を、日蓮大聖人が、釈迦仏《しゃかぶつ》・多宝仏《たほうぶつ》が、そして三世十方《さんぜじっぽう》の仏《ぶつ》・菩薩《ぼさつ》が御照覧《ごしょうらん》です。断固《だんこ》として守りに護《まも》り抜《ぬ》かないわけがありません。

恩師《おんし》・戸田先生は、婦人部、女子部に対《たい》して、よく言われておりました。

「忙《いそが》しくとも、日々、御書を開いて、日蓮大聖人の師子王《ししおう》の教《おし》えにふれ、学《まな》びとり、行動《こうどう》していく女性になっていきなさい」と——。

この戸田先生の指導《しどう》のままに、きょうも御書を拝《はい》していきましょう。

佐渡《さど》の婦人を激励《げきれい》

ここでは、〝師子王《ししおう》の女人《にょにん》〟を讃《たた》えた「千日尼御前御返事《せんにちあまごぜんごへんじ》」の御聖訓《ごせいくん》を拝読《はいどく》します。

「法華経《ほけきょう》の師子王《ししおう》を持《たも》つ女人《にょにん》は、一切《いっさい》の地獄《じごく》・餓鬼《がき》・畜生等《ちくしょうとう》の百獣《ひゃくじゅう》に恐《おそ》るることなし」

（新一七四五ジペー・全一三一六ジペー）

妙法を持《たも》った女性は、何も恐《おそ》れるものがない師子王《ししおう》の境涯《きょうがい》であると、御本仏《ごほんぶつ》が言い切られた一節《いっせつ》です。

本抄《ほんしょう》は弘安《こうあん》元年（一二七八年）の閏《うるう》十月十九日、日蓮大聖人が五十七歳の御時《おんとき》に、身延《みのぶ》の地から遠《とお》く離《はな》れた佐渡《さど》の女性門下《もんか》の千日尼《せんにちあま》に宛《あ》てて綴《つづ》られたお手紙《てがみ》です。

千日尼《せんにちあま》は、佐渡《さど》へ流罪《るざい》の身《み》となられた大聖人に、夫《おっと》の阿仏房《あぶつぼう》とともに真心《まごころ》を尽《つ》くしてお仕《つか》え申《もう》し上《あ》げた女性門下《もんか》です。

弟子《でし》として師匠《ししょう》をお護《まも》りし、妻《つま》として夫《おっと》と共《とも》に広布に生《い》き抜《ぬ》き、母としてわが子に後継《こうけい》の信心を教《おし》えた、婦人部の鑑《かがみ》といえる女性でありました。

本抄《ほんしょう》では、千日尼《せんにちあま》が御供養《ごくよう》の品々《しなじな》をお届《とど》けしたことに感謝《かんしゃ》され、法華経《ほけきょう》を供養すること は十方《じっぽう》の仏《ぶつ》・菩薩《ぼさつ》を供養する功徳《くどく》と同じであると述《の》べられています。この御聖訓《ごせいくん》で仰《おお》せの「法華経の師子王《ししおう》」とは、一切衆生《いっさいしゅじょう》を仏《ほとけ》の境涯《きょうがい》に導《みちび》く妙法のことです。

なぜ法華経《ほけきょう》が、「師子王《ししおう》」の経典《きょうてん》であるか。お手紙《てがみ》の冒頭《ぼうとう》で大聖人は、「法華経は十方三《じっぽうさん》世《ぜ》の諸仏《しょぶつ》の御師《おんし》なり」（新一七四四ジペー・全一三一五ジペー）と記《しる》されております。

「十方《じっぽう》」（全宇宙《ぜんうちゅう》）、そして「三世《さんぜ》」（過去・現在・未来）のあらゆる仏《ほとけ》や菩薩《ぼさつ》は、すべて「妙《みょう》の一字《いちじ》」によって成仏《じょうぶつ》することができたとも御断言《ごだんげん》です。

それほど偉大《いだい》な、最極《さいごく》の妙法を持《たも》つ女性は、必《かなら》ず「師子王《ししおう》」すなわち仏《ほとけ》に等《ひと》しい境涯《きょうがい》となる。ゆえに地獄《じごく》・餓鬼《がき》・畜生等《ちくしょうとう》の「百獣《ひゃくじゅう》」など、断《だん》じて恐《おそ》れることはない。すべてを悠《ゆう》然《ぜん》と見下《みお》ろし、厳然《げんぜん》と打ち破《やぶ》っていけるのだ。

――大聖人は、こう力強《ちからづよ》く千日尼《せんにちあま》を励《はげ》ましておられるのです。

「女性の勝利」の経典《きょうてん》

とくに、「法華経《ほけきょう》の師子王《ししおう》を持《たも》つ女人《にょにん》」と強調《きょうちょう》されている背景《はいけい》には、それまでの爾前権教《にぜんごんきょう》で、女人は罪障《ざいしょう》が深《ふか》く、絶対《ぜったい》に成仏《じょうぶつ》できない存在《そんざい》とされていたことが挙《あ》げられます。

法華経《ほけきょう》には「女人成仏《にょにんじょうぶつ》」の法理《ほうり》が厳然《げんぜん》と説《と》かれています。提婆達多品《だいばだったほん》第十二では、女性の代表として竜女《りゅうにょ》の即身《そくしん》成仏の実証《じっしょう》が示《しめ》されています。女人が、その身《み》のままで仏《ほとけ》に成《な》れる——これは、女性蔑視《べっし》の思想《しそう》を根底《こんてい》から覆《くつがえ》した大宣言《だいせんげん》です。

法華経《ほけきょう》こそ、人類《じんるい》を救《すく》う釈尊《しゃくそん》の精神《せいしん》を正《ただ》しく伝《つた》えた師子王《ししおう》の経典《きょうてん》です。まさに「女性の人権《じんけん》」「女性の尊厳《そんげん》」「女性の幸福」を燦然《さんぜん》と打ち立てた「勝利の経典」なのであります。

大聖人の御在世《ございせ》は、それまでの貴族《きぞく》による支配体制《しはいたいせい》が崩《くず》れ、武士《ぶし》による政権《せいけん》に移行《いこう》した時代です。大聖人は、朝廷《ちょうてい》が武家《ぶけ》に敗北《はいぼく》した「承久《じょうきゅう》の乱《らん》」の翌年（一二二二年）に御聖誕《ごせいたん》になられました。いわば、既成《きせい》の価値観《かちかん》が崩壊《ほうかい》した〝戦後の動乱期《どうらんき》〟に青年時代を送《おく》られたと拝《はい》されます。

「立正安国論《りっしょうあんこくろん》」に記《しる》されているように、当時は飢饉《ききん》や疫病《えきびょう》、そして大地震《おおじしん》などの災害《さいがい》に相《あい》次《つ》いで襲《おそ》われていた。

どれほど多くの人々が、親を失《うしな》い、夫《おっと》を奪《うば》われ、子を亡《な》くしたことでしょうか。

いつの世《よ》も、社会の乱《みだ》れに最《もっと》も悩《なや》み、苦《くる》しみ、悲《かな》しむのは女性と子どもであります。大聖人御在世《ございせ》も、多くの女性たち、子どもたちの嘆《なげ》きが巷《ちまた》にあふれていたに違《ちが》いありません。

大聖人は、「今《いま》の日本国《にほんこく》の、小児《しょうに》は魄《たましい》をうしな《失》い、女人《にょにん》は血《ち》をはく《吐》、これなり」（新一八九九㌻・全一五六四㌻）とも記《しる》されております。

御書からは、こうした現実《げんじつ》を真正面《ましょうめん》から受《う》け止《と》められ、悲しみの淵《ふち》に沈《しず》む母たち、女性たちを深《ふか》く深く励《はげ》まされたお心《こころ》が拝《はい》されてならないのです。

大聖人は仰《おお》せです。

「ここに日蓮《にちれん》、願《がん》じて云《い》わく『日蓮は全《まった》く誤《あやま》りなし。たとい僻事《ひがごと》なりとも、日本国《にほんこく》の一切《いっさい》の女人《にょにん》を扶《たす》けんと願《がん》ぜる志《こころざし》はすて《捨》がたかるべし……』」（新一七四〇㌻・全一三一二㌻）

一切《いっさい》の女性を救《すく》い、母の恩《おん》を報《ほう》ずることを、大聖人は御自身の大願《だいがん》とされていたのです。何と深《ふか》い、広大無辺《こうだいむへん》なお心《こころ》でしょうか。動乱《どうらん》や災害《さいがい》の絶《た》えない末法濁世《まっぽうじょくせ》に生きる女性たちを、太陽の如《ごと》く照《て》らしゆかれる御本仏《ごほんぶつ》の大慈悲《だいじひ》が胸《むね》に迫《せま》ってくるではありませんか。

命《いのち》がけで師《し》を護《まも》る

この大聖人を命《いのち》がけでお護《まも》りしたのが千日尼《せんにちあま》です。千日尼は、大聖人のおられる塚原三《つかはらさん》昧堂《まいどう》へ、夜中《よなか》、夫《おっと》の阿仏房《あぶつぼう》に櫃《ひつ》を背負《せお》わせて心尽《こころづ》くしの食事《しょくじ》などをお届《とど》けしました。
流人《るにん》であり、念仏《ねんぶつ》をはじめ諸宗《しょしゅう》を鋭《するど》く破折《はしゃく》される大聖人に近《ちか》づけば、自分たちの身《み》も危《あや》うくなる。事実《じじつ》、夫妻《ふさい》は住《す》んでいた所《ところ》を追《お》われるなどの迫害《はくがい》も受けます。しかし、正義《せいぎ》の大師匠《だいししょう》をお慕《した》いし、夫婦《ふうふ》して外護《げご》の赤誠《せきせい》を貫《つらぬ》き通《とお》したのです。

大難《だいなん》の渦中《かちゅう》にある師匠《ししょう》を、断《だん》じてお護《まも》りするのだ。たとえわが身《み》を危険《きけん》に晒《さら》そうとも。この勇敢《ゆうかん》な夫妻《ふさい》の心《こころ》こそ、弟子《でし》の魂《たましい》の真髄《しんずい》であります。なかんずく、恐《おそ》れなき女性の勇気に勝《まさ》るものはありません。

以前、南米《なんべい》で困難《こんなん》な逆境《ぎゃっきょう》の中で戦う婦人部長に、私は申《もう》し上《あ》げたことがあります。

「一番、大変な時が、一番、深《ふか》く戦える。その時に、永遠《えいえん》の大福運《だいふくうん》を積《つ》めるのです。これが妙法の世界です」

そこに、正義《せいぎ》の大《おお》いなる拡大《かくだい》の道も開けていくのです。

大聖人《だいしょうにん》の威風堂々《いふうどうどう》たるお振《ふ》る舞《ま》いに接《せっ》し、やがて正法《しょうほう》に目覚《めざ》めた佐渡《さど》の人々は、次々に念仏《ねんぶつ》を捨《す》て去《さ》りました。師匠《ししょう》であられる大聖人のもと、老若男女《ろうにゃくなんにょ》が励《はげ》まし合い、朗々《ろうろう》と妙法を唱《とな》え、大興隆《だいこうりゅう》しゆく一門《いちもん》。その旭日《きょくじつ》の威光勢力《いこうせいりょく》を見て、諸宗《しょしゅう》の僧《そう》らは怨嫉《おんしつ》の炎《ほのお》を燃《も》え上《あ》がらせました。

「流罪《るざい》にしても、まだ勢《いきお》いが衰《おとろ》えないのか！」

「一体《いったい》、どれほど力《ちから》を持っているのか！」

当時、佐渡《さど》の念仏僧《ねんぶつそう》たちが集《あつ》まって「このままでは我《われ》らのほうが餓死《がし》してしまう」と嘆《なげ》き、大聖人を亡《な》き者《もの》にしようと企《たくら》んでいたことが御書に留《とど》められています（新一二四〇ページ・全九二〇ページ、趣意）。

正義は、勝《か》ってこそ正義です。どんな苦難《くなん》に直面《ちょくめん》しても、そこから〝反転攻勢《はんてんこうせい》〟の波《なみ》を起《お》こしていくのです。断固《だんこ》として、勝って勝って勝ちまくってこそ、分厚《ぶあつ》い障魔《しょうま》の岩盤《がんばん》を突《つ》き破《やぶ》り、広宣流布《こうせんるふ》の聖業《せいぎょう》を果《は》たすことができるのです。

「夫《おとこ》を御使《おんつか》いとして」

千日尼《せんにちあま》は、師弟《してい》の道を歩《あゆ》み抜《ぬ》きました。大聖人が赦免《しゃめん》され、身延《みのぶ》に入《はい》られた後《あと》も、御供《ごく》養《よう》を携《たずさ》えた阿仏房《あぶつぼう》を少《すく》なくとも三度にわたって送《おく》り出《だ》しています。

「夫《おとこ》・阿仏房《あぶつぼう》を使《つか》いとして」（新一七三五ページ・全一三〇九ページ）、「夫《おとこ》を御使《おんつか》いとして」（新一七四六ページ・全一三一六ページ）とも仰《おお》せです。

千日尼《せんにちあま》は、大聖人に一つ一つ御指南《ごしなん》をいただきながら、さまざまな状況《じょうきょう》にある佐渡《さど》の同《どう》志《し》を抱《だ》きかかえ、励《はげ》ましておりました。

学会の支部《しぶ》や地区・ブロックで、壮年部をもり立て、青年を育《そだ》て伸《の》ばし、地域広布《ちいきこうふ》の一《いっ》切《さい》を推進《すいしん》してくださっている婦人部長（現・女性部長）、白《しら》ゆり長、グループ長はじめ婦人部の皆さんと二重写《にじゅううつ》しになる姿《すがた》であります。

大聖人は、千日尼《せんにちあま》の変わらざる信心を、最大に賞讃《しょうさん》なされています。

「私の悲母《ひも》が、佐渡《さど》の国に生まれ変わっているのでしょうか」（新一七四一ジベー・全一三一三ジベー、通解）

「まことに、希有《けう》な女人《にょにん》であられます。（女人成仏《じょうぶつ》の姿《すがた》を示《しめ》した）竜女《りゅうにょ》にも劣《おと》りません」（新一七三一ジベー・全一三〇八ジベー、通解）

「大地《だいち》よりも厚《あつ》く、大海《たいかい》よりも深《ふか》き御志《おんこころざし》でありましょう」（新一七四二ジベー・全一三一四ジベー、通解）

いざという時、本当に強いのは女性です。戸田先生も「創価の婦人部を見よ！　勇気があって恐《おそ》れがない。この真《まこと》の勇者《ゆうしゃ》を常《つね》に鑑《かがみ》としていくべきだ」と言われました。

女性には命《いのち》を育《はぐく》む「慈悲《じひ》」がある。生活に根《ね》ざした「智慧《ちえ》」が光《ひか》り、堅実《けんじつ》に生きる「忍耐《にんたい》」があり、一歩《いっぽ》も退《ひ》かぬ「信念《しんねん》」が燃《も》えています。

世界一、宇宙一《うちゅういち》の妙法を持《たも》ち弘《ひろ》めゆく女性は、この社会で最高に尊貴《そんき》なる宝《たから》の方々《かたがた》であります。「法華経《ほけきょう》の師子王《ししおう》」を持った女性こそ、時代・社会の最先端《さいせんたん》をいく一人《ひとり》ひとりなのであります。

後継《こうけい》を立派《りっぱ》に育成《いくせい》

息子《むすこ》の藤九郎守綱《とうくろうもりつな》も、立派な信心の後継者《こうけいしゃ》に育《そだ》ちました。信心強盛《ごうじょう》な父母《ちちはは》の背《せ》を見た藤九郎《とうくろう》は両親をこよなく尊敬《そんけい》し、大聖人門下《もんか》の正道《せいどう》を受《う》け継《つ》ぎました。身延《みのぶ》の大聖人のもとを訪《たず》ねるなど、求道《きゅうどう》の信心を貫《つらぬ》き、「この跡《あと》をつぎて一向法華経《いっこうほけきょう》の行者《ぎょうじゃ》となりて」（新一七五三ジペー・全一三二二ジペー）と賞讃《しょうさん》されています。

千日尼《せんにちあま》は、まさに勝利の母でした。

仏法《ぶっぽう》は、「最《もっと》も苦《くる》しんだ人が最も幸福になる」「最も虐《しいた》げられた人が最も強く立ち上がり、晴《は》れ晴《ば》れと人生を勝ち誇《ほこ》る」ための教《おし》えです。この痛快《つうかい》なる大逆転《だいぎゃくてん》の潮流《ちょうりゅう》が、我《われ》らの広宣流布《こうせんるふ》であります。

戸田先生は言われました。

「真剣《しんけん》に御本尊に祈《いの》り切っていきなさい。この簡単《かんたん》な勝利の原理《げんり》が、皆、なかなか、わからない。これが遠《とお》いように見えても、一番、確実《かくじつ》な早道《はやみち》になっていくのです」

さらに先生は語《かた》られました。

「日蓮大聖人のこの教えは、万人《ばんにん》が宇宙大《うちゅうだい》の生命力を発揮《はっき》する教えであり、この教えによって人類《じんるい》は真の幸福に歓喜《かんき》できるのである」

信心を貫《つらぬ》く女性には、不幸《ふこう》などない。敗北《はいぼく》などありません。どんな苦難《くなん》にも、絶対《ぜったい》に負《ま》けてはなりません。

「百獣《ひゃくじゅう》に恐《おそ》るることなし」です。断《だん》じて断じて、耐《た》えて勝つのです。悲《かな》しみの涙《なみだ》を、所願《しょがん》満足《まんぞく》の勝利の笑顔《えがお》に変えゆくのです。〝わが生命の凱歌《がいか》を高《たか》らかに奏《かな》でゆけ〟――これが大聖人の大慈悲《だいじひ》のお心《こころ》であります。

わが胸《むね》に仏《ぶつ》・菩薩《ぼさつ》が

人生の使命《しめい》の劇《げき》は千差万別《せんさばんべつ》です。病気《びょうき》のお子さんを慈《いつく》しむ母もおられる。毅然《きぜん》と単身《たんしん》で活躍《かつやく》する女性もおられる。お子さんがおられず、地域《ちいき》の未来部をわが子の如《ごと》く励《はげ》ましてくださるご家庭《かてい》もある。夫《おっと》やお子さんに先立《さきだ》たれ、その分《ぶん》まで気高《けだか》き歴史を創《つく》りゆく人もおられる。

何があっても負《ま》けない。一人《ひとり》になっても明るい。その強さを持つ女性が幸福です。たとえ、周《まわ》りの全部が敵《てき》になったとしても、信心を貫《つらぬ》き通《とお》していく。その人こそが妙法を持《たも》った幸福の女王《じょおう》です。

究極《きゅうきょく》は、一人立って南無妙法蓮華経《なんみょうほうれんげきょう》と唱《とな》え抜《ぬ》くことです。御本尊に向かって題目を唱えることは、それ自体《じたい》が大宇宙《だいうちゅう》と交流《こうりゅう》し、大宇宙を見渡《みわた》しながら、悠々《ゆうゆう》と常楽我浄《じょうらくがじょう》の旅《たび》を楽《たの》しみ切っていく大境涯《だいきょうがい》なのです。

妙法と共《とも》に生きる自分自身の生命の中には、大聖人が御一緒《ごいっしょ》におられる。ありとあらゆる仏《ぶつ》・菩薩《ぼさつ》も、全部、自分の中におられる。大日天《だいにってん》も大月天《だいがってん》も大明星天《だいみょうじょうてん》も、わが胸《むね》にある。だから、一人《ひとり》であっても、少《すこ》しも寂《さび》しくありません。

わが創価の婦人部は、全員が地域《ちいき》・社会を温《あたた》かく照《て》らす〝太陽の母〟であられます。皆様が元気に勝ち栄《さか》えていかれることが、創価の勝利です。

「広宣流布《こうせんるふ》の実現《じつげん》は、女性の力《ちから》で決まる」とは、戸田先生の結論《けつろん》でした。

どうか誇《ほこ》りも高く、私ども夫婦《ふうふ》と一緒に、大勢《おおぜい》の同志《どうし》と共《とも》に、広宣流布《こうせんるふ》の大道《だいどう》を溌剌《はつらつ》と歩《あゆ》んでいってください。それが創価三代の祈《いの》りであります。

生命の宝器《ほうき》を大きく強く豊《ゆた》かに

関西の婦人部に、戸田先生は語《かた》られています。

「学会の世界で戦えば、みな必《かなら》ず功徳《くどく》がある。苦労《くろう》しながら、自分の生命の宝器《ほうき》を大きく強く豊《ゆた》かにして、全員が偉大《いだい》な功徳を受け切っていきなさい」

また、こう明言《めいげん》されました。

「どんなに苦《くる》しくとも、三世《さんぜ》の生命からみれば、その苦しい年月《ねんげつ》は、瞬間《しゅんかん》のようなものだよ。信心は、自分自身と一家《いっか》の根本的《こんぽんてき》な永遠《えいえん》の幸福の道である。勇気をもって歩《あゆ》み抜《ぬ》いていきなさい」

ともあれ仏法《ぶっぽう》には、健気《けなげ》なる母たちへの励《はげ》ましが満《み》ちあふれております。

この千日尼《せんにちあま》の如《ごと》く！

はるばる佐渡《さど》を訪《たず》ねた乙御前《おとごぜん》の母《はは》の如《ごと》く！

青年門下《もんか》・南条時光《なんじょうときみつ》を育《そだ》てた上野尼御前《うえののあまごぜん》の如《ごと》く！

わが婦人部の皆様も、「女性の世紀の幸福博士」として、断《だん》じて所願満足《しょがんまんぞく》の大境涯《だいきょうがい》を満喫《まんきつ》しきっていただきたい。

平和学者のエリース・ボールディング博士は、創価の女性たちをこう讃《たた》えてくださいました。

「創価の女性のように、粘《ねば》り強《づよ》く平和活動に取《と》り組《く》み、地域《ちいき》社会で活躍《かつやく》する女性たちの存《そん》在《ざい》がとても重要《じゅうよう》です。決意《けつい》に輝《かがや》く皆さんこそ、世界の希望の存在です」*

皆様が、平和と正義《せいぎ》と幸福の大花《たいか》をいよいよ爛漫《らんまん》と咲《さ》かせゆかれることを心《こころ》から願《ねが》ってやみません。

偉大《いだい》なる
　母に勝《まさ》れる
　　ものはなし
妙法流布《るふ》の
　仏《ほとけ》と讃《たた》えむ

末法流布《まっぽうるふ》の大陣列《だいじんれつ》

青年よ続《つづ》け　歴史を創《つく》れ

御聖訓

日蓮《にちれん》さきがけしたり。わとうども二陣三陣《にじんさんじん》つづきて、迦葉《かしょう》・阿《あ》難《なん》にも勝《すぐ》れ、天台《てんだい》・伝教《でんぎょう》にもこえよかし

（先駆）（和党）（超）

——種々御振舞御書《しゅじゅおんふるまいごしょ》、新一二二七ジペー・全九一〇ジペー

広宣流布《こうせんるふ》は大河《たいが》の流《なが》れです。人材《じんざい》の限《かぎ》りなき流れです。

創価の師弟《してい》は、この迸《ほとばし》る大河《たいが》を全世界に漲《みなぎ》らせてきました。

世界の一級《いっきゅう》の知性《ちせい》が、私たちの前進を心《こころ》から喜《よろこ》び、賞讃《しょうさん》を寄《よ》せてくださっています。

「ＳＧＩが発展《はってん》し、人類《じんるい》の幸福のために前進を続ける限《かぎ》り、世界はより良い場所《ばしょ》であり続けることでしょう」（オーストラリア・オーバン市のラム元市長）

「このネットワークのなかで日々、幾《いく》百万もの人々が日蓮大聖人の仏法《ぶっぽう》を実践《じっせん》できることに、私は心《こころ》から讃嘆申《さんたんもう》し上《あ》げます」（ヨーロッパ科学芸術《かがくげいじゅつ》アカデミーのウンガー会長）――。

すごい学会になりました。

学会は、平和と幸福の「静《しず》かなる大革命」によって、いまだかつてない幾《いく》百千万の人間主義《しゅぎ》の連帯《れんたい》を創《つく》り上《あ》げました。これは誰人《たれびと》も否定《ひてい》できない、歴史に燦然《さんぜん》と輝《かがや》く事実《じじつ》です。

民衆《みんしゅう》と民衆が成《な》し遂《と》げた大偉業《だいいぎょう》であります。

わが同志《どうし》の皆様こそ、人類《じんるい》の未来を切り開く「先覚者《せんかくしゃ》」にほかなりません。

大闘争《だいとうそう》の〝自叙伝《じじょでん》〟

ここでは、「種々御振舞御書《しゅじゅおんふるまいごしょ》」の一節《いっせつ》を拝読《はいどく》します。仏法史上《ぶっぽうしじょう》、いな人類《じんるい》史上、最高に尊《とうと》い広宣流布《こうせんるふ》の大闘争《だいとうそう》に勇敢《ゆうかん》に躍《おど》り出《い》でよと、日蓮大聖人が後継《こうけい》の弟子《でし》たちに力強《ちからづよ》く呼《よ》びかけられた御金言《ごきんげん》であります。

「法華経《ほけきょう》の肝心《かんじん》、諸仏《しょぶつ》の眼目《がんもく》たる妙法蓮華経《みょうほうれんげきょう》の五字《ごじ》、末法《まっぽう》の始《はじ》めに一閻浮提《いちえんぶだい》にひろ《広》まらせ給《たも》うべき瑞相《ずいそう》に、日蓮《にちれん》さきがけ《先駆》したり。わとう《和党》ども二陣三陣《にじんさんじん》つづきて、迦葉《かしょう》・阿難《あなん》にも勝《すぐ》れ、天台《てんだい》・伝教《でんぎょう》にもこえ《超》よかし」（新一二二七㌻・全九一〇㌻）

――法華経《ほけきょう》の肝心《かんじん》であり、諸仏《しょぶつ》の眼目《がんもく》である南無妙法蓮華経《なんみょうほうれんげきょう》を、末法《まっぽう》の初《はじ》めに一閻浮提《いちえんぶだい》（全世界）に弘《ひろ》めゆく瑞相《ずいそう》（前兆《ぜんちょう》）に、私は先駆《さきが》けした。わが門下《もんか》たちよ、二陣三陣《にじんさんじん》と続《つづ》いて、迦葉《かしょう》や阿難《あなん》にも勝《すぐ》れ、天台《てんだい》や伝教《でんぎょう》をも超《こ》えていきなさい――。

この「種々御振舞御書《しゅじゅおんふるまいごしょ》」は、文永《ぶんえい》五年（一二六八年）から建治《けんじ》二年（一二七六年）までの約九年間にわたる、日蓮大聖人御自身のお振《ふ》る舞《ま》いを述《の》べられています。いわば、大闘争《だいとうそう》の歩《あゆ》みを振り返《かえ》られた〝自叙伝《じじょでん》〟と拝《はい》されます。

この九年間は、竜《たつ》の口《くち》の法難《ほうなん》（文永《ぶんえい》八年）から佐渡流罪《さどるざい》（文永八年～同十一年）という、大聖人の御生涯《ごしょうがい》において最《もっと》も激《はげ》しい大難《だいなん》が競《きそ》い起《お》こった時期《じき》です。

また日本社会にとっても、内憂外患《ないゆうがいかん》が打《う》ち続《つづ》いていた。二月騒動《そうどう》（文永《ぶんえい》九年）という内乱《ないらん》（自界叛逆難《じかいほんぎゃくなん》）。そして蒙古《もうこ》の襲来《しゅうらい》（文永十一年）という他国《たこく》からの侵略《しんりゃく》（他国侵逼難《しんぴつなん》）――。日本中が、未曽有《みぞう》の国難《こくなん》に騒然《そうぜん》としていました。

この末法濁世《まっぽうじょくせ》にあって、大聖人は、邪法邪師《じゃほうじゃし》に誑《たぶら》かされた幕府《ばくふ》の権力者《けんりょくしゃ》の誤《あやま》りを堂々《どうどう》と諫《いさ》められたのです。

偉大《いだい》な師《し》を持つ栄光

大聖人は、「法華経《ほけきょう》の肝心《かんじん》、諸仏《しょぶつ》の眼目《がんもく》」たる南無妙法蓮華経《なんみょうほうれんげきょう》を、ただお一人《ひとり》、末法万年《まっぽうまんねん》尽未来際《じんみらいさい》の民衆《みんしゅう》を救《すく》いゆくために弘《ひろ》め始《はじ》められました。

妙法を一閻浮提《いちえんぶだい》に広宣流布《こうせんるふ》する瑞相《ずいそう》に「日蓮《にちれん》さきがけ《先駆》したり」。御本仏《ごほんぶつ》の大確信《だいかくしん》が脈打《みゃくう》っています。

本抄《ほんしょう》で「二陣三陣《にじんさんじん》」と仰《おお》せられたのは、大難《だいなん》に立ち向かって、広宣流布《こうせんるふ》の戦いが繰《く》り広《ひろ》げられている真《ま》っ只中《ただなか》でした。

あらゆる難《なん》を「本《もと》より存知《ぞんち》」（新一二二六㌻・全九一〇㌻）として受けとめられて、「各々思《おのおのおも》い切り給《たま》え」（新一二二七㌻・全同）と御指導《ごしどう》され、「わが門下《もんか》よ、二陣三陣《にじんさんじん》、続《つづ》け」と厳命《げんめい》なされているのです。

師匠《ししょう》は、常《つね》に「先覚《せんかく》の道」を不惜身命《ふしゃくしんみょう》の決意《けつい》で、さきがけておられる。ならば弟子《でし》もまた、その道に恐《おそ》れなく続《つづ》いてこそ弟子である。師《し》が開かれた道に続くことは、弟子もまた先覚の誉《ほま》れの道を歩《あゆ》ませていただくということにほかならない。

偉大《いだい》な師匠《ししょう》を持つ人生ほど、誇《ほこ》り高い栄光はないのです。

そして、それは、釈尊《しゃくそん》の後《あと》を継《つ》いだ迦葉尊者《かしょうそんじゃ》や阿難《あなん》尊者にも勝《すぐ》れ、さらに像法《ぞうほう》時代の正《しょう》師《し》であった天台大師《てんだいだいし》や伝教《でんぎょう》大師をも超《こ》えゆかんとする道である。

末法《まっぽう》の広宣流布《こうせんるふ》に生きゆく使命《しめい》の人生が、どれほど崇高《すうこう》であるか。「うれしきかな、末法《まっぽう》流布《るふ》に生《う》まれあえる我《われ》ら」（新二〇六二ジペー・全一四三九ジペー）と仰《おお》せの通《とお》り、それは大歓喜《だいかんき》の行進《こうしん》なのであります。

学会は仏意仏勅《ぶついぶっちょく》の教団《きょうだん》

戸田先生は、この「種々御振舞御書《しゅじゅおんふるまいごしょ》」の御文《ごもん》を拝《はい》し、叫《さけ》ばれました。

「我《われ》ら創価学会員こそ、この御聖訓《ごせいくん》に応《こた》えたものであり、この名誉《めいよ》と功徳《くどく》は、何ものにもかえることはできえない」

釈尊《しゃくそん》、そして日蓮大聖人が仰《おお》せになられた「一閻浮提広宣流布《いちえんぶだいこうせんるふ》」の御遺命《ごゆいめい》を実現《じつげん》しているのは、いったい誰《だれ》か。創価学会以外にありません。学会こそが、仏意仏勅《ぶついぶっちょく》の最極《さいごく》の教団《きょうだん》なのであります。

これもすべて、創価三代の師弟《してい》が、大聖人の御金言《ごきんげん》を寸分《すんぶん》も違《たが》えず、競《きそ》い起《お》こる三障四《さんしょうし》魔《ま》、三類《さんるい》の強敵《ごうてき》と戦い、死身弘法《ししんぐほう》を貫《つらぬ》いてきたからです。

「さきがけ」（先駆け、魁《さきがけ》）――この一言《いちごん》には「広宣流布《こうせんるふ》の大精神《だいせいしん》」が凝結《ぎょうけつ》しております。それは、困難《こんなん》であればあるほど、勇気を奮《ふる》い起こして、自分自身が、まず一歩《いっぽ》を踏《ふ》み出《だ》すことであります。

私も「さきがけ《先駆》」との仰《おお》せを心肝《しんかん》に染《そ》めました。戸田先生の弟子《でし》の「さきがけ《先駆》」として走り、妙法流布《るふ》の拡大《かくだい》と勝利を切り開いてきました。

この祈《いの》りと闘争《とうそう》に、わが門下《もんか》も必《かなら》ずや「二陣三陣《にじんさんじん》」と続《つづ》いてくれるにちがいない。そう信《しん》じて、私は青年を育《そだ》て、鍛《きた》えてきました。二世代《せだい》、三世代、四世代と、全精魂《ぜんせいこん》を注《そそ》いで後継《こうけい》の友また友を薫陶《くんとう》してきたのです。

「紅《くれない》の歌」の心《こころ》意《い》気《き》

忘《わす》れることのできない一九八一年（昭和五十六年）の秋、正義《せいぎ》の反転攻勢《はんてんこうせい》の息吹《いぶき》の中で誕《たん》生《じょう》した学会歌が「紅《くれない》の歌」です。

真剣《しんけん》な輝《かがや》く瞳《ひとみ》の四国の青年たちと一緒《いっしょ》に、私は二十数回の推敲《すいこう》を重《かさ》ねて完成《かんせい》させました。この歌で、最初から最後まで一貫《いっかん》して残《のこ》った言葉《ことば》が「魁光《さきがけひか》りぬ」の「さきがけ」でした。どんなに「邪悪《じゃあく》の徒《と》」が立ちはだかろうとも、我《われ》ら青年が、師《し》と共《とも》に断《だん》じて「さきが《先駆》け」の戦《いくさ》を起《お》こしゆくのだ。この一節《いっせつ》に託《たく》された青年の心意気《こころいき》が、私は嬉《うれ》しかった。

さらに「先駆《せんく》の誉《ほま》れの大九州」の同志《どうし》、「若《わか》き先駆の英雄・学生部」の友をはじめ、学会には「さきがけ《先駆》」の大情熱《だいじょうねつ》が溢《あふ》れています。

日本のみならず、世界百九十二カ国・地域《ちいき》で、正義の炎《ほのお》と燃《も》える門下《もんか》が陸続《りくぞく》と起《た》ち上《あ》がっている。世界に澎湃《ほうはい》と湧《わ》き起こった使命《しめい》の青年の大河《たいが》こそ、創価の勝利の証《あかし》です。

迦葉《かしょう》や阿難《あなん》をはじめ釈尊《しゃくそん》の高弟《こうてい》たちも、仏法正統《ぶっぽうせいとう》の大指導者《だいしどうしゃ》であった天台《てんだい》や伝教《でんぎょう》も、この広布後継《こうふこうけい》の俊英《しゅんえい》の群像《ぐんぞう》を見たならば、きっと驚嘆《きょうたん》するにちがいない。そして心《こころ》から喝采《かっさい》を送《おく》り、讃嘆《さんたん》するでありましょう。

三代の師弟《してい》は「さきがけ《先駆》」の勇気で勝ちました。そして、これからも、「二陣三陣《にじんさんじん》」の後《こう》継《けい》の闘魂《とうこん》で永遠《えいえん》に勝ち続《つづ》けていくのです。師弟不二《ふに》なる創価の師子吼《ししく》の前には、いかなる誹謗《ひぼう》・中傷《ちゅうしょう》も、「風《かぜ》の前《まえ》の塵《ちり》」にすぎません。

大聖人の御在世《ございせ》と同じく、今、時代は乱気流《らんきりゅう》の中に入《はい》っている。しかし、いかに社会が動揺《どうよう》していても、いな社会が動揺しているからこそ、自分の信心だけは微動《びどう》だにしてはならない。〝広布《こうふ》のため〟〝学会のため〟という心《こころ》の操縦桿《そうじゅうかん》を握《にぎ》りしめていけば、必《かなら》ず打開《だかい》できる、勝利できる。こう確信《かくしん》して、師子奮迅《ししふんじん》の力《ちから》を出し切っていくことです。

戸田先生は指導《しどう》されました。

「悪口《あっこう》などに驚《おどろ》いていたら何もできません。最初から悪口を言われるのは覚悟《かくご》のうえです」

古今東西《ここんとうざい》の歴史を見ても、先駆者《せんくしゃ》には、無知《むち》や偏見《へんけん》による迫害《はくがい》はつきものです。

いわんや私たちは、全人類《ぜんじんるい》を照《て》らす妙法を弘《ひろ》めている。妬《ねた》まれ、圧迫《あっぱく》されることは、経《きょう》文《もん》の通《とお》り、御書の通り、我《われ》らの正義が大きく時代を動かしている証左《しょうさ》なのであります。

上行菩薩《じょうぎょうぼさつ》の力用《りきゆう》が

さらに、広宣流布《こうせんるふ》の「さきがけ《先駆》」の意義《いぎ》を、地涌《じゆ》の使命《しめい》という点からも拝《はい》しておきたい。

「諸法実相抄《しょほうじっそうしょう》」に仰《おお》せです。

「地涌《じゆ》の菩薩《ぼさつ》のさきがけ《先駆》日蓮一人《にちれんいちにん》なり」（新一七九〇ページ・全一三五九ページ）

ここでも大聖人は「さきがけ《先駆》」と言われています。

また、「生死一大事血脈抄《しょうじいちだいじけつみゃくしょう》」には記《しる》されております。

「上行菩薩《じょうぎょうぼさつ》が、末法《まっぽう》今の時にこの法門《ほうもん》を弘《ひろ》めるために御出現《ごしゅつげん》になられることが経文《きょうもん》に見えるが、どうであろうか、上行菩薩が出現されているにせよ、されていないにせよ、日蓮は、その先駆《さきが》けとして、ほぼ弘めたのである」（新一七七六ページ・全一三三八ページ、通解）

「上行菩薩《じょうぎょうぼさつ》」とは、法華経《ほけきょう》に登場《とうじょう》する地涌《じゆ》の菩薩《ぼさつ》の上首《じょうしゅ》（最高リーダー）です。大聖人が言われる「さきがけ《先駆》」とは、「上行菩薩」が末法《まっぽう》で果《は》たすべき使命を、事実《じじつ》の上で、ただお一人《ひとり》だけが遂行《すいこう》されたという厳然《げんぜん》たる大宣言《だいせんげん》にほかなりません。そして、この地涌の実践《じっせん》を不二《ふに》の弟子《でし》として継承《けいしょう》していきなさいと命《めい》じられているのです。

「もし日蓮《にちれん》、地涌《じゆ》の菩薩《ぼさつ》の数《かず》に入《い》らば、あに、日蓮が弟子檀那《でしだんな》、地涌の流類《るるい》にあらずや」

（新一七九〇ページ・全一三五九ページ）

大聖人の教《おし》えを信《しん》じ、広宣流布《こうせんるふ》の陣列《じんれつ》に身《み》を投《とう》ずる人は、全員が上行菩薩《じょうぎょうぼさつ》と一体《いったい》で進む地涌《じゆ》の菩薩であるとの御断言《ごだんげん》です。

地涌《じゆ》の菩薩《ぼさつ》でなければ、広宣流布《こうせんるふ》はできません。菩薩とは、広布《こうふ》のために行動《こうどう》する闘士《とうし》の異名《いみょう》です。

それぞれの使命《しめい》の戦線《せんせん》で、自分が先頭《せんとう》に立って、広宣流布《こうせんるふ》の勝利のために前進しゆく皆様の生命には、「上行菩薩《じょうぎょうぼさつ》」の力用《りきゆう》が、必《かなら》ず漲《みなぎ》ってくるのであります。

法難《ほうなん》の投獄《とうごく》を勝ち越《こ》えて、戸田先生は綴《つづ》られました。

「南無妙法蓮華経《なんみょうほうれんげきょう》の信仰《しんこう》は、向上《こうじょう》を意味する。無限《むげん》の向上である」「まだまだ、その上へその上へと向上して行く法である」

ともあれ、リーダーは、自分が一人《ひとり》立って一切《いっさい》を勝ち開くのです。これが「行《ぎょう》」です。

〝勝ち戦《いくさ》のさきがけを！〟――これこそ人生の最高の誉《ほま》れであります。

十九世紀、英国《えいこく》の歴史家カーライルは論《ろん》じている。

「人の長《ちょう》たる者は、人びとの先頭に立って、他のあらゆる人びとを尻《しり》ごみさせるような危《き》険《けん》にも、すすんで立ち向かう人である」「気高《けだか》い冠《かんむり》は、いずれもいばらの冠である」＊

決然《けつぜん》と一人《ひとり》立て、自分が模範《もはん》と輝《かがや》け――。それが真《まこと》の勇気です。そこに生涯《しょうがい》の勝利の基《き》盤《ばん》が出来上《できあ》がる。

大勢《おおぜい》いるかどうかではない。まず一人《ひとり》です。いざと言うときに戦えない臆病《おくびょう》な人間が、いくら集《あつ》まっても勝利はありません。末法万年《まっぽうまんねん》の人類《じんるい》を救《すく》う広宣流布《こうせんるふ》を成《な》し遂《と》げ、世界に根本的《こんぽんてき》な寄与《きよ》をする〝さきがけの誇《ほこ》り〟に胸《むね》を張《は》ることです。その人を、三世十方《さんぜじっぽう》の仏《ぶつ》・菩薩《ぼさつ》が守りに護《まも》らないわけがありません。

戦いを決《けっ》するのは「真剣《しんけん》さ」と「粘《ねば》り」です。「執念《しゅうねん》」と「勇気」です。「絶対《ぜったい》に勝つ！」という「決意《けつい》」と「祈《いの》り」である。「断《だん》じて勝つ！」と決めて、戦い抜《ぬ》いたほうが勝つ。勝つために、最大の努力を尽《つ》くし切っていくことです。

トップを目指《めざ》せ！

なかんずく、わが直系《ちょっけい》の青年に私は呼《よ》びかけたい。

君《きみ》たちよ、広宣流布《こうせんるふ》の最先頭《さいせんとう》を走れ！

勝利の人生の頂上《ちょうじょう》に駆《か》け登《のぼ》れ！

仕事も、闘争《とうそう》も、自分らしく、トップを目指《めざ》せ！

青年ならば、何かで第一になれ——と。

何もせず、何も残《のこ》せない青春《せいしゅん》は侘《わ》びしい。広布《こうふ》の歴史に何かを残す。それは永遠《えいえん》の栄光であり、福運《ふくうん》です。そのための学会活動である。思《おも》う存分《ぞんぶん》、活躍《かつやく》できる使命《しめい》の舞台《ぶたい》があるということが、どれほど幸《しあわ》せな充実《じゅうじつ》した人生か。学会ほど、ありがたい世界はありません。

御聖訓《ごせいくん》には「勝《すぐ》れ」「こえよ《超》」と仰《おお》せです。先人《せんじん》の築《きず》いた歴史を超《こ》えて、新《あら》たな金字塔《きんじとう》を打ち立ててこそ、真正《しんせい》の弟子《でし》であります。

戸田先生は語《かた》られました。

「広宣流布《こうせんるふ》の暁《あかつき》には、釈迦《しゃか》や大聖人門下《もんか》の弟子《でし》に劣《おと》らない弟子が出てくる」

「この時には上行菩薩《じょうぎょうぼさつ》、安立行菩薩《あんりゅうぎょう》、浄行菩薩《じょうぎょう》、無辺行菩薩《むへんぎょう》、その他もろもろの菩薩が出られ、また、もったいなくも、日目上人様《にちもくしょうにんさま》をはじめとして、太田入道殿《おおたにゅうどうどの》、四条金吾殿《しじょうきんご》等、大聖人様御在世《ございせ》当時に活躍した方々《かたがた》が、今度の広宣流布《こうせんるふ》に遅《おく》れることなく、全部出ておいでになることと、絶対《ぜったい》に信《しん》じて疑《うたが》わざるものであります」

「従藍而青《じゅうらんにしょう》」（藍《あい》よりして、しかも青《あお》し）であります。師《し》から弟子《でし》へ、未来の世代《せだい》へと、時代を経《へ》るにつれ、ますます立派《りっぱ》で強力《きょうりょく》な指導《しどう》者が涌出《ゆじゅつ》していく。新しく躍《おど》り出《で》てくる勇者《ゆうしゃ》ほど強い。

後輩《こうはい》を自分より立派《りっぱ》に！——これが常勝後継《じょうしょうこうけい》の不滅《ふめつ》の方程式《ほうていしき》であります。その意味で、未来部を育成《いくせい》してくださっている方々《かたがた》の尊《とうと》き奮闘《ふんとう》は、令法久住《りょうぼうくじゅう》の真髄《しんずい》です。

三代の信念の炎《ほのお》は青年に

中国の「史学大師《しがくだいし》」と仰《あお》がれる章開沅《しょうかいげん》先生は語《かた》ってくださいました。

「牧口会長から戸田会長へ、そして池田先生へと、三代の会長に平和への信念《しんねん》が厳然《げんぜん》と受《う》け継《つ》がれてきたことは、まさに『薪火相伝《しんかそうでん》』（＝薪《たきぎ》は自《みずか》らを燃《も》やすことによって火を伝《つた》えていく）と呼《よ》ぶにふさわしい壮挙《そうきょ》といえましょう」*

「（＝三代の会長の）平和への信念《しんねん》の炎《ほのお》が、これからも池田先生から若《わか》き後継《こうけい》の青年たちへと綿々《めんめん》と受《う》け継《つ》がれていくことを、強く確信《かくしん》しております」*

二十一世紀の日本、そして世界各国で、広宣流布《こうせんるふ》へ進みゆく地涌《じゆ》の大行進《だいこうしん》——この創価の大連帯《だいれんたい》を、いよいよ勇敢《ゆうかん》に「二陣三陣《にじんさんじん》」と広げていこう。偉大《いだい》な「さきがけ《先駆》」の勝利《しょうり》を、人類《じんるい》の栄光の歴史に残《のこ》していこうではありませんか。

勝ちまくれ
　創価の力《ちから》は
　　無限《むげん》なり
正義《せいぎ》の陣列《じんれつ》
　いや増《ま》し強固《きょうこ》に

正義《せいぎ》の後継者《こうけいしゃ》

未来部の君《きみ》よ 負《ま》けるな

御聖訓

法華経《ほけきょう》を持《たも》つ人《ひと》は、父《ちち》と母《はは》との恩《おん》を報《ほう》ずるなり

——上野殿御消息《うえのどのごしょうそく》（四徳四恩の事《しとくしおんのこと》）、新一八五二ジペー・全一五二八ジペー

私の師匠《ししょう》である戸田城聖《じょうせい》先生は宣言《せんげん》されました。

「社会のため、日本のため、人類《じんるい》のため、活躍《かつやく》する若《わか》い人材《じんざい》を大《おお》いに育《そだ》てるのだ。これ

が、創価学会の大目的《だいもくてき》である」

わが学会の希望である全国の学会っ子たちが、勉強に、読書《どくしょ》に、スポーツにと、溌剌《はつらつ》と挑戦《ちょうせん》する姿《すがた》を、私は何よりも嬉《うれ》しく見つめております。

大切《たいせつ》な広宣流布《こうせんるふ》の宝《たから》の友を真心《まごころ》で励《はげ》ましてくださる皆様も、いつも本当にありがとうございます。

そして、お子さんの成長《せいちょう》を祈《いの》りながら尊《とうと》き大使命《だいしめい》に走るお父さん方、お母さん方に、妻《つま》と共《とも》に題目を送《おく》る日々であります。

勇気を貫《つらぬ》いた門下《もんか》

ここでは、日蓮大聖人が若《わか》き南条時光《なんじょうときみつ》に認《したた》められた御文《ごもん》を拝読《はいどく》しましょう。

「法華経《ほけきょう》を持《たも》つ人《ひと》は、父《ちち》と母《はは》との恩《おん》を報《ほう》ずるなり」（新一八五二ページ・全一五二八ページ）

これは、建治《けんじ》元年（一二七五年）のお手紙《てがみ》です。時光《ときみつ》は当時、数《かぞ》え年《どし》で十七歳。ちょうど未来部の皆さんの年代《ねんだい》でした。

時光《ときみつ》は、父と母から信心を受《う》け継《つ》ぎ、一生涯《いっしょうがい》にわたって水の流《なが》れるがごとく、勇気ある信心を貫き通《とお》した門下《もんか》です。鎌倉幕府の実権《じっけん》を握《にぎ》る北条得宗家《ほうじょうとくそうけ》の家臣《かしん》であり、駿河《するが》（現在の静岡県中央部）にある上野郷《うえののごう》の経営《けいえい》を担《にな》った武士《ぶし》です。社会のリーダーでもありました。
大聖人は、人々に尽《つ》くし、正義《せいぎ》を護《まも》り抜《ぬ》くその信心と行動《こうどう》を讃《たた》えて「上野賢人《うえのけんじん》」とも呼《よ》んでおられます。

戸田先生は青年部と懇談《こんだん》の折《おり》、「大聖人門下の中で、誰《だれ》が一番好感《こうかん》が持てるか」と問《と》われたことがあります。私はすかさず「南条殿《なんじょうどの》です」と答《こた》えたことを懐《なつ》かしく思《おも》い起《お》こします。

時光《ときみつ》は、わずか七歳の時に立派《りっぱ》な父親を病気《びょうき》で亡《な》くしました。この時、墓参《ぼさん》のために足を運《はこ》んでくださった大聖人と、永遠《えいえん》に輝《かがや》く出会いを刻《きざ》んだと拝《はい》されます。

以来、大聖人を師《し》と仰《あお》ぎ、母と共《とも》に真剣《しんけん》に信心に励《はげ》むようになりました。

そして時光は、学《まな》び、自身を鍛《きた》え、凛々《りり》しき若武者《わかむしゃ》と生《お》い立《た》って、身延《みのぶ》に入山《にゅうざん》された大聖人のもとへ自《みずか》ら進んで馳《は》せ参《さん》じたのです。

この時、十六歳。見事《みごと》に成長《せいちょう》した時光《ときみつ》の逞《たくま》しい姿《すがた》を、大聖人はどれほど喜《よろこ》ばれたことでしょう。そして翌年、このお手紙《てがみ》を送《おく》られたのです。

本抄《ほんしょう》では、自分を育《はぐく》んでくれた親を大切《たいせつ》にすること、とりわけ、その恩《おん》に報《むく》いていくことが、仏法《ぶっぽう》の道であると教《おし》えられています。

そして、この御文《ごもん》では、「法華経《ほけきょう》を持《たも》っていること自体《じたい》が親への報恩《ほうおん》である」、すなわち法華経には親の恩を報《ほう》ずる力《ちから》があることが説《と》かれています。

それとともに、「法華経《ほけきょう》を持《たも》つ人こそ、親孝行《おやこうこう》をおろそかにしてはならない」という御指《ごし》南《なん》と拝《はい》されます。

亡《な》くなった父の南条兵衛七郎《なんじょうひょうえしちろう》は、地道《じみち》な信心を誠実一路《せいじついちろ》に持続《じぞく》しました。

時光《ときみつ》の母である上野尼御前《うえのあまごぜん》は、子どもたちに大聖人の偉大《いだい》さを語《かた》り、信心の後継《こうけい》の道を一緒《いっしょ》に歩《あゆ》んできたのです。

報恩《ほうおん》は人間の根本《こんぽん》

時光《ときみつ》が大聖人から賜《たまわ》ったお手紙《てがみ》は、御書で三十編《ぺん》を超《こ》えます。多くのお手紙をいただいている、信頼厚《しんらいあつ》き門下《もんか》です。

時光《ときみつ》の胸《むね》には、大聖人門下《もんか》としての大確信《だいかくしん》と大情熱《だいじょうねつ》が、誇《ほこ》り高く燃《も》え上《あ》がっていた。

後《のち》に弟が急死《きゅうし》するという不幸《ふこう》もありました。しかし時光《ときみつ》は悲《かな》しみの母を支《ささ》え、弟の分《ぶん》まで信心で戦っていったのです。

弘安《こうあん》二年（一二七九年）の熱原《あつはら》の法難《ほうなん》の際《さい》には、時光《ときみつ》は決死《けっし》の覚悟《かくご》で大聖人の門下《もんか》たちを厳護《げんご》しました。

そして大聖人の御入滅後《ごにゅうめつご》も、真正《しんせい》の弟子《でし》である日興上人《にっこうしょうにん》とご一緒《いっしょ》に、広宣流布《こうせんるふ》のために全生命を捧《ささ》げました。まさに未来部、青年部の模範《もはん》の姿《すがた》であります。

戸田先生はよく「南条時光《なんじょうときみつ》を見習《みなら》っていけ」と言われました。「時光を手本《てほん》として親孝《おやこう》行《こう》せよ」とも呼《よ》びかけられました。

有名な「青年訓《せいねんくん》」の一節《いっせつ》には、こうあります。

「衆生《しゅじょう》を愛さなくてはならぬ戦いである。しかるに、青年は、親をも愛さぬような者も多いのに、どうして他人《たにん》を愛せようか。その無慈悲《むじひ》の自分を乗《の》り越《こ》えて、仏《ほとけ》の慈悲《じひ》の境地《きょうち》を会得《えとく》する、人間革命の戦いである」

親への愛情《あいじょう》と報恩《ほうおん》の心は、人間としての根本《こんぽん》であります。

一流《いちりゅう》の人ほど、親を大切《たいせつ》にしています。それは、私が世界中の指導者《しどうしゃ》と友情《ゆうじょう》を結《むす》んできた実感《じっかん》です。

大聖人は時光《ときみつ》に仰《おお》せになられました。

「母親は子どもが胎内《たいない》にいる時、死ぬほどの苦《くる》しみを味わっている。産《う》み落《お》とす時の苦《く》痛《つう》は堪《た》え難《がた》いと思うほどである」（新一八五一ジベー・全一五二七ジベー、趣意）

お母さんは、死ぬほどの苦《くる》しみをして、皆さんを産んでくれたのです。出産《しゅっさん》とは、まさに命《いのち》を懸《か》けた戦いです。この一点でも、母に感謝《かんしゃ》し、恩返《おんがえ》ししていかなければなりません。

ゆえに、戸田先生は、親不孝《おやふこう》に対《たい》しては、それはそれは厳《きび》しかった。親に心配《しんぱい》をかける青年を「親の涙《なみだ》を知らないのか！」と烈火《れっか》のごとく叱られたこともあります。

大聖人は、今回の御文《ごもん》の直後《ちょくご》で「我《わ》が心《こころ》には報《ほう》ずると思《おも》わねども、この経《きょう》の力《ちから》にて報ずるなり」（新一八五二ジペー・全一五二八ジペー）と教《おし》えてくださっております。

妙法には、万人《ばんにん》を幸福に導《みちび》く力《ちから》があります。その妙法を根本《こんぽん》に、深《ふか》く祈《いの》り、正《ただ》しい人生を強く生《い》き抜《ぬ》いていく。そこに諸天《しょてん》も動き、自然《しぜん》のうちに親孝行《おやこうこう》できていくのです。

若《わか》い時の「つらい」ということは、実《じつ》は青春《せいしゅん》の特権《とっけん》です。勉強や成績《せいせき》のこと、クラブ活動や友だちとの人間関係のこと、健康《けんこう》や身体《しんたい》のこと、自分自身の性格《せいかく》のこと……すべてを御本尊に祈《いの》り切っていけばよい。そして自分らしく努力《どりょく》することが、そのまま最高の親孝《おやこう》行《こう》の道なのです。

親に笑顔《えがお》で向かう

親孝行《おやこうこう》といっても、決《けっ》して特別《とくべつ》なことではありません。大聖人は時光《ときみつ》に、親孝行について具体的《ぐたいてき》に示《しめ》されています。

「親に良いものをあげようと思って、何もすることができなければ、せめて一日に二、三度、ほほ笑《え》んで向かいなさい」（新一八五〇ジベー・全一五二七ジベー、趣意）と。

〝僕《ぼく》には、私には無理《むり》だ〟と感じる人もいるかもしれない。しかし、せめて元気な笑顔《えがお》を見せてあげれば、お父さんもお母さんも、どれほど幸福な心になれるか。それだけで〝よし、この子のために、もっともっと頑張《がんば》ろう〟と元気になれるのです。そうさせてあげられるのが、真実《しんじつ》の若《わか》き「賢人《けんじん》」です。

「勉強しなさい！」と言われたら、何はともあれ「はい！」と元気に返事《へんじ》するのです。たまには「私たちのために働《はたら》いてくれてありがとう」「いつも美味《おい》しい料理《りょうり》をありがとう！」「大丈夫《だいじょうぶ》だから、私の成長《せいちょう》を見ていてね！」等と語《かた》りかければ、親は涙《なみだ》が出るほど嬉《うれ》しいのです。どんな苦労《くろう》も報《むく》われるのです。

親を喜《よろこ》ばせてあげたいという「心《こころ》こそ大切《たいせつ》」です。その心が、因果倶時《いんがぐじ》で、皆さん自身の成長《せいちょう》と、ご一家《いっか》の幸福に直結《ちょっけつ》していくからです。

皆さんのお父さん、お母さんは、究極《きゅうきょく》の正義《せいぎ》のために、毎日毎日、岩盤《がんばん》に爪《つめ》を立てる思いで必死《ひっし》に戦っておられる。人間として最《もっと》も崇高《すうこう》なる広宣流布《こうせんるふ》の大使命《だいしめい》に、私と共《とも》に生《い》き抜《ぬ》いてこられました。

一番正《ただ》しいのに、心ない悪口罵詈《あっくめり》をされることもある。悔《くや》しい思いをじっと耐《た》えながら、法のため、友のため、社会のために、一身《いっしん》をなげうち、歯《は》を食《く》いしばって進んでおられます。どんな有名人よりも、どんな権力者《けんりょくしゃ》よりも尊《とうと》い信念《しんねん》の行動《こうどう》です。

無名《むめい》の偉大《いだい》な庶民《しょみん》が、創価学会をつくり上《あ》げてくれたのです。一人《ひとり》ひとりと忍耐強《にんたいづよ》く対《たい》話《わ》を重《かさ》ね抜《ぬ》いて、創価学会を世界の平和・文化・教育の大連帯《だいれんたい》に築《きず》き上げてくれたのです。それもすべて、愛する皆さんの福運《ふくうん》を願《ねが》い、皆さんの勝利の道を開くための不屈《ふくつ》の挑《ちょう》戦《せん》であります。

たとえ言葉《ことば》に出して言わなくとも、皆さんのために命《いのち》を削《けず》りながら、祈《いの》りに祈り、働《はたら》きに働き、戦いに戦っておられる。

親心《おやごころ》とは、そういうものです。

わが子の健康《けんこう》と成長《せいちょう》と幸福を願《ねが》う親御《おやご》さんの信心の一念《いちねん》に、皆さんはどれほど深《ふか》く包《つつ》まれ、大きく守られていることでしょうか。

両親《りょうしん》を誇《ほこ》りとして

わが未来部の秀才《しゅうさい》の皆さんは、そうしたご両親《りょうしん》たちを、誇《ほこ》りとしてください。

また、お父さん、お母さん方の信心一筋《ひとすじ》、学会一筋の生き方がわかる一人《ひとり》ひとりとなってください。そして父母を心から尊敬《そんけい》し、感謝《かんしゃ》し、その恩《おん》に応《こた》えゆく「大賢人《だいけんじん》」となっていただきたいのです。

時光《ときみつ》のように、お父さんを亡《な》くした人、また、お母さんがいない人もいるでしょう。しかし、胸《むね》の中にお父さんもいる。お母さんもいる。題目を唱《とな》えれば、御本尊の中におられる。生命は、いつも一緒《いっしょ》です。

さらに、親が未入会《みにゅうかい》であったり、親子の関係が思うようにいかなかったりする場合《ばあい》でも、皆さんが大きな心で父母の幸福を祈《いの》っていくことです。

皆さん自身が勇敢《ゆうかん》に一人《ひとり》立って、強く強く信心に生《い》き抜《ぬ》くのです。

断《だん》じて青春《せいしゅん》に勝ち、堂々《どうどう》と人生に勝つのです。

大《おお》いに学《まな》び、「頭脳《ずのう》」も「心身《しんしん》」も鍛《きた》え、広布《こうふ》と社会の偉大《いだい》な指導者《しどうしゃ》になることです。

今は苦《くる》しくとも頑張《がんば》ることが、「父と母との恩《おん》を報《ほう》ずる」最極無上《さいごくむじょう》の生き方なのです。

そして、その健気《けなげ》な生き方にこそ「師弟《してい》」の魂《たましい》も発光《はっこう》していくからです。

どうか、父母の心を、学会精神《せいしん》を、そして創価の師弟《してい》の魂《たましい》を、立派《りっぱ》に継《つ》ぎゆく皆さんであってください。

皆さんの未来の勝利――それが、私の最大の願《ねが》いであり、祈《いの》りであります。

わが子に語《かた》る誉《ほま》れの歴史を

現代化学《げんだいかがく》の父ポーリング博士のご子息《しそく》で、精神医学《せいしんいがく》の権威《けんい》であられるポーリング・ジュニア博士が、「家庭教育《かていきょういく》」について語《かた》っておられました。

「子どもたちは、自然《しぜん》に家庭《かてい》のなかで、親の考《かんが》え方や思想《しそう》を継承《けいしょう》するものです。言葉《ことば》で伝《つた》える場合《ばあい》もあるし、無言《むごん》のうちに伝わっていく場合もあります。親は、つねに心の中に〝平和を推進《すいしん》する〟という強い信念《しんねん》をもって行動《こうどう》することが大事《だいじ》ではないでしょうか」*

この模範《もはん》を示《しめ》しているのが、創価の家庭《かてい》です。

戸田先生は断言《だんげん》されました。

「学会の幹部《かんぶ》として戦う。人のため、法のため、平和のために働《はたら》いている。これほど尊《とうと》いことはないじゃないか。仏法即社会《ぶっぽうそくしゃかい》であり、一番尊い社会的地位だ」

また、ある会合《かいごう》では、こう話されています。

「きょうの集《つど》いも、歴史の一ページとなって、夫《おっと》に語《かた》り、わが子に語れる資格《しかく》を得《え》られたことは、あなた方の名誉《めいよ》と信《しん》じます。必《かなら》ずや、広宣流布達成《こうせんるふたっせい》に邁進《まいしん》して、一生涯《いっしょうがい》の幸福を得《え》られることを信ずるものであります」と。

たとえ、多忙《たぼう》の中で、かかわってあげられる時間が少《すく》なくとも、広布《こうふ》のために真剣《しんけん》に戦う親の思いは、必《かなら》ず必ず、わが子に通《つう》じていきます。大勢《おおぜい》の人に尽《つ》くす父母の後《うし》ろ姿《すがた》は、お子さんの心に深《ふか》く残《のこ》ります。時と共《とも》に、誇《ほこ》らしい宝《たから》の歴史と輝《かがや》いていくものです。

世界一の親孝行《おやこうこう》を

私にも、少年時代の忘《わす》れられない思い出があります。それは、戦争で亡《な》くなった長兄《ちょうけい》との約束《やくそく》です。

戦争中、わが家《や》は四人の兄を次々に兵隊《へいたい》にとられ、肺病《はいびょう》の私が弟や妹の面倒《めんどう》を見ることになりました。ある時、長兄《ちょうけい》は私にこう言いました。

「後《あと》に残《のこ》って、一家《いっか》を支《ささ》えるのは、大作、お前だ。親父《おやじ》の力《ちから》になってあげてくれ。それから、お袋《ふくろ》を大事《だいじ》にな……。俺《おれ》の分《ぶん》まで、親孝行《おやこうこう》するんだぞ」

そして長兄《ちょうけい》は戦地《せんち》に赴《おもむ》き、帰らぬ人となったのです。

母の悲《かな》しみはいかばかりであったか。私は「日本一、世界一の親孝行《おやこうこう》をしよう！」と決め、戸田先生を師《し》と定《さだ》めて、青春《せいしゅん》時代を生《い》き抜《ぬ》いたのです。

一九五〇年（昭和二十五年）の五月九日、二十二歳の私は日記に綴《つづ》りました。

「家を離《はな》れて、早くも、一年。

永遠《えいえん》の生命の、一瞬間《いっしゅんかん》に、不思議《ふしぎ》にも、因《いん》を、縁《えん》を、結《むす》びし親だ。苦労《くろう》に苦労を重《かさ》ね、
私を一人前《いちにんまえ》の人物《じんぶつ》として育《はぐく》み、苦《くる》しんで下《くだ》さった親だ。

忘《わす》れることは出来《でき》ない、瞬時《しゅんじ》たりとも。

親孝行《おやこうこう》をしなくてはいけない。今に見ろ」*

当時、戸田先生の会社の経営《けいえい》は最悪《さいあく》の苦境《くきょう》に陥《おちい》っていた。仕事に奔走《ほんそう》し、その合間《あいま》を縫《ぬ》うように、御書を拝《はい》し、学会活動に打《う》ち込《こ》んでいた時代です。一人暮《ひとりぐ》らしを始め、なかなか両親《りょうしん》に会うこともできませんでした。

しかし、どんなに多忙《たぼう》になっても、私は両親《りょうしん》の幸福を祈《いの》り、親孝行《おやこうこう》を心がけてきました。

その私の心を、誰《だれ》よりもご存《ぞん》じだったのが戸田先生です。師匠《ししょう》は、弟子《でし》たちとその一家《いっか》一族《いちぞく》の前進と向上《こうじょう》と勝利を、一心不乱《いっしんふらん》に、祈《いの》りに祈っています。

弟子《でし》を思う師《し》の心

成長《せいちょう》した時光《ときみつ》が病気《びょうき》になった時、大聖人が送《おく》られたお手紙《てがみ》には、こう仰《おお》せです。

「鬼神《きじん》どもめ、この人を悩《なや》ませることは、剣《つるぎ》をさかさまに呑《の》むようなものだ。大火《たいか》を抱《いだ》くようなものだ。三世十方《さんぜじっぽう》の仏の大怨敵《だいおんてき》となるつもりか！」（新一九三二ページ・全一五八七ページ、趣意）愛弟子《まなでし》の時光《ときみつ》を苦《くる》しめる鬼神《きじん》を、烈々《れつれつ》たる気迫《きはく》で叱責《しっせき》されているのです。

このころ、大聖人御自身も病《やまい》と闘《たたか》われているさなかでした。御自《おんみずか》らの病身《びょうしん》をおして、お手紙《てがみ》を綴《つづ》られ、生命力を振《ふ》り絞《しぼ》って、弟子《でし》を襲《おそ》った病魔《びょうま》を打《う》ち払《はら》ってくださっているのです。広大《こうだい》な師匠《ししょう》の慈愛《じあい》が、胸《むね》に迫《せま》ってくるではありませんか。時光《ときみつ》は感涙《かんるい》の中、勇気百倍で病に打ち勝っていったのです。

これが仏法《ぶっぽう》の師弟《してい》です。

戸田先生は、常々《つねづね》、青年に語《かた》られていました。

「今、私が矢面《やおもて》に立っている。君《きみ》たちには傷《きず》をつけさせたくないのだ。烈《はげ》しい疲労《ひろう》の連《れん》続《ぞく》であるが、私は毅然《きぜん》として時を稼《かせ》ぐ。君たちは、今のうちに勉強をし、力《ちから》を養《やしな》い、次の時代に敢然《かんぜん》と躍《おど》り出《で》て広布《こうふ》の実現《じつげん》をはかることだ。戦いは長い。すべて君たちに託《たく》す以外に何ものもないのだ。それまで、いかなる中傷《ちゅうしょう》、非難《ひなん》にも耐《た》え、防《ふせ》ぎに防いでおくよ」

私も全《まった》く同じ気持ちです。

広宣流布《こうせんるふ》は、若《わか》き未来部の皆さんに託《たく》す以外にない。私はあらゆる難《なん》を一身《いっしん》に受けて、時を創《つく》り、ひたすら待《ま》っています。

皆さんの逞《たくま》しき成長《せいちょう》を！

皆さんの輝《かがや》かしき勝利を！

そして皆さんのため、断固《だんこ》として世界に道を開《ひら》き続《つづ》けます。

〝負《ま》けじ魂《だましい》〟で進め

今、病気《びょうき》と闘《たたか》っている皆さん。また経済苦《けいざいく》や、学校でのいじめなどに悩《なや》む皆さん。断《だん》じて負《ま》けてはならない。妙法の功力《くりき》は絶対《ぜったい》です。皆さんの生命の可能性《かのうせい》は無限《むげん》であります。

題目を唱《とな》え抜《ぬ》いて、御本仏《ごほんぶつ》の師子王《ししおう》の大生命を若《わか》き命《いのち》に漲《みなぎ》らせ、「負《ま》けてたまるか！」と、勇気と執念《しゅうねん》で勝ち越《こ》えていくのです。皆さんには私がついています。私が祈《いの》っています。

師匠《ししょう》は師子《しし》です。ならば弟子《でし》もまた師子である。自分自身のため、ご両親《りょうしん》のため、師匠のために、断固《だんこ》として勝つのです。

人と比《くら》べてどうかではない。昨日《きのう》の自分と比べて一歩《いっぽ》でも二歩でも前進しゆく人が、真《しん》の「勝利の人」です。

アメリカ実践哲学協会《じっせんてつがくきょうかい》のマリノフ会長が、創価学園生に出会った感動《かんどう》を語《かた》られていました。

「この人たちだ。この人たちになら世界の運命《うんめい》を任《まか》せられる――本当にそう思いました」

まさに、全未来部に対《たい》する期待《きたい》の声でもあります。世界の知性《ちせい》は、人類《じんるい》の平和をリードする未来部の登場《とうじょう》を待《ま》っています。

大聖人は、時光《ときみつ》に「王《おう》は民《たみ》をおや《親》とし」（新一八八六㌻・全一五五四㌻）と教《おし》えられました。指導者《しどうしゃ》が、民衆《みんしゅう》を親のごとく大切《たいせつ》にし、親孝行《おやこうこう》をするように民衆に尽《つ》くす。そうした真《しん》の指導者が澎湃《ほうはい》と躍《おど》り出《で》る時が広宣流布《こうせんるふ》です。その主役《しゅやく》こそ未来部の皆さんです。

「青春王者《せいしゅんおうじゃ》」である皆さんが一人《ひとり》も残《のこ》らず栄光の人生を歩《あゆ》んでいくように、私も妻《つま》も、一《いっ》生涯《しょうがい》、いな永遠《えいえん》に祈《いの》り、見守《みまも》ってまいります。

どうか、わが若師子《わかじし》の未来部は〝負《ま》けじ魂《だましい》、ここにあり〟を合言葉《あいことば》として、快活《かいかつ》に、朗《ほが》らかに、私と一緒《いっしょ》に進んでいこう！　親孝行《おやこうこう》を頼《たの》むよ。

君《きみ》よ、あなたよ、偉大《いだい》な二十一世紀の南条時光《なんじょうときみつ》と輝《かがや》け！

偉大《いだい》なる
未来の名士《めいし》の
君《きみ》たちよ
今こそ負《ま》けるな
努力《どりょく》が勝利に

普賢《ふげん》の英知《えいち》

新世代《しんせだい》の智慧《ちえ》で勝て！

御聖訓

この経《きょう》の広宣流布《こうせんるふ》することは、普賢菩薩《ふげんぼさつ》の守護《しゅご》なるべきなり

——御義口伝《おんぎくでん》、新一〇八五ページ・全七八〇ページ

「一日《いちにち》の命《いのち》は三千界《さんぜんかい》の財《たから》にもすぎ《過》て候《そうろう》なり」（新一三〇九ページ・全九八六ページ）

大宇宙《だいうちゅう》の全財宝《ぜんざいほう》よりも尊《とうと》い、この一日の命《いのち》を、広宣流布《こうせんるふ》のために捧《ささ》げて戦い切る。これ

ほど崇高《すうこう》な生命の道はない。その功徳《くどく》は、無量《むりょう》にして永遠《えいえん》です。

仏《ほとけ》にも等《ひと》しい、全国の同志《どうし》の皆様方の尊《とうと》き奮闘《ふんとう》に、私は妻《つま》と共《とも》に最敬礼《さいけいれい》して、強く深《ふか》く題目を送《おく》っております。

絶対《ぜったい》に幸福になる仏法《ぶっぽう》です。全同志《ぜんどうし》が一人《ひとり》ももれなく、健康《けんこう》で無事故《むじこ》で、堂々《どうどう》たる人生の大勝利者になっていただきたい。これが、私と妻の祈《いの》りです。

法華経《ほけきょう》の最終章《さいしゅうしょう》に登場《とうじょう》する菩薩《ぼさつ》

一九六二年（昭和三十七年）の八月三十一日、私は学生部の代表に「御義口伝《おんぎくでん》」の講義《こうぎ》を開始《かいし》しました。

万人《ばんにん》の幸福と、平和の大建設《だいけんせつ》のための生命の極理《ごくり》を、若《わか》き門下《もんか》が心肝《しんかん》に染《そ》めてもらいたい。その願《ねが》いを込《こ》めて、毎月一回、約五年間、私は全精魂《ぜんせいこん》をこめて講義《こうぎ》を続《つづ》けました。その間、関西では「百六箇抄《ひゃくろっかしょう》」、中部では「諸法実相抄《しょほうじっそうしょう》」の講義も行《おこな》いました。

ここでは、この「御義口伝《おんぎくでん》」の御金言《ごきんげん》を拝《はい》したい。

「この法華経《ほけきょう》を閻浮提《えんぶだい》に行《ぎょう》ずることは、普賢菩薩《ふげんぼさつ》の威神《いじん》の力《ちから》に依《よ》るなり。この経《きょう》の広宣《こうせん》流布《るふ》することは、普賢菩薩の守護《しゅご》なるべきなり」（新一〇八五ジペー・全七八〇ジペー）

甚深《じんじん》なる御聖訓《ごせいくん》です。妙法を閻浮提《えんぶだい》（全世界）に行《ぎょう》じゆくことは、普賢菩薩《ふげんぼさつ》の守護《しゅご》によって成《な》し遂《と》げられるのだ、との御予言《ごよげん》であります。

法華経《ほけきょう》二十八品《ぽん》の最終章《さいしゅうしょう》（普賢品《ふげんぼん》）には、この普賢菩薩《ふげんぼさつ》が妙《たえ》なる音楽《おんがく》を奏《かな》でて、大衆《たいしゅう》と共《とも》に明るく賑《にぎ》やかに登場《とうじょう》します。

「普賢《ふげん》」つまり「普《あまね》く賢《かしこ》い」という名前の如《ごと》く、宇宙《うちゅう》をも包《つつ》みゆく智慧《ちえ》をもって、一閻浮提《いちえんぶだい》への妙法流布《るふ》を助《たす》ける。そして民衆《みんしゅう》を幸福にしゆく知性《ちせい》の指導者《しどうしゃ》が、この普賢菩薩《ぼさつ》なのです。

わが学生部には、この「普賢《ふげん》の英知《えいち》」の力《ちから》で、広宣流布《こうせんるふ》の和合《わごう》を厳護《げんご》し、民衆《みんしゅう》勝利の時代を開きゆく重大《じゅうだい》な使命《しめい》がある。

学生部の結成《けっせい》に際《さい》して、師《し》・戸田先生が、「嬉《うれ》しいね。私がどうしても創《つく》りたかった組織《そしき》だよ」と喜《よろこ》ばれていたお姿《すがた》が、私の命《いのち》から離《はな》れません。恩師《おんし》の心を心として、私は、学生部よ、青年部よ、創価の普賢菩薩《ふげんぼさつ》たれ、と祈《いの》り、念《ねん》じ、薫陶《くんとう》してきました。

ここで、普賢菩薩《ふげんぼさつ》の特質《とくしつ》を三点にわたって述《の》べておきたい。

第一に、普賢《ふげん》とは、行動《こうどう》する「誓願《せいがん》の知性《ちせい》」である。

普賢菩薩《ふげんぼさつ》自《みずか》ら、「普賢の威神《いじん》の力《ちから》」をもって、滅後《めつご》に法華経《ほけきょう》を受持《じゅじ》した者を徹底《てってい》して守り抜《ぬ》くことを誓《ちか》っています。

すなわち、いかなる魔性《ましょう》も打《う》ち破《やぶ》って、法華経《ほけきょう》の行者《ぎょうじゃ》を厳然《げんぜん》と守護《しゅご》すること、そして一閻浮提《いちえんぶだい》の広宣流布《こうせんるふ》を絶対《ぜったい》に断絶《だんぜつ》させないことを、師《し》に約束《やくそく》します。

どんなに優秀《ゆうしゅう》であっても、自分の名聞名利《みょうもんみょうり》だけを追《お》い求《もと》める人生では浅《あさ》ましい。まして恩《おん》を踏《ふ》みにじるようでは「才能《さいのう》ある畜生《ちくしょう》」と成《な》り下《さ》がってしまう。

学《がく》とは、人格《じんかく》の勝利であり、人々を幸福にするためにある。

師匠《ししょう》を持ち、哲学《てつがく》を持ち、学《まな》び鍛《きた》え、人々のため、社会のために行動《こうどう》し抜《ぬ》いていく。何《なん》と意義《いぎ》ある創価の青春《せいしゅん》でしょうか。

第二に、普賢《ふげん》とは、勇敢《ゆうかん》なる「正義の知性《ちせい》」である。

師《し》・釈尊《しゃくそん》は、法華経《ほけきょう》を持《たも》つ者を誹謗《ひぼう》する罪報《ざいほう》を鋭《するど》く挙《あ》げられた。

仏子《ぶっし》を悩《なや》ませる悪《あく》と戦い、不退転《ふたいてん》の決意《けつい》で前進する正義の陣列《じんれつ》に連《つら》なれ――という教《おし》えです。

正義の和合《わごう》を断《だん》じて護《まも》り抜《ぬ》く――その絶対《ぜったい》の責任感《せきにんかん》と勇猛《ゆうもう》なる力《ちから》を具《そな》えてこそ、〝創価の普賢菩薩《ふげんぼさつ》〟と言えましょう。

第三に、普賢《ふげん》とは、誠実《せいじつ》なる「人間尊敬《そんけい》の知性《ちせい》」である。

「当《とう》起《き》遠《おん》迎《ごう》、当《とう》如《にょ》敬《きょう》仏《ぶつ》」（当《まさ》に起《た》って遠《とお》く迎《むか》うべく、当に仏《ほとけ》を敬《うやま》うが如《ごと》くすべし〈法華経六七七ページ〉）。この奥義《おうぎ》を、師《し》・釈尊《しゃくそん》から譲《ゆず》り託《たく》されたのが普賢菩薩《ふげんぼさつ》です。「御義口伝《おんぎくでん》」で、この八文字は「最上第一《さいじょうだいいち》の相伝《そうでん》」と意義《いぎ》づけられています。広布《こうふ》のために戦う人を仏の如く尊敬《そんけい》し、大切《たいせつ》にし、尽《つ》くし抜《ぬ》くことです。

自らの才覚《さいかく》や地位に傲《おご》り高《たか》ぶって、庶民《しょみん》を見下《みくだ》す増上慢《ぞうじょうまん》とは対極《たいきょく》にある生き方です。

真《しん》の「知性《ちせい》」とは

真《しん》の「知性《ちせい》」とは、単《たん》なる知識《ちしき》ではない。「誓願《せいがん》の行動《こうどう》」「正義の連帯《れんたい》」「誠実《せいじつ》の振《ふ》る舞《ま》い」――こうした「普賢《ふげん》の生命」を脈動《みゃくどう》させた、人間としての総合力《そうごうりょく》なのであります。

わが学生部も、わが青年部も、断《だん》じて、普遍《ふへん》の知性光《ちせいひか》るリーダーに育《そだ》っていただきたい。

それは、学歴《がくれき》などにとらわれない真正《しんせい》の実力《じつりょく》であります。

私は十九歳で恩師《おんし》と出会い、二十代を恩師に仕《つか》え抜《ぬ》きました。私の九八パーセントは恩師から教《おそ》わったものです。二十代に受けた訓練《くんれん》が今の私を形作《かたちづく》っています。

戸田先生は私に個人教授をしてくださり、法律《ほうりつ》や経済《けいざい》・歴史・哲学《てつがく》・科学《かがく》・天文学《てんもんがく》など万般《ばんぱん》の学問《がくもん》を授《さず》けてくださった。

「一切法《いっさいほう》は皆《みな》これ仏法《ぶっぽう》なり」（新七一四ジペー・全五六四ジペー）です。

仏法《ぶっぽう》は、あらゆる学識《がくしき》や技術《ぎじゅつ》を人間の幸福のために活《い》かし、大《おお》いなる価値《かち》を創造《そうぞう》しゆく究極《きゅうきょく》の智慧《ちえ》であります。だからこそ、学《まな》んだ分《ぶん》だけ、努力《どりょく》した分だけ、活用《かつよう》していける。

この「戸田大学」の講義《こうぎ》は、火花《ひばな》の散るような魂《たましい》の触発《しょくはつ》の連続《れんぞく》であった。二十五歳の時、私は日記に綴《つづ》っています。

「毎朝、冴《さ》えた頭で聴講《ちょうこう》できる自己《じこ》を築《きず》かねばならぬ。負《ま》けじ魂《だましい》。根性《こんじょう》。意地《いじ》」「十年後を、勝負《しょうぶ》と決めて、戦おう。十年後をみよと、勉強し、頑張《がんば》ることだ」*と。

先生は常々《つねづね》、言われていた。

「大作、勉強、勉強だよ。それは、仏法《ぶっぽう》のことだけではない。社会全般《ぜんぱん》のことはもちろん、全世界の運命《うんめい》のなかに自分というものを置《お》いて、一切《いっさい》の発想《はっそう》をしていくことだよ」

「民衆《みんしゅう》大学」の誉《ほま》れを

青春《せいしゅん》の力《ちから》は無限《むげん》です。十代、二十代、三十代の青年が本気《ほんき》で立ち上がれば、時代は変わる。これが、古今東西《ここんとうざい》の歴史の大鉄則《だいてっそく》だ。

広宣流布《こうせんるふ》は、永遠《えいえん》に智慧《ちえ》の戦《いくさ》です。

使命《しめい》の青春《せいしゅん》を生きゆく諸君《しょくん》は、労多《ろうおお》きことを誉《ほま》れとし、広布《こうふ》と社会の指導者《しどうしゃ》としての真価《しんか》を、深《ふか》く強固《きょうこ》に磨《みが》き上《あ》げてほしいのです。それが、苦労《くろう》に苦労を重《かさ》ねて戦い続《つづ》けてくれている、皆さん方の偉大《いだい》な父母の願《ねが》いである。

私は、一九六八年（昭和四十三年）の九月八日、第十一回学生部総会で「日中国交正常化《にっちゅうこっこうせいじょうか》提言《ていげん》」を行《おこな》った際《さい》にも、この「御義口伝《おんぎくでん》」の一節《いっせつ》を拝《はい》して俊英《しゅんえい》たちへの期待《きたい》を語《かた》りました。

今、真摯《しんし》に生命尊厳《そんげん》の大仏法《だいぶっぽう》を学《まな》び、同志《どうし》と共《とも》に実践《じっせん》する青年こそ、創価の「民衆《みんしゅう》大学」の誉《ほま》れの学徒《がくと》であると自負《じふ》していただきたい。

後継《こうけい》の君たちこそ、二十一世紀の普賢菩薩《ふげんぼさつ》です。

普賢菩薩《ふげんぼさつ》の「威神《いじん》の力《ちから》」とは、「信心の力」にほかなりません。

戸田先生は「最《もっと》も偉大《いだい》な人とは、結論《けつろん》するに、青年時代の信念《しんねん》と情熱《じょうねつ》を、生涯《しょうがい》、失《うしな》わない人だ」と明言《めいげん》されました。

それぞれの分野《ぶんや》で培《つちか》った経験《けいけん》や見識《けんしき》も、妙法を根本《こんぽん》にすることで生きてくる。そのすべてが、普賢菩薩《ふげんぼさつ》の智慧《ちえ》の輝《かがや》きを放《はな》ってくるのです。

法華経《ほけきょう》の壮大《そうだい》な絵巻《えまき》の最後《さいご》に登場《とうじょう》するのが、我《われ》らの普賢菩薩《ふげんぼさつ》です。御書には、普賢菩薩が遅《おく》れてきたことを恐縮《きょうしゅく》しながら、その分《ぶん》、張《は》り切って、真剣《しんけん》に末法広宣流布《まっぽうこうせんるふ》に戦う誓《ちか》いを述《の》べる様子《ようす》が、ほほ笑《え》ましく記《しる》されております（新二〇九五ジペー・全一二四九ジペー）。最後に勇《いさ》んで躍《おど》り出《で》る若《わか》き人材群《じんざいぐん》が、広宣流布《こうせんるふ》の勝利の決定打《けっていだ》を放《はな》つのです。

普賢品《ふげんぼん》の正式《せいしき》な題名《だいめい》は「普賢菩薩勧発品第二十八《ふげんぼさつかんぼっぽん》」。

「勧発《かんぼつ》」とは「勧《すす》め発《おこ》させる」。つまり「励《はげ》まし」という意義《いぎ》に通《つう》じます。大事《だいじ》なのは「励まし」です。

疲《つか》れた先輩方《せんぱいがた》を労《ねぎら》い、皆を勇気づけ、勝利へ勝利へ前進する。普賢菩薩《ふげんぼさつ》とは、潑剌《はつらつ》たる「励《はげ》ましの知性《ちせい》」なのです。

男女学生部、ヤング男子部、池田華陽会《かようかい》の健闘《けんとう》にも一致《いっち》する力用《りきゆう》です。

宇宙《うちゅう》には、刻々《こっこく》と新しい星《ほし》が誕生《たんじょう》している。ブラジルを代表する天文学者《てんもんがくしゃ》のモウラン博士は言われた。

「自分の一番輝《かがや》く時を待《ま》って、その出番《でばん》の時にしっかりと輝く。そして、次の者や後輩《こうはい》が来たら、しっかりと輝《かがや》かせていく。これが宇宙《うちゅう》の方程式《ほうていしき》なのです」＊

さあ、仏法勝負《ぶっぽうしょうぶ》を決《けっ》しゆく、不思議《ふしぎ》なる使命《しめい》を帯《お》びた若《わか》き「普賢《ふげん》の金星《きんせい》」たちよ。

勇気と英知《えいち》の生命を輝《かがや》かせ、創価の永遠《えいえん》なる常勝《じょうしょう》の軌道《きどう》を、賢《かしこ》く朗《ほが》らかに勝ち進もう！

勝利への軌道《きどう》

勝利の因果《いんが》

仏法《ぶっぽう》は未来を創《つく》る希望の哲学《てつがく》

御聖訓

過去《かこ》の因《いん》を知《し》らんと欲《ほっ》せば、その現在《げんざい》の果《か》を見《み》よ。未来《みらい》の果《か》を知《し》らんと欲《ほっ》せば、その現在《げんざい》の因《いん》を見《み》よ

――開目抄《かいもくしょう》、新一一二ジペー・全二三一ジペー

今回も、「広布《こうふ》」と「人生」の偉大《いだい》なる勝利のために、御金言《ごきんげん》を拝《はい》していきましょう。

「過去《かこ》の因《いん》を知《し》らんと欲《ほっ》せば、その現在《げんざい》の果《か》を見《み》よ。未来《みらい》の果を知らんと欲せば、その現在の因を見よ」（新一一二ジペー・全二三一ジペー）

日蓮大聖人が「開目抄《かいもくしょう》」に引用《いんよう》された文《もん》です。心地観経《しんじかんぎょう》の一節《いっせつ》とされています。

この経文《きょうもん》は、過去世《せ》・現在世・未来世の三世《さんぜ》にわたる生命の因果律《いんがりつ》を説《と》いています。現在の姿《すがた》を見れば、過去世の因がわかる。また現在の姿を見れば、未来の果もわかるという意味です。

この経文《きょうもん》そのものは、通途《つうず》の因果《いんが》を説《と》いたものです。しかし、佐渡流罪《さどるざい》の大難《だいなん》の中で記《しる》された「開目抄《かいもくしょう》」では、この経文を通《とお》して、さらに深遠《しんえん》なる「妙法の因果律《りつ》」を鋭《するど》く表《あらわ》されていると拝《はい》されます。

「開目抄《かいもくしょう》」に続《つづ》けて著《あらわ》された「佐渡御書《さど》」で大聖人は、仏法《ぶっぽう》の通途《つうず》の因果《いんが》によって生《しょう》ずる果報《かほう》を「常《つね》の因果の定《さだ》まれる法《ほう》なり」（新一二九〇ジペー・全九六〇ジペー）とされています。そのうえで、「日蓮《にちれん》はこの因果にはあらず」（同）と、今世《こんぜ》においての宿命転換《しゅくめいてんかん》の原理を説《と》き明《あ》かします。

すなわち、過去世《せ》からの宿命は、今世で必《かなら》ず転換できる。広宣流布《こうせんるふ》のために三類《さんるい》の強敵《ごうてき》と勇敢《ゆうかん》に戦い抜《ぬ》く中で、いかなる宿業《しゅくごう》も断《た》ち切《き》ることができる。難《なん》を勝ち越《こ》えて、大果報《だいかほう》の未来を開くことができるのです。

大聖人が示《しめ》された、この宿命転換《しゅくめいてんかん》を実現《じつげん》できる因果律《いんがりつ》を、「大《おお》いなる因果」または「妙法の因果」とも表現《ひょうげん》することができましょう。

戦後の闇《やみ》の中から

大仏法《だいぶっぽう》に巡《めぐ》りあえた青春《せいしゅん》が、どれほど崇高《すうこう》か。仏意仏勅《ぶついぶっちょく》の創価学会と出あい、同志《どうし》と共《とも》に使命《しめい》の道を進める人生が、どれほど幸福か。「妙法の因果《いんが》」に生《い》き抜《ぬ》くことこそ、今世《こんぜ》の最極《さいごく》の福徳《ふくとく》となるのです。

仏法《ぶっぽう》に照《て》らせば、私たちは、不思議《ふしぎ》なる宿縁《しゅくえん》によって、広宣流布《こうせんるふ》を願《ねが》って生まれてきた一人《ひとり》ひとりであります。〝戦い、勝つために生まれた〟地涌《じゆ》の闘士《とうし》なのです。

私が戸田城聖《じょうせい》先生に初《はじ》めてお会いしたのは、一九四七年（昭和二十二年）八月十四日、十九歳の時でした。

敗戦後《はいせんご》の深《ふか》い闇《やみ》の時代です。私は胸《むね》を患《わずら》い、後には「三十歳までは生きられない」とまで言われた無名《むめい》の一青年でした。その私が、恩師《おんし》に見いだされ、人間革命の仏法《ぶっぽう》を学《まな》び、広宣流布《こうせんるふ》の使命《しめい》を託《たく》されたことで、若《わか》き生命に元初《がんじょ》の太陽が昇《のぼ》ったのです。

「この師《し》についていこう。この師のためならば、命《いのち》を懸《か》けても悔《く》いはない！」――こう青春《せいしゅん》の心を決定《けつじょう》しました。

生命はいずこより来たり、いずこへ往《ゆ》かんとするのか――。

眼前《がんぜん》の社会には、苦悩《くのう》から苦悩へと、流転《るてん》を続《つづ》ける人間模様《もよう》が渦巻《うずま》いていました。私自身も、死と隣《とな》り合《あ》わせの病魔《びょうま》との闘《たたか》いが続いていた。その中で、「開目抄《かいもくしょう》」の一節《いっせつ》に、私は強く胸《むね》を揺《ゆ》さぶられたのです。「すごい哲学《てつがく》だ」と直感《ちょっかん》しました。

正義《せいぎ》の反転攻勢《はんてんこうせい》へ

二十三歳の二月、戸田先生の事業《じぎょう》の危機《きき》を打開《だかい》するために奔走《ほんそう》する中で、私は日記《にっき》に記《しる》しました。

「業因《ごういん》、業果《ごうか》、善因《ぜんいん》、善果《ぜんか》、この理法《りほう》は、誰《だれ》よりも悉《ことごと》く自己《じこ》自身が知悉《ちしつ》しているものだ。所詮《しょせん》、誰人《たれびと》を責《せ》めるものでもない。誰人の責任《せきにん》でもない」*――。

透徹《とうてつ》した仏法《ぶっぽう》の因果律《いんがりつ》に照《て》らすならば、運命は嘆《なげ》き悲《かな》しむものではない。決然《けつぜん》と立ち向かうものである。いな、断固《だんこ》として創《つく》り変えていくものである。

わが師《し》・戸田先生は、師子王《ししおう》でありました。ゆえに、その弟子《でし》である私も、一切《いっさい》の悲哀《ひあい》や感傷《かんしょう》を打《う》ち破《やぶ》りました。私の胸奥《きょうおう》には、広宣流布《こうせんるふ》の師匠《ししょう》のために命《いのち》を捧《ささ》げて戦う随喜《ずいき》が燃《も》えたぎっていた。この「師弟不二《していふに》」の烈々《れつれつ》たる一念《いちねん》を因《いん》として、正義《せいぎ》の反転攻勢《はんてんこうせい》の渦《うず》を巻《ま》き起《お》こしていったのです。

仏法《ぶっぽう》も人生も、成長《せいちょう》への最高の「因《いん》」となるのが「師匠《ししょう》」の存在《そんざい》です。師《し》と出会い、師に応《こた》え、師と共《とも》に戦い、師の勇気と智慧《ちえ》を生命に刻《きざ》んでいく中で、自分の小さな境涯《きょうがい》のカラを破《やぶ》ることができる。それこそが、大《おお》いなる未来《みらい》の自己《じこ》を築《きず》きゆく勝利の根源力《こんげんりょく》となるのです。

未来を創《つく》る「現在の因《いん》」を

信心とは、過去から現在、また現在から未来への幸福を照《て》らし出す道です。

「過去の因《いん》」に縛《しば》られ、「現在の果《か》」を嘆《なげ》く人生は不幸《ふこう》です。確《たし》かに、一面では「過去の因」があって今がある。しかし、妙法に則《のっと》り、今の自分の境涯《きょうがい》を高めていくことで、過去の因は悪因《あくいん》ではなく善因《ぜんいん》とすることができる。過去に囚《とら》われない。いな、過去の経験《けいけん》の意味さえも変えていくことができるのです。

今この瞬間《しゅんかん》の一念《いちねん》が変われば、それが「現在の因《いん》」となって「未来の果《か》」をいくらでも変えていけます。日蓮仏法《ぶっぽう》は、太陽の仏法です。現実《げんじつ》を変革《へんかく》し、未来を創《つく》る希望の哲学《てつがく》です。わびしさや諦《あきら》めなどない。くよくよ愚痴《ぐち》をこぼすことなどありません。

今の一念《いちねん》がどうか。それによって、常勝《じょうしょう》の道が深く、強く、できあがっていく。生死流転《しょうじるてん》の苦《くる》しみを断《た》ち切り、勝利と栄光の果《か》を創造《そうぞう》していけるのです。

祈《いの》りとは生命の炎《ほのお》

その根本《こんぽん》が「祈《いの》り」である。南無妙法蓮華経《なんみょうほうれんげきょう》は、最《もっと》も偉大《いだい》な幸福の法則《ほうそく》です。

妙法を唱えれば、その瞬間《しゅんかん》に、久遠元初《くおんがんじょ》の大生命が発動《はつどう》します。その時、過去の宿業《しゅくごう》に左右《さゆう》されるような不幸《ふこう》は、乗《の》り越《こ》えていけるのです。

妙法の「変毒為薬《へんどくいやく》」（毒を変《へん》じて薬《くすり》と為《な》す）の功力《くりき》は絶対《ぜったい》です。信心は、宿命《しゅくめい》を転換《てんかん》し、この人生を最高に楽《たの》しく生き切っていくための道です。

「祈《いの》り」とは、観念《かんねん》ではありません。燃《も》え上《あ》がる生命の勝利の炎《ほのお》です。この一念《いちねん》の炎があれば、祈った瞬間《しゅんかん》、生命はすでに勝っている。「百千万年《ひゃくせんまんねん》くらき《暗》所《ところ》にも灯《ともしび》を入《い》れぬればあか《明》くなる」（新二一〇〇ページ・全一四〇三ページ）と仰《おお》せの通《とお》りです。

これが万人《ばんにん》に開かれた人間革命の実践《じっせん》です。

新年を晴《は》れやかに出発《しゅっぱつ》された皆様のように、「目標《もくひょう》」を立てて、生まれ変わった決意《けつい》で前進することも、偉大《いだい》な「未来の果《か》」をもたらす「現在の因《いん》」です。

戸田先生から私が、低迷《ていめい》していた文京《ぶんきょう》支部の指揮《しき》を託《たく》されたのは、一九五三年（昭和二十八年）の四月のことです。最初の会合《かいごう》で、私は同志《どうし》と一緒《いっしょ》に題目を唱《とな》えました。はじめは、なかなか声がそろわない。しかし何度も繰《く》り返《かえ》すうちに、皆は真剣《しんけん》になり、呼吸《こきゅう》が合うようになった。そして「前進！」「前進！」と何度も声を出しながら出発《しゅっぱつ》した。この一念《いちねん》の革命から、全国が驚嘆《きょうたん》する支部の革命が始まったのです。

広布《こうふ》の目標《もくひょう》に、「よし、戦うぞ！」「断《だん》じて勝ってみせるぞ！」と挑《いど》む。この「現在」の決意《けつい》の一念《いちねん》が「因《いん》」となって境涯《きょうがい》が開け、不可能《ふかのう》をも可能にしていく力《ちから》が発揮《はっき》できるのです。私も、この師子奮迅《ししふんじん》の連続闘争《れんぞくとうそう》で勝ってきました。

どうか、「苦《く》をば苦とさとり《覚》、楽《らく》をば楽とひらき《開》、苦楽ともに思《おも》い合《あ》わせて南無妙法蓮華《なんみょうほうれんげ》経《きょう》と」（新一五五四㌻・全一一四三㌻）唱《とな》えに唱え抜《ぬ》いていってください。

人生は強気《つよき》でいけ

今、日本も世界も大変な不況下《ふきょうか》にあります。多くの同志《どうし》が必死《ひっし》の格闘《かくとう》をされている。リストラや倒産《とうさん》の危機《きき》と闘《たたか》う壮年《そうねん》もおられる。厳《きび》しい就職戦線《しゅうしょくせんせん》に挑《いど》み続《つづ》ける青年もいる。お子さんのいじめや不登校《ふとうこう》などで悩《なや》むお母さんもおられます。さらに、病気《びょうき》との闘いもあるでしょう。

また、人生は生老病死《しょうろうびょうし》の闘争《とうそう》です。しかし、皆様には、「無上宝聚《むじょうほうじゅ》　不求自得《ふぐじとく》」（無上《むじょう》の宝《ほう》聚《じゅ》は求《もと》めざるに自《おの》ずから得《え》たり）という「絶対《ぜったい》勝利の信心」があります。

最《もっと》も苦《くる》しい時にこそ、最も神々《こうごう》しい歴史が刻《きざ》まれ、最も大《おお》いなる福運《ふくうん》が積《つ》まれるのです。広宣流布《こうせんるふ》のために戦う皆様を、ご一家《いっか》を、三世十方《さんぜじっぽう》の仏《ぶつ》・菩薩《ぼさつ》、諸天善神《しょてんぜんじん》が守護《しゅご》しないわけがありません。

私も妻《つま》も、全同志《ぜんどうし》が厳然《げんぜん》と守りに護《まも》られ、信心即《そく》生活で勝利していかれるよう真剣《しんけん》に祈《いの》っています。

「人生は強気《つよき》でいけ」とは、戸田先生の遺言《ゆいごん》でありました。我《われ》らは強気でいきましょう！

本因妙《ほんいんみょう》の仏法《ぶっぽう》

戸田先生は語《かた》られました。

「結果《けっか》を感じて結果に生きる——過去の因《いん》を考《かんが》えて、今の果《か》のみが生活の全体であるならば、人類《じんるい》の生々発展《せいせいはってん》はありません。瞬間《しゅんかん》に起《お》こった生活の事実《じじつ》を、たえず未来の原因《げんいん》とする、あるいは原因でなければならぬと決定するのが、本因妙《ほんいんみょう》の仏法《ぶっぽう》であります」「南無妙法蓮華経《なんみょうほうれんげきょう》と唱《とな》えたてまつることが、よりよき運命への転換《てんかん》の方法《ほうほう》であります。この方法によって、途中《とちゅう》の因果《いんが》みな消《き》えさって、久遠《くおん》の凡夫《ぼんぷ》が出現《しゅつげん》するのであります」と。

過去がどうあれ、これまでがどうあれ、究極《きゅうきょく》の本因《ほんいん》である妙法に根差《ねざ》して生命の潮流《ちょうりゅう》を巻《ま》き返《かえ》すことができる。そして「前へ！　前へ！」と未来を勝ち開いていけるのが、我《われ》らの信心です。

アメリカ・ルネサンスの旗手《きしゅ》エマソンも言っている。

「成功《せいこう》をおさめた人びとのすべてに共通《きょうつう》に認《みと》められる点が一つある——それは彼らが因《いん》果律《がりつ》を信じていたということだ」「私たちの役目《やくめ》は瞬間《しゅんかん》瞬間にかかわっているのだから、瞬間を大事《だいじ》に使《つか》うことにしよう」*

世界的な経済《けいざい》学者として名高《なだか》い、香港中文《ホンコンちゅうぶん》大学の劉遵義《りゅうじゅんぎ》学長と語《かた》り合《あ》った時、「自己実現《じこじつげん》される期待《きたい》」という理論《りろん》が話題《わだい》になりました。

つまり、人々が現在、抱《いだ》いている「期待《きたい》」が、未来の経済現象《けいざいげんしょう》に反映《はんえい》されるという洞察《どうさつ》です。

心の一念《いちねん》を明るく前向《まえむ》きに変えていくことは、経済《けいざい》の好転《こうてん》にも連動《れんどう》するのであります。それが人間社会の前進の因果《いんが》です。

「師弟不二《していふに》」の栄光

恩師《おんし》・戸田先生と出会ってから六十二星霜《せいそう》（二〇〇九年）。先生は言われました。

「妙法実践《じっせん》の証明《しょうめい》が未来にどう開花《かいか》していくか、私と共《とも》に、どこまでも戦ってもらいたい」

今、私はますます健康《けんこう》で、世界中の指導者《しどうしゃ》と友情《ゆうじょう》を結《むす》び、一千万の同志《どうし》と共《とも》に前進しています。世界から拝受《はいじゅ》する栄誉《えいよ》も、師《し》との出会いの瞬間《しゅんかん》から広がった〝栄光の因果《いんが》〟です。広宣流布《こうせんるふ》の大師匠《だいししょう》にお仕《つか》えし抜《ぬ》いた果報《かほう》にほかならない。

この栄冠《えいかん》のすべてを、私は報恩《ほうおん》の心で牧口常三郎《つねさぶろう》先生、戸田城聖《じょうせい》先生に捧《ささ》げております。

そして、この福徳《ふくとく》が全同志《ぜんどうし》へ子孫末代《しそんまつだい》まで流《なが》れ通《かよ》うように、との祈《いの》りを込《こ》めてお受けしているのです。

わが胸中《きょうちゅう》に〝師弟不二《していふに》の太陽〟が昇《のぼ》れば、その瞬間《しゅんかん》から大変革《だいへんかく》が始まる。打開《だかい》できない宿命《しゅくめい》はない。打ち勝てない困難《こんなん》、戦いなどないのです。

仏法《ぶっぽう》で説《と》く境涯革命《きょうがいかくめい》の因果《いんが》とは、現実的《げんじつてき》には、師弟《してい》がなければ実現《じつげん》されません。「妙法の因果」とは、いわば「師弟の因果」です。弟子の自覚《じかく》に一切《いっさい》の未来への因がある。「開目抄《かいもくしょう》」において、大聖人は「法華経《ほけきょう》の行者《ぎょうじゃ》」としての御自身の勝利を示《しめ》されることによって、弟子《でし》に敢然《かんぜん》と立ち上がることを促《うなが》されています。

弟子《でし》の勝利が師匠《ししょう》の勝利である。師匠の勝利は弟子の勝利です。これが仏法《ぶっぽう》の甚深《じんじん》の方《ほう》程式《ていしき》であり、「師弟不二《していふに》」の真髄《しんずい》です。

恩師《おんし》の誓願《せいがん》であった七十五万世帯《せたい》の折伏《しゃくぶく》を達成《たっせい》した一九五七年（昭和三十二年）の年末《ねんまつ》。私は詠《よ》みました。

冬枯《ふゆが》れに
　春の若芽《わかめ》は
　　因果倶時《いんがぐじ》

不二《ふに》の弟子《でし》として、未来に伸《の》びゆく決意《けつい》を託《たく》した句《く》です。

師匠《ししょう》は心の大地《だいち》です。その心の大地から、弟子《でし》は永遠《えいえん》に勝利の花を咲《さ》き薫《かお》らせるのです。

ゆえに君《きみ》よ、あなたよ、断《だん》じて負《ま》けるな！

現在から未来へ断固《だんこ》と勝ちゆけ！
「師弟《してい》の因果《いんが》」「勝利の因果」に生きゆく青春《せいしゅん》こそ、悔《く》いなき生命の尊極《そんごく》の大道《だいどう》です。
わが尊《とうと》き同志《どうし》の皆様、勇敢《ゆうかん》なる信心で威風《いふう》も堂々《どうどう》と勝ち進もうではありませんか！

「凡夫即極《ぼんぷそくごく》」の人間学

「庶民《しょみん》こそ偉大《いだい》!」の大宣言《だいせんげん》

御聖訓

釈迦仏《しゃかぶつ》は我《われ》ら衆生《しゅじょう》のためには主《しゅ》・師《し》・親《しん》の三徳《さんとく》を備《そな》え給《たも》うと思《おも》いしに、さにては候《そうら》わず、返《かえ》って仏《ほとけ》に三徳《さんとく》をかぶらせ奉《たてまつ》るは凡《ぼん》夫《ぷ》なり

——諸法実相抄《しょほうじっそうしょう》、新一七八九ジペー・全一三五八ジペー

かつて、ある著名《ちょめい》な評論家《ひょうろんか》と会った折《おり》のことです。先方《せんぽう》からは延々《えんえん》と自己紹介《じこしょうかい》がありました。名門《めいもん》の家柄《いえがら》であること、有名大学の出身《しゅっしん》であること……。

私は一言《ひとこと》だけ申《もう》し上《あ》げました。

「私は戸田城聖《じょうせい》先生の直弟子《じきでし》です。これが最高の誇《ほこ》りです」

日蓮仏法《ぶっぽう》は、全民衆《ぜんみんしゅう》を照らす「太陽の仏法」です。

創価学会は、この大仏法《だいぶっぽう》を広宣流布《こうせんるふ》しゆく「民衆《みんしゅう》の教団《きょうだん》」です。庶民《しょみん》を守り、庶民を励《はげ》まし、庶民の底力《そこぢから》を引き出して、大きく社会を変えてきました。

民衆《みんしゅう》の力《ちから》ほど強いものはありません。

いかなる社会にあっても、庶民《しょみん》を最大に励《はげ》まし、心を奮《ふる》い立《た》たせることによって、必《かなら》ず未来への活路《かつろ》を開くことができる。

政治にせよ、経済にせよ、指導者《しどうしゃ》たちが、庶民《しょみん》への「感謝《かんしゃ》」と「献身《けんしん》」に徹《てっ》していけば、社会は必《かなら》ず良くなります。

反対《はんたい》に、庶民《しょみん》の力《ちから》を生《い》かせない社会は必《かなら》ず行き詰《づ》まります。「地位」や「学歴《がくれき》」を鼻《はな》にかけて、庶民を見下《みくだ》し、利用し、犠牲《ぎせい》にするようであれば、社会の闇《やみ》は深《ふか》まるばかりでしょう。

日蓮大聖人の仏法《ぶっぽう》は、こうした傲慢《ごうまん》と虚栄《きょえい》と差別《さべつ》の風潮《ふうちょう》を真《ま》っ向《こう》から諫《いさ》め正《ただ》す「人間主《しゅ》義《ぎ》」「民衆《みんしゅう》主義」の大哲学《だいてつがく》です。

ここで拝読《はいどく》する「諸法実相抄《しょほうじっそうしょう》」の御文《ごもん》は、凡夫《ぼんぷ》こそ最《もっと》も尊《とうと》い仏《ほとけ》であるという「凡夫即《ぼんぷそく》極《ごく》」の哲理《てつり》を示《しめ》された重要《じゅうよう》な御聖訓《ごせいくん》です。

「釈迦仏《しゃかぶつ》は我《われ》ら衆生《しゅじょう》のためには主《しゅ》・師《し》・親《しん》の三徳《さんとく》を備《そな》え給《たも》うと思《おも》いしに、さにては候《そうら》わず、返《かえ》って仏《ほとけ》に三徳《さんとく》をかぶら《被》せ奉《たてまつ》るは凡夫《ぼんぷ》なり」（新一七八九㌻・全一三五八㌻）

釈迦仏《しゃかぶつ》が我《われ》ら衆生《しゅじょう》を成仏《じょうぶつ》に導《みちび》くために主師親《しゅししん》の三徳《さんとく》を具《そな》えられていると思っていたが、そうではない。反対《はんたい》に、仏《ほとけ》に三徳を被《こうむ》らせているのは凡夫《ぼんぷ》である――。仏の偉大《いだい》な徳も、凡夫がいればこそ輝《かがや》くのだ、との仰《おお》せです。

「権威《けんい》のための宗教《しゅうきょう》」を「人間のための宗教」に一大転換《いちだいてんかん》させた、人類史《じんるいし》に燦《さん》たる人間主《しゅ》義《ぎ》の大師子吼《だいししく》です。

宗教革命《しゅうきょうかくめい》の勝利劇《げき》

大聖人は、一人《ひとり》の凡夫《ぼんぷ》として一身《いっしん》に大難《だいなん》を受けられながら、法華経《ほけきょう》の経文《きょうもん》を身《み》で読《よ》まれ、仏《ほとけ》の金言《きんげん》が真実《しんじつ》であることを証明《しょうめい》されました。

大聖人の御生涯《ごしょうがい》そのものが、「凡夫即極《ぼんぷそくごく》」を示《しめ》された宗教革命《しゅうきょうかくめい》の偉大《いだい》な勝利劇《げき》であられたのです。

そして、この大聖人に連《つら》なって立ち上がり、妙法を唱《とな》え弘《ひろ》める門下《もんか》もまた「凡夫即極《ぼんぷそくごく》」の実践者《じっせんしゃ》となることは、御聖訓《ごせいくん》に照《て》らして絶対《ぜったい》に間違《まちが》いありません。

本来《ほんらい》、仏教《ぶっきょう》は「人間・釈尊《しゃくそん》」から出発《しゅっぱつ》した教《おし》えであった。それがいつしか、色相荘厳《しきそうしょうごん》の仏《ほとけ》とされ、それを聖職者《せいしょくしゃ》らが自分たちの権威《けんい》づけに利用し、民衆《みんしゅう》と隔絶《かくぜつ》してしまった。この仏教の歴史を大転換《だいてんかん》したのが、大聖人の「凡夫即極《ぼんぷそくごく》」の法門《ほうもん》です。

その裏付《うらづ》けとなるのが「諸法実相《しょほうじっそう》」という甚深《じんじん》の法理《ほうり》です。

本抄《ほんしょう》の冒頭《ぼうとう》では、「諸法《しょほう》」（あらゆる存在《そんざい》・現象《げんしょう》）はことごとく「実相《じっそう》」（真実の姿《すがた》）であるとして、一切《いっさい》の現象《げんしょう》は「一法《いっぽう》ものこ《残》さず妙法蓮華経《みょうほうれんげきょう》のすがた《相》」（新一七八八ジペー・全一三五八ジペー）であると説《と》かれています。

宇宙《うちゅう》の森羅万象《しんらばんしょう》、ありとあらゆる事象《じしょう》が「妙法《みょうほう》」の現《あらわ》れである――。

大聖人は本抄《ほんしょう》で、凡夫《ぼんぷ》こそ「本仏《ほんぶつ》」であると力強《ちからづよ》く仰《おお》せです。凡夫は妙法の当体《とうたい》（体の仏《ほとけ》）だからです。これに対《たい》し、経典《きょうてん》に説《と》かれるさまざまな仏《ほとけ》は、すべて妙法の働《はたら》きを示《しめ》した姿《すがた》（用《ゆう》の仏）であり、「迹仏《しゃくぶつ》」（仮《かり》の仏）にすぎないとされています。

ゆえに、実相《じっそう》である「妙法《みょうほう》」そのものを唱《とな》え弘《ひろ》めゆく凡夫《ぼんぷ》こそ、最極《さいごく》の法に生きる尊貴《そんき》な仏《ほとけ》なのであります。

万人《ばんにん》に仏《ほとけ》の生命が

大宇宙《だいうちゅう》の普遍《ふへん》の法である妙法蓮華経《みょうほうれんげきょう》という仏《ほとけ》の大生命は、万人《ばんにん》の中に実在《じつざい》します。このことに気づき、強い信心で、自《みずか》らの仏の生命を開き現《あらわ》していけるかどうか。「仏」と「凡夫《ぼんぷ》」の違《ちが》いといっても、結局《けっきょく》は、ただこの一点だけなのです。

戸田先生は言われました。

「成仏《じょうぶつ》とは、仏《ほとけ》になる、仏になろうとすることではない。大聖人の凡夫即極《ぼんぷそくごく》、諸法実相《しょほうじっそう》とのおことばを、すなおに信《しん》じたてまつって、この身《み》このままが、永遠《えいえん》の昔《むかし》より永劫《えいごう》の未来にむかって仏であると覚悟《かくご》することである」

人間は、人間以上に偉《えら》くはなれない。人間以上の特別《とくべつ》な存在《そんざい》になる必要《ひつよう》もない。人間が人間として、最《もっと》も人間らしく光《ひか》り輝《かがや》いていく。これが一番、大事《だいじ》なことではないでしょうか。

こうした「諸法実相《しょほうじっそう》」の法門《ほうもん》を究《きわ》めるならば、庶民《しょみん》を尊敬《そんけい》する人間哲学《てつがく》に帰着《きちゃく》する。これが「凡夫即極《ぼんぷそくごく》」の人間学です。

私もこの精神《せいしん》を胸《むね》に、庶民《しょみん》の一人《ひとり》として、庶民とともに、徹底《てってい》して庶民のために、戦い抜《ぬ》いてきました。

戸田先生は「本物《ほんもの》の人間でなければ広宣流布《こうせんるふ》はできない」と言われました。格好《かっこう》ではない。妙法を弘《ひろ》めるために行動《こうどう》し、広宣流布のために苦労《くろう》して戦い、民衆《みんしゅう》の幸福のために貢献《こうけん》している人こそ、人間として最《もっと》も高貴《こうき》である。どんな大学者も、どんな大権力者《だいけんりょくしゃ》も絶対《ぜったい》に敵《かな》わない。

学歴《がくれき》も肩書《かたがき》もない、無名《むめい》にして尊極《そんごく》な庶民《しょみん》が築《きず》いてきたからこそ、学会は崇高《すうこう》なのです。最《もっと》もいじめられ、苦《くる》しんできた庶民《しょみん》が強くなり、勝ち栄《さか》え、人間尊敬《そんけい》の社会を創《つく》っていく。その新時代に入《はい》ったのです。

「民《たみ》が子《こ》」の誇《ほこ》りで

日蓮大聖人は、「民《たみ》の子《こ》」であると言い切っておられた。

「日蓮は中国《ちゅうごく》・都《みやこ》の者《もの》にもあらず、辺国《へんごく》の将軍等《しょうぐんとう》の子息《しそく》にもあらず、遠国《おんごく》の者《もの》、民《たみ》が子《こ》」（新一七六八ジペー・全一三三二ジペー）、「日蓮は、安房国東条《あわのくにとうじょう》の片海《かたうみ》の石中《いそなか》の賤民《せんみん》が子《こ》なり」（新一一八五《ジペー》・全八八三《ジペー》）等と仰《おお》せです。

日蓮仏法《ぶっぽう》は、貴族仏教《きぞくぶっきょう》ではない。どこまでも民衆仏教《みんしゅう》です。

牧口先生は、ご自身を「素《も》と之《こ》れ荒浜《あらはま》の一寒民《いちかんみん》＊」と言われた。戸田先生も「私も北海道の貧乏《びんぼう》な漁師《りょうし》の伜《せがれ》だよ」「それを何よりも誇《ほこ》りとしているのだ」とおっしゃっていました。私も、大田の貧《まず》しい海苔屋《のりや》の息子《むすこ》です。庶民《しょみん》であることを誉《ほま》れとする心こそ、創価の三代を貫《つらぬ》く精神《せいしん》なのです。

虚栄《きょえい》の弟子《でし》を叱咤《しった》

恐《おそ》れるべきは虚栄《きょえい》です。

大聖人の弟子《でし》の三位房《さんみぼう》は、師《し》の慈愛《じあい》と期待《きたい》に包《つつ》まれて、比叡山《ひえいざん》に遊学《ゆうがく》させていただいた。しかし、名聞名利《みょうもんみょうり》の心が強い三位房は、師の深《ふか》い御本意《ごほんい》がわからなかった。京《きょう》の都《みやこ》に上《のぼ》って、公家《くげ》の面前《めんぜん》で説法《せっぽう》したことを、得意満面《とくいまんめん》で、名前まで貴族風《きぞくふう》に変えて報告《ほうこく》してきたのです。

大聖人は烈火《れっか》のごとく三位房《さんみぼう》を叱咤《しった》されています。

「おまえは、師匠《ししょう》の日蓮を卑《いや》しんで、このようなことを書いてきたのか」（新一六五七《ジペー》・

全一二六八ページ、趣意）――。

〝見栄《みえ》を張《は》る人間は、必《かなら》ず天魔《てんま》がついて狂《くる》ってしまうのだ〟〝言葉《ことば》も田舎《いなか》なまりのままでよいのだ〟〝自分を見失《みうしな》い権威《けんい》に媚《こ》びるさまは、まるでネズミがコウモリになったようで、どっちつかずの姿《すがた》ではないか〟と烈々《れつれつ》と誡《いまし》めておられます。

師弟《してい》の正道《せいどう》を全《まっと》うさせゆかんとする、厳愛《げんあい》の指導《しどう》であられました。

かつて、最澄《さいちょう》（伝教大師《でんぎょうだいし》）は他宗《たしゅう》の者《もの》たちから「最澄いまだ唐都《とうと》を見《み》ず」（新一二一一ページ・全二三七ページ）と誹謗《ひぼう》された歴史があります。

〝最澄《さいちょう》は、唐《とう》の都《みやこ》に留学《りゅうがく》していない〟――仏教《ぶっきょう》の本流《ほんりゅう》を学《まな》んでいないではないか、というのです。今でいう学歴主義《がくれきしゅぎ》に通《つう》じる傲慢《ごうまん》にして卑劣《ひれつ》な中傷《ちゅうしょう》です。

大聖人は「万里《ばんり》をわた《渡》って宋《そう》（＝中国）に入《い》らずとも」「一代《いちだい》の勝劣《しょうれつ》はこれをし《知》れるなるべし」（新一〇一ページ・全二二二ページ）――留学《りゅうがく》などしなくとも、仏法《ぶっぽう》の正邪《せいじゃ》を明確《めいかく》に学《まな》び究《きわ》めることができるのだ、と悠然《ゆうぜん》と仰《おお》せです。

青年よ実力《じつりょく》で勝て

信心の世界には、信心の道があります。信心の志《こころざし》の深《ふか》い人こそが尊《とうと》い。学歴《がくれき》で重用《ちょうよう》したり、学歴がないからと軽視《けいし》したりするようになってしまえば、もはや信心ではない。仏《ぶっ》法《ぽう》ではない。学会ではない。恐《こわ》いのは虚栄《きょえい》です。増上慢《ぞうじょうまん》です。

「心《こころ》こそ大切《たいせつ》」です。ただただ、広宣流布《こうせんるふ》のため、正義《せいぎ》のためにと、ひたぶるに信心に励《はげ》む庶民《しょみん》こそ、「無作三身《むささんじん》」「凡夫即極《ぼんぷそくごく》」の仏様《ほとけさま》です。これが日蓮仏法《ぶっぽう》の極意《ごくい》です。そして創価学会の永遠不滅《えいえんふめつ》の大精神《だいせいしん》です。

庶民《しょみん》の方々《かたがた》が、傲岸不遜《ごうがんふそん》な人間たちからの嘲笑《ちょうしょう》をはね返《かえ》しながら、悩《なや》める友のために、真剣《しんけん》に祈《いの》り、励《はげ》ましてこられた。「貧乏人《びんぼうにん》と病人《びょうにん》の集《あつ》まり」と悪口《あっこう》されることも誉《ほま》れとし、庶民の真実《しんじつ》の味方《みかた》となって創《つく》り上《あ》げた、平等《びょうどう》と尊敬《そんけい》の人間共和《きょうわ》の世界――これが創価学会です。

したがって、大学を出ていないからなどと、卑下《ひげ》するようなことは絶対《ぜったい》にあってはなりません。青年は「実力《じつりょく》」です。「虚飾《きょしょく》」ではない。「実力」で勝つことです。「智慧《ちえ》」と「人《じん》格《かく》」で光《ひか》ることです。

人の何倍も苦労《くろう》し、実力《じつりょく》で道を開いてきたリーダーであればこそ、多くの庶民《しょみん》が心から共感《きょうかん》し、信頼《しんらい》するのです。

「法自《ほうおの》ずから弘《ひろ》まらず、人法《にんほう》を弘《ひろ》むるが故《ゆえ》に、人法《にんぽう》ともに尊《たっと》し」（新二二〇〇ジペー・全八五六ジ）です。信心に励《はげ》む人、令法久住《りょうぼうくじゅう》に尽《つ》くす人をこそ、大聖人《だいしょうにん》は何よりも大事《だいじ》にされている。大聖人の仰《おお》せは、厳正《げんせい》にして公平《こうへい》です。人間性の真髄《しんずい》を説《と》かれた御金言《ごきんげん》です。

「戸田大学」の卒業生《そつぎょうせい》

戸田先生の事業《じぎょう》の苦境《くきょう》を打開《だかい》し、恩師《おんし》をお護《まも》りするために、私は進学も断念《だんねん》しました。

ある日ある時、大学生たちとの懇談《こんだん》のあと、先生は、私に言われました。

「君《きみ》も、悠々《ゆうゆう》と大学へ行きたかったろうな。君の予定《よてい》を全部わしが壊《こわ》してしまった」

私は即座《そくざ》にお答《こた》えしました。

「とんでもありません。私は先生の側《そば》で働《はたら》いているだけで最大に幸《しあわ》せです」

私は栄《は》えある「戸田大学」の卒業生《そつぎょうせい》です。正《ただ》しく強い人に学《まな》ぶことが、正しく強くなる直道《じきどう》です。

学会は、人間として最高の力《ちから》をつける全人格《ぜんじんかく》の総合大学です。全民衆《ぜんみんしゅう》に開かれた、学《まな》びの広場《ひろば》です。この〝民衆学会《みんしゅう》〟を、今や世界の知性《ちせい》が尊敬《そんけい》し、讃嘆《さんたん》する時代に入《はい》りました。

世界からの名誉学術称号《めいよがくじゅつしょうごう》も、すべて「戸田大学」の卒業生《そつぎょうせい》として、そして庶民《しょみん》の代表として、拝受《はいじゅ》しております。

仏法《ぶっぽう》の「賢人《けんじん》」に

戸田先生の愛弟子《まなでし》は勝ちました。そして、この大福徳《だいふくとく》は、私とともに戦ってくださっている幾《いく》百万の尊《とうと》き庶民《しょみん》の皆様に、子々孫々《ししそんそん》までも及んでいくことは間違《まちが》いありません。これらは、光《ひか》り輝《かがや》く「信行学《しんぎょうがく》の勝利」であり、「庶民の栄光」の証《あかし》なのです。

この人類《じんるい》の希望である創価の民衆城《みんしゅうじょう》を守り、栄《さか》えさせるために、強靱《きょうじん》な知性《ちせい》と人格《じんかく》をもつ一級《いっきゅう》の指導者《しどうしゃ》を輩出《はいしゅつ》しなくてはならない。学問《がくもん》を重《かさ》ね、学歴《がくれき》がある人は、その分《ぶん》、正義《せいぎ》のため、同志《どうし》のために力《ちから》を出し切っていくのが当然《とうぜん》です。

仏法《ぶっぽう》の「賢人《けんじん》」にならなければいけない。「才能《さいのう》ある畜生《ちくしょう》」になってはならない。学歴《がくれき》を鼻《はな》にかけるような空気《くうき》は、いささかも許《ゆる》してはならない。

戸田先生は遺言《ゆいごん》されました。

「学会のおかげで偉《えら》くなり、皆に守られながら、いい気になり、増上慢《ぞうじょうまん》になって弓《ゆみ》を引く恩知《おんし》らずは厳然《げんぜん》と追《お》い出《だ》せ」

そもそも大学は、大学に行けなかった人々に尽《つ》くすためにこそあります。

〝庶民《しょみん》が庶民を守る〟ために、多くの俊英《しゅんえい》たちが「民衆《みんしゅう》のための学問《がくもん》」を身《み》につけてもらいたい。友の幸福と社会の繁栄《はんえい》のために、各界《かっかい》へ勇《いさ》んで躍《おど》り出《で》てもらいたい。

進学も、そうした本物《ほんもの》のリーダーに育《そだ》つための挑戦《ちょうせん》です。

受験生《じゅけんせい》に栄光あれ

今、全国の多くの未来部の皆さんが、受験《じゅけん》勉強に挑《いど》んでいます。健康《けんこう》で、満々《まんまん》たる生命力を発揮《はっき》して希望の春を迎《むか》えられるよう、皆で応援《おうえん》し、お題目を送《おく》っていきましょう。

受験生《じゅけんせい》のいるご家族や、会場を提供《ていきょう》してくださっているお宅《たく》にも、細心《さいしん》の配慮《はいりょ》をお願《ねが》いします。

どうか、風邪《かぜ》などひかれませんように！　私と妻《つま》も、青春《せいしゅん》の不屈《ふくつ》の挑戦者《ちょうせんしゃ》である皆さんが一人《ひとり》ももれなく、悔《く》いなき栄光の進路《しんろ》を、朗《ほが》らかに、たくましく開いていかれるよう、真剣《しんけん》に祈《いの》り続《つづ》けております。

大詩人《だいしじん》ホイットマンは、高《たか》らかに歌っている。

「おお！　様々《さまざま》な状況《じょうきょう》のもと、いかなる人生の天候《てんこう》のもとにあっても、決《けっ》して挫折《ざせつ》することなく、脇目《わきめ》もふらず道を歩《あゆ》む、かけがえのない民衆《みんしゅう》。彼ら以上に大切《たいせつ》で、尊《とうと》く、そして必要《ひつよう》とされる人々はいないだろう」*

庶民《しょみん》こそ人間の王者《おうじゃ》であり、幸福と平和の博士です。

戸田先生は厳《げん》として師子吼《ししく》されました。

「庶民《しょみん》が強くなるとは、どういうことか？　それは、わが創価学会が強くなることである！」

仏法《ぶっぽう》の人間学・生命学を、わが敬愛《けいあい》する同志《どうし》の皆様が晴《は》れ晴《ば》れと語《かた》りながら、「師弟《してい》の宝光《ほうこう》」に包《つつ》まれた人間勝利の大道《だいどう》を、胸《むね》を張《は》って歩《あゆ》んでいかれることを念願《ねんがん》してやみません。

法華経《ほけきょう》の兵法《へいほう》

信心は絶対《ぜったい》勝利の利剣《りけん》

御聖訓

なにの兵法《へいほう》よりも法華経《ほけきょう》の兵法《へいほう》をもちい《用》給《たも》うべし。「諸余《しょよ》の怨《おん》敵《てき》は、みな摧滅《ざいめつ》す」の金言《きんげん》むなし《虚》かるべからず

——四条金吾殿御返事《しじょうきんごどのごへんじ》（法華経兵法《ほけきょうへいほう》の事《こと》）、新一六二三㌻・全一一九二㌻

「広宣流布《こうせんるふ》のために、いかなる戦いも断《だん》じて勝ち取れ！　何をおいても絶対《ぜったい》に勝つのだ」

戸田先生は常々《つねづね》、厳《きび》しく語《かた》られました。

自身に勝ち、人生に勝ち、邪悪《じゃあく》に勝って、幸福と正義《せいぎ》の大道《だいどう》を歩《あゆ》む——そのための「勝利の哲学《てつがく》」が仏法《ぶっぽう》です。戦いは、断《だん》じて勝たなくてはならない。負《ま》けるのは創価ではありません。

一九五四年（昭和二十九年）の春、三月三十日、私は青年部の室長《しつちょう》の任《にん》を拝《はい》しました。二十六歳。今のヤング男子部の皆さんと同じ年代です。

広宣流布《こうせんるふ》の一切《いっさい》の企画《きかく》・立案《りつあん》・遂行《すいこう》を大胆《だいたん》に進め、全学会の勝利のスクリュー（推進力《すいしんりょく》）として戦ったのです。

民衆救済《みんしゅうきゅうさい》の「折伏戦《しゃくぶくせん》」へ！
誠実一路《せいじついちろ》の「渉外戦《しょうがいせん》」へ！
破邪顕正《はじゃけんせい》の「攻防戦《こうぼうせん》」へ！

戸田先生より「青年部は、私の旗本《はたもと》である」と言っていただいた誉《ほま》れに、わが命《いのち》は燃《も》えました。

以来、私は学会の発展《はってん》と全同志《ぜんどうし》の幸福のため、青年の心意気《こころいき》のまま、まっしぐらに戦い、「連戦連勝《れんせんれんしょう》」の歴史を勝ち築《きず》いてまいりました。

信心を根本《こんぽん》にした絶対《ぜったい》勝利の兵法《へいほう》——これが「法華経《ほけきょう》の兵法」です。一人《ひとり》も残《のこ》らず全員が幸福・勝利の人生を！　ここに法華経の結論《けつろん》があり、日蓮大聖人の願《ねが》いがあられました。

なかでも、四条金吾《しじょうきんご》に送《おく》られた本抄《ほんしょう》は、短《みじか》いお手紙《てがみ》ですが、「絶対《ぜったい》勝利の信心」を深《ふか》く御《ご》指南《しなん》された重要《じゅうよう》な御書です。

人生に勝ち、成功《せいこう》を収《おさ》める最強の「兵法《へいほう》」とは何か。武士《ぶし》であった金吾の心に入《はい》る譬喩《ひゆ》を用《もち》いられての御指導《ごしどう》であります。

――武門《ぶもん》を誇《ほこ》った平将門《たいらのまさかど》も、結局《けっきょく》は敗《やぶ》れた。中国の樊噲《はんかい》、張良《ちょうりょう》といった名将《めいしょう》も、兵法《へいほう》だけでは力《ちから》が及《およ》ばなかった。ただ心《こころ》こそが大切《たいせつ》なのである――。

大聖人は、こうした史実《しじつ》を挙《あ》げられた後、「なにの兵法《へいほう》よりも法華経《ほけきょう》の兵法をもちい給《たも》う用べし」（新一六二三ジペー・全一一九二ジペー）と結論《けつろん》されています。

「法華経《ほけきょう》に勝《まさ》る兵法《へいほう》なし」であります。ただ一遍《いっぺん》の題目にも、いかに大きな力用《りきゆう》が含《ふく》まれているることか。いかなる広布《こうふ》の戦いも、「信心」こそが絶対《ぜったい》勝利のための無敵《むてき》の「兵法」である。まず、こう決めきることです。

不幸《ふこう》の悪因《あくいん》を摧《くだ》く

この法華経《ほけきょう》の兵法《へいほう》で挑《いど》むならば、「諸余《しょよ》の怨敵《おんてき》は、みな摧滅《ざいめつ》す」――もろもろの怨敵は、すべて摧《くだ》かれ、滅《めっ》した――との仏《ほとけ》の金言《きんげん》が現実《げんじつ》のものとなることは間違《まちが》いないと断言《だんげん》なされています。

この経文《きょうもん》は、法華経薬王品《ほけきょうやくおうほん》第二十三の文《もん》です。あらゆる「怨敵《おんてき》」――一切《いっさい》の障魔《しょうま》を破《やぶ》ることができるという法華経の功力《くりき》が示《しめ》されている。

怨敵《おんてき》とは、個人の生活・生命に即《そく》して言えば、病魔《びょうま》・死魔《しま》など、自分を不幸《ふこう》にする働《はたら》きです。社会で言えば、妙法を持《たも》つ人を嫉《ねた》み、迫害《はくがい》する三類《さんるい》の強敵《ごうてき》にほかなりません。

そうした悪因《あくいん》を、ことごとく摧《くだ》き滅《めっ》していく。そして生命の根底《こんてい》から悠々《ゆうゆう》たる幸福・勝利の境涯《きょうがい》を開いていけるのが、「法華経《ほけきょう》の兵法《へいほう》」すなわち信心であります。

仏法証明《ぶっぽうしょうめい》の勝利劇《げき》

この「法華経《ほけきょう》の兵法《へいほう》」の偉大《いだい》な力用《りきゆう》を体験《たいけん》し、証明《しょうめい》してきたのが、わが創価の同志《どうし》であります。

重い病気《びょうき》や事故《じこ》、災害《さいがい》との闘《たたか》い。経済苦《けいざいく》や仕事での格闘《かくとう》。人間関係の苦労《くろう》……。厳《きび》しい現実《げんじつ》に直面《ちょくめん》し、「よし、今こそ祈《いの》って切り開くのだ!」と決意《けつい》して、一歩《いっぽ》一歩、努力《どりょく》を重《かさ》ね、人生の風雪《ふうせつ》を勝ち越《こ》えていく。それがどれほど偉大《いだい》な、仏法証明《ぶっぽうしょうめい》の勝利劇《げき》であることか。

戸田先生は、微笑《びしょう》されながら言われました。

「我々《われわれ》の姿《すがた》は、貧乏菩薩《びんぼうぼさつ》や病気菩薩に見えるが、それは人生の劇《げき》を演《えん》じているんだよ。正真正銘《しんしょうめい》の地涌《じゆ》の菩薩なんだ。人生の劇ならば、思い切って楽《たの》しく演じ、妙法の偉大《いだい》さを証《しょう》明《めい》していこうではないか」

牧口先生、戸田先生が命《いのち》をかけてつくられた創価学会です。この学会とともに生ききるならば、生老病死《しょうろうびょうし》の苦悩《くのう》にあっても妙法の力用《りきゆう》を発揮《はっき》して、宿命《しゅくめい》を使命《しめい》へ転《てん》じながら、荘《そう》厳《ごん》な常楽我浄《じょうらくがじょう》の生命の旅路《たびじ》となるのです。

「広宣流布《こうせんるふ》の闘士《とうし》は、人間の王者《おうじゃ》である。この気概《きがい》と誇《ほこ》りを持ち続《つづ》けるのだ」

これが、戸田先生の師子吼《ししく》でありました。

役職《やくしょく》や立場《たちば》ではありません。妙法のために戦った人が偉《えら》い。私も二十代で、学会の全責《ぜんせき》任《にん》を担《にな》い、戦い、周囲《しゅうい》を圧倒《あっとう》する勝利の結果《けっか》をもって師匠《ししょう》にお応《こた》えしました。

社会の根本《こんぽん》の大法則《だいほうそく》

学会は、最高に尊《とうと》い仏《ほとけ》の団体《だんたい》です。

戸田先生は、よく青年部に「創価学会は大聖人《だいしょうにん》に召《め》し出《い》だされたのである。君《きみ》たちの想《そう》像《ぞう》をはるかに超《こ》えた仏意仏勅《ぶついぶっちょく》の教団《きょうだん》なのだ」と言われました。

広宣流布《こうせんるふ》を現実《げんじつ》に推進《すいしん》する学会という和合僧《わごうそう》の連帯《れんたい》を、甘《あま》く見てはならない。学会を大事にすることこそが、仏法《ぶっぽう》を護《まも》り抜《ぬ》くことにほかなりません。ゆえに、諸天《しょてん》から護られるのです。

今、私は次の五十年のため、真剣勝負《しんけんしょうぶ》で青年を薫陶《くんとう》しています。創価の師弟《してい》の魂《たましい》を受《う》け継《つ》ぎ、破邪顕正《はじゃけんせい》の「闘争力《とうそうりょく》」のある青年門下《もんか》が陸続《りくぞく》と育《そだ》たなければ、学会の未来永遠《えいえん》の興《こう》隆《りゅう》はないからです。

大聖人は、「兵法《へいほう》・剣形《けんぎょう》の大事《だいじ》もこの妙法《みょうほう》より出《い》でたり。ふかく信心《しんじん》をとり給《たま》え。あえて臆病《おくびょう》にては叶《かな》うべからず候《そうろう》」（新一六二三㌻・全一一九三㌻）と仰《おお》せになり、本抄《ほんしょう》を結《むす》ばれています。

「兵法《へいほう》・剣形《けんぎょう》の大事《だいじ》」――あらゆる兵法や剣術《けんじゅつ》なども、その根源《こんげん》は妙法から出ている。丈夫《ますらお》である四条金吾《しじょうきんご》に「妙法こそ、一切《いっさい》に勝つ根本《こんぽん》なのだ」と教《おし》えておられるのです。

仏法《ぶっぽう》は即《そく》社会です。信心は即生活です。世間《せけん》のあらゆる道は、妙法という大法則《だいほうそく》と相通《あいつう》じていると言ってよい。

健康《けんこう》になるための法則《ほうそく》。

仕事で勝つための法則。

幸福に生きるための法則。

平和に仲良《なかよ》く調和《ちょうわ》し、繁栄《はんえい》していくための法則。

——すべての究極《きゅうきょく》が「妙法」である。

唱題《しょうだい》によって、仏《ほとけ》の大生命力を涌現《ゆげん》させれば、前進する「勇気」が出る。勝ちゆく「智《ち》慧《え》」が漲《みなぎ》る。友を励《はげ》ます「慈悲《じひ》」が溢《あふ》れてくるのです。

「日々、題目を唱《とな》え、信心強盛《ごうじょう》に生《い》き抜《ぬ》くことは、毎日、生命をダイヤモンドにする注射《ちゅうしゃ》を打っているようなものだよ」と、戸田先生はわかりやすい譬喩《ひゆ》を用《もち》いられました。

森羅万象《しんらばんしょう》は戦い

人生は、一切《いっさい》が戦いです。個人も、会社も、家庭も、全部、戦いです。自分自身の健康《けんこう》・長寿《ちょうじゅ》も、絶《た》え間《ま》なき病気《びょうき》との闘《たたか》いによって、勝ちとっていくものです。

太陽が輝《かがや》く。雲《くも》が湧《わ》き起《お》こり、風が吹《ふ》きわたる。清流《せいりゅう》が迸《ほとばし》る。こうした現象《げんしょう》も、すべて大宇宙《だいうちゅう》と連動《れんどう》した自然界《しぜんかい》の戦いであると言ってよいでしょう。

要《よう》するに、森羅万象《しんらばんしょう》は戦いによって成《な》り立《た》っているのです。

ゆえに、大聖人は「仏法《ぶっぽう》は勝負《しょうぶ》」と厳命《げんめい》なされました。勝たなければ、幸福はない。勝たなければ、「一生成仏《いっしょうじょうぶつ》」「広宣流布《こうせんるふ》」の前進はありません。

大聖人から本抄《ほんしょう》を賜《たまわ》った当時、四条金吾《しじょうきんご》は長い苦闘《くとう》の日々を乗《の》り越《こ》え、ようやく勝利の春を迎《むか》えようとしていました。ここに至《いた》るまで、金吾は信心を理由《りゆう》に、主君《しゅくん》の江間氏《えまし》の不興《ふきょう》を買《か》い、嫉妬《しっと》の同僚《どうりょう》からも幾多《いくた》の讒言《ざんげん》を受け、ついには「所領没収《しょりょうぼっしゅう》」の危機《きき》に直面《ちょくめん》しました。その裏《うら》には、大聖人に敵対《てきたい》する極楽寺良観《ごくらくじりょうかん》らの卑劣《ひれつ》な陰謀《いんぼう》がありました。

しかし、金吾《きんご》は一歩《いっぽ》も退《ひ》かなかった。大聖人に御指導《ごしどう》を仰《あお》ぎながら、不退転《ふたいてん》の信心を貫《つらぬ》き、ついには主君《しゅくん》の信頼《しんらい》を回復《かいふく》し、新《あら》たな所領《しょりょう》まで賜《たまわ》りました。

なぜ、金吾《きんご》は勝つことができたのか。この御書の冒頭《ぼうとう》には、金吾がある強敵《ごうてき》にねらわれ、見事《みごと》に撃退《げきたい》したことが記《しる》されています。

大聖人は、金吾《きんご》が無事《ぶじ》であった勝利の要因《よういん》を「前々《さきざき》の用心《ようじん》といい、またけなげ《健気》といい、また法華経《ほけきょう》の信心《しんじん》つよき故《ゆえ》」（新一六二二㌻・全一一九二㌻）と教《おし》えておられます。

すなわち、（1）普段《ふだん》からの用心、（2）けなげ（勇気）、そして（3）強き信心です。なかでも「強き信心」が根本《こんぽん》であることは言うまでもありません。

祈《いの》りとは、わが己心《こしん》の「臆病《おくびょう》」「油断《ゆだん》」「慢心《まんしん》」を叩《たた》き出《だ》す修行《しゅぎょう》であるとも言ってよい。どんな苦難《くなん》にも負《ま》けない、いな、環境《かんきょう》が厳《きび》しければ厳しいほど燃《も》え上《あ》がる「金剛《こんごう》の勇気」を発揮《はっき》して、戦い進むのです。

師弟不二《していふに》で勝った

「人間はたたかうように創《つく》られている」「人にとってたたかうことは、永遠《えいえん》に避《さ》けられないものである」*とは、イギリスの歴史家カーライルの言葉《ことば》です。

「立ち上がれ、そして断固《だんこ》たる心をもって戦うのだ」「全力《ぜんりょく》をふりしぼって戦うのだ」。*これは、フランスの行動《こうどう》する作家《さっか》ロマン・ロランの叫《さけ》びです。

人生は闘争《とうそう》です。本当の勝負《しょうぶ》は、一生《いっしょう》の最終章《さいしゅうしょう》で決まる。ゆえに、人生の途上《とじょう》においては、「勝って驕《おご》らず」「負《ま》けて腐《くさ》らず」です。大《おお》いなる目的《もくてき》に向かって弛《たゆ》まず、忍耐強《にんたいづよ》く戦い続《つづ》ける人が最後は必《かなら》ず勝つ。

「勝つことは明るく楽《たの》しい。笑顔《えがお》が美《うつく》しい。負けることは暗《くら》く、苦《くる》しい。ゆえに人生は断《だん》じて勝たねばならない。勝ちゆくための信心であり、仏法《ぶっぽう》だ」

恩師《おんし》の忘《わす》れ得《え》ぬ御指導《ごしどう》です。

広宣流布《こうせんるふ》のため、師《し》と共《とも》に戦わせていただきたい。何としても、師に勝利を捧《ささ》げたい。私は、そう祈《いの》り抜《ぬ》いてきました。この師弟不二《していふに》の「心《こころ》」で勝ちました。

そして今、尊《とうと》き全同志《ぜんどうし》が、健康《けんこう》で、長生《ながい》きをされ、師弟《してい》勝利の人生を謳歌《おうか》して歩《あゆ》み抜《ぬ》いていかれるよう、私は祈《いの》りに祈っております。

〝正義《せいぎ》の将軍学《しょうぐんがく》〟を若《わか》き命《いのち》に

私は若き日より、師弟相伝《していそうでん》の「法華経《ほけきょう》の兵法《へいほう》」を生命に刻《きざ》み、あらゆる激戦《げきせん》に挑《いど》んできました。なかでも一九五六年（昭和三十一年）の「大阪の戦い」は、誰《だれ》もが「絶対《ぜったい》に勝てない」と思っていた。しかし、私は「断《だん》じて勝つ」と一念《いちねん》を定《さだ》めていました。勝利こそ、師《し》から託《たく》された使命《しめい》だからです。

戦いに臨《のぞ》む年頭《ねんとう》、唱題《しょうだい》に唱題を重《かさ》ねる私の胸中《きょうちゅう》に、鮮烈《せんれつ》な思念《しねん》が浮《う》かびました。

「法華経《ほけきょう》とは将軍学《しょうぐんがく》なり」

御本尊と、師弟不二《していふに》の信心に一切《いっさい》がかかっている。いかなる時代、いかなる事態《じたい》に遭遇《そうぐう》しようと、妙法の指導者《しどうしゃ》の資格《しかく》は、「法華経《ほけきょう》の兵法《へいほう》」を将軍学《しょうぐんがく》とするかしないかにあるのだ——と。

私は関西の友に、勝利の要諦《ようてい》は第一に強盛《ごうじょう》な祈《いの》り、第二に最高の作戦《さくせん》と最高の行動《こうどう》である、と語《かた》りました。そして、この「なにの兵法《へいほう》よりも法華経《ほけきょう》の兵法をもちい《用》給《たも》うべし」（新一六二三ページ・全一一九二ページ）の御聖訓《ごせいくん》を拝《はい》して訴《うった》えたのです。

「どんな作戦《さくせん》、行動《こうどう》よりも法華経《ほけきょう》の兵法《へいほう》、つまり信心から出た作戦、行動を用《もち》いる以外にない。それが最高の作戦であり、最高の行動となるということです。右往左往《うおうさおう》する必要《ひつよう》はありません」

戸田先生の元《もと》を離《はな》れて執《と》る指揮《しき》です。その状況《じょうきょう》のなかで、何をもって前進の原動力《げんどうりょく》とすればいいのか――。

私は関西の同志《どうし》とともに、毎朝、御書を拝《はい》し始めました。

この御書講義《こうぎ》が、全軍《ぜんぐん》の息吹《いぶき》となり、爆発的《ばくはつてき》な「随喜《ずいき》の万波《ばんぱ》」となって、日本中を驚嘆《きょうたん》させる関西の大勝利が成《な》し遂《と》げられていったのです。

十界《じっかい》の衆生《しゅじょう》が歓喜《かんき》

法華経《ほけきょう》は、一切《いっさい》衆生の成仏《じょうぶつ》を説《と》き明《あ》かした最高の経典《きょうてん》です。あらゆる境涯《きょうがい》の衆生に、仏《ほとけ》と同じ大生命が厳然《げんぜん》と具《そな》わっていることを教《おし》え、その仏性《ぶっしょう》を開く道を説いています。

法華経《ほけきょう》の会座《えざ》には、それまで成仏《じょうぶつ》はできないと言われていた女性たちも一堂《いちどう》に会《かい》しました。さらに、さまざまな境涯《きょうがい》の人たち、すなわち十界《じっかい》の衆生《しゅじょう》が喜々《きき》として連《つら》なりました。

この会座《えざ》に集《つど》い来《きた》った人々が、〝こんなことは、未《いま》だかつてなかった！〟と歓喜踊躍《かんきゆやく》するなかで、万人成仏《ばんにんじょうぶつ》の道が燦然《さんぜん》と開《ひら》かれていくのです。

いわば、法華経《ほけきょう》の会座《えざ》自体《じたい》が、それまでの常識《じょうしき》を力強《ちからづよ》く打《う》ち破《やぶ》る逆転《ぎゃくてん》のドラマとなっている。

あらゆる人々が、仏《ほとけ》の偉大《いだい》な人格《じんかく》にふれ、仏の深遠《しんえん》な教えを聞いて、生命の奥底《おうてい》から無限《むげん》の力《ちから》と可能性《かのうせい》を湧《わ》き上《あ》がらせていく。

いわば、万波《ばんぱ》と広がる「人間革命」の大叙事詩《だいじょじし》――これが法華経《ほけきょう》なのです。

この法華経《ほけきょう》の兵法《へいほう》を「将軍学《しょうぐんがく》」とすることは、現実《げんじつ》社会のまっただ中で、すべての人々の心《こころ》を揺《ゆ》さぶり、自身の命《いのち》からも、相手《あいて》の命からも「仏性《ぶっしょう》」、すなわち幸福・勝利をつかむ絶対無限《ぜったいむげん》のエネルギーを引き出していくことにほかなりません。

苦悩《くのう》の淵《ふち》に沈《しず》む人。

差別《さべつ》されてきた人。

虐《しいた》げられてきた人。

誠実《せいじつ》に生き抜《い》く人《ぬ》。

こうした人々をこそ、全身全霊《ぜんしんぜんれい》で励《はげ》まし、生きる力《ちから》を送《おく》り、最強の仏《ほとけ》の境涯《きょうがい》を開かせゆくのが法華経《ほけきょう》です。日蓮仏法《ぶっぽう》であります。

庶民《しょみん》の心《こころ》の中へ！

私の友人で、世界的な仏教研究者《ぶっきょうけんきゅうしゃ》である、ロケッシュ・チャンドラ博士（インド文化国際アカデミー理事長）が語《かた》っておられました。

「釈尊《しゃくそん》は、人間を世界の中心に位置《いち》づけた、人類《じんるい》の精神《せいしん》の先駆者《せんくしゃ》である」*と。

あらゆる人間を最高に輝《かがや》かせ、強く賢《かしこ》くするのが、仏法《ぶっぽう》の将軍学《しょうぐんがく》です。

庶民《しょみん》の心《こころ》の中に飛《と》び込《こ》んで、「ともに幸福になろう！」「ともに勝とう！」という渾身《こんしん》の励《はげ》ましを送《おく》る。そして、偏見《へんけん》や旧習《きゅうしゅう》の壁《かべ》を打《う》ち破《やぶ》って、民衆《みんしゅう》の栄光を勝ち開く。これが、信心の実践《じっせん》の上での「法華経《ほけきょう》の兵法《へいほう》」であります。

戸田先生に初《はじ》めてお会いした当時（一九四七年）、私自身、戦争で兄を亡《な》くし、家を焼《や》かれ、病魔《びょうま》に侵《おか》されていました。それまで信《しん》じていた価値観《かちかん》が崩《くず》れ去《さ》り、誰《だれ》もが深《ふか》い精神《せいしん》の闇《やみ》に沈《しず》んでいた時代です。

先生は、十九歳の私をご覧《らん》になり、暗雲《あんうん》に包《つつ》まれた私の心《こころ》を瞬時《しゅんじ》に変えてくださいました。

「一家《いっか》のことを、一国のことを、さらに動乱《どうらん》の世界を考えた時、私は、この世《よ》から、一切《いっさい》の不幸《ふこう》と悲惨《ひさん》をなくしたい。これを広宣流布《こうせんるふ》という。どうだ、一緒《いっしょ》にやるか！」

私の体中《からだじゅう》に電撃《でんげき》が走りました。これほど明快《めいかい》に、人生と社会の正道《せいどう》を示《しめ》してくださる指《し》導者《どうしゃ》はいませんでした。私は「この人ならついていける」と直感《ちょっかん》しました。いな、心《こころ》から魅了《みりょう》されたのであります。

「善《ぜん》の力《ちから》を組織化《そしきか》」

戸田先生は、希有《けう》の大師匠《だいししょう》であられました。また、本当に鋭《するど》い人間学の大家《たいか》であられた。どんな人に会っても、たちまち相手《あいて》の生命の奥底《おうてい》まで見抜《みぬ》かれるのが常《つね》でした。

先生は、まるで精密機械《せいみつきかい》のように、その人の生命の癖《くせ》を正確《せいかく》に喝破《かっぱ》されたのです。

「歩《ある》き方、肩《かた》の怒《いか》らし方、また声で、その人がわかるものだ。ドアの開《あ》け方ひとつで、その人の悩《なや》みがわかるものだ」と、鋭《するど》く話されたこともあります。

特に、嘘《うそ》やごまかしを言う人間には、本当に厳《きび》しかった。

「あの男の心《こころ》には二心《にしん》がある」「これは嘘《うそ》だ」「この話は、うますぎる」と。

私は、その偉大《いだい》な先生から、破邪顕正《はじゃけんせい》の将軍学《しょうぐんがく》を教《おそ》わりました。先生の「法華経《ほけきょう》の兵《へい》法《ほう》」を、わが生命に徹底的《てっていてき》に叩《たた》き込《こ》んでいただいたのであります。

アメリカ公民権運動《こうみんけんうんどう》の指導者《しどうしゃ》・キング博士の盟友《めいゆう》で、米国《べいこく》のキング記念《きねん》センターの初代《しょだい》所長《しょちょう》を務《つと》められたハーディング博士が話されていました。

「希望とは、人間が、よりよき社会を築《きず》く可能性《かのうせい》を持っていることへの確信《かくしん》です。しかしそれは、一人《ひとり》の人間が単独《たんどく》でできるものではありません。創造《そうぞう》のための力《ちから》を合わせていかねばなりません。キングはいつも語《かた》っていました。〝善《ぜん》の力を組織化《そしきか》せよ〟と」

「善《ぜん》の力《ちから》を組織化《そしきか》」――重大《じゅうだい》な視点《してん》です。その最大の力である、仏《ほとけ》の大生命力を引き出し、結合《けつごう》し、連帯《れんたい》させゆく運動《うんどう》が、私たちの広宣流布《こうせんるふ》です。「法華経《ほけきょう》の兵法《へいほう》」の実践《じっせん》です。

友に励《はげ》ましを送《おく》る学会の同志《どうし》こそ、この兵法の偉大《いだい》な実践者であられます。

御書根本《こんぽん》の団結《だんけつ》で

私は、「大阪の戦い」で〝妙法《みょうほう》の善《ぜん》の力《ちから》〟を大拡大《だいかくだい》すべく、この法華経《ほけきょう》の将軍学《しょうぐんがく》をまっすぐに実行《じっこう》しました。

それこそ、一念《いちねん》に億劫《おくごう》の辛労《しんろう》を尽《つ》くす祈《いの》りと行動《こうどう》を貫《つらぬ》き、人々の心《こころ》を揺《ゆ》り動《うご》かし、一変《いっぺん》させていった。そこには、「悪鬼魔民《あっきまみん》をも味方《みかた》にする」勢《いきお》いがありました。

そして、関西中の庶民《しょみん》の心《こころ》に「我《われ》らの力《ちから》で社会を変えられる！」「必《かなら》ず幸福の道を開いていける！」という勇気と希望の炎《ほのお》が燃《も》え広《ひろ》がって、「〝まさか〟が実現《じつげん》」の金字塔《きんじとう》が打ち立てられたのです。

「大阪の戦い」では、ほとんどの友が入会まもない〝新会員〟でした。戸田先生から勝利を託《たく》された若《わか》き闘将《とうしょう》の私に、健気《けなげ》なる関西の同志《どうし》は、ガッチリと心《こころ》のギアを合わせてくれました。

御書根本《こんぽん》――そこにおのずと「最高の団結《だんけつ》」「最高の勇気」が生まれ、不可能《ふかのう》を可能とする必勝《ひっしょう》のリズムができ上がったのです。

大聖人は「謀《はかりごと》を帷帳《いちょう》の中《うち》に回《めぐ》らし、勝《か》つことを千里《せんり》の外《そと》に決《けっ》せしものなり」（新八七四㌻・全一八三㌻）との言葉《ことば》を引かれています。これは、中国の『史記《しき》』に記《しる》された名将《めいしょう》・張《ちょう》良《りょう》の故事《こじ》です。陣中《じんちゅう》にいながら、はるか千里の向こうにいる敵《てき》に勝つ作戦《さくせん》を立てる――。これが戦乱《せんらん》の世《よ》を勝ち抜《ぬ》く王道《おうどう》とされてきました。

我《われ》らの兵法《へいほう》は「信心」です。強盛《ごうじょう》な祈《いの》り、最高の作戦《さくせん》・行動《こうどう》、そして団結《だんけつ》・勇気！　すべてを生《い》かし、勝利の方向《ほうこう》へダイナミックに回転《かいてん》させていく原動力《げんどうりょく》が「法華経《ほけきょう》の兵法」なのです。

小樽問答《おたるもんどう》、山口開拓指導《かいたくしどう》、夕張炭労事件《ゆうばりたんろうじけん》――戸田先生が今世《こんぜ》の指揮《しき》を執《と》られた最後の数年間、私は先生と二人《ふたり》であらゆる作戦《さくせん》を立て、勝利の歴史を重《かさ》ねました。常《つね》に先生と私、二人きりの語《かた》らいから、「千里《せんり》の外《そと》に」勝利を決する創価の大進軍《だいしんぐん》は始まったのです。

一心不乱《いっしんふらん》の祈《いの》りを

我《われ》らの信心の次元《じげん》で言えば、「謀《はかりごと》を帷帳《いちょう》の中《うち》に回《めぐ》らし」とは、同志《どうし》が緻密《ちみつ》に連携《れんけい》を取り合い、隙《すき》のないよう呼吸《こきゅう》を合わせていくことです。その根本《こんぽん》は、真剣《しんけん》な祈《いの》りです。

「大阪の戦い」の間《あいだ》も、私は関西本部で、戸田先生が願主《がんしゅ》である「大法興隆所願成就《だいほうこうりゅうしょがんじょうじゅ》」の御本尊に、深夜《しんや》、一人《ひとり》で丑寅勤行《うしとらごんぎょう》を続《つづ》けていました。

誰《だれ》が知らなくとも、師匠《ししょう》のため、広宣流布《こうせんるふ》のため、一心不乱《いっしんふらん》に祈《いの》り抜《ぬ》き、祈り切ることです。誰が見ていなくとも、大聖人が御照覧《ごしょうらん》です。自分自身の仏界《ぶっかい》が見ています。そこに、諸天善神《しょてんぜんじん》が必《かなら》ず動き始めるのです。

そして、「勝《か》つことを千里《せんり》の外《そと》に決《けっ》せしものなり」とは、目的を断固《だんこ》、成就《じょうじゅ》する勇気と団《だん》結《けつ》の行動《こうどう》です。これほど心強《こころづよ》い、絶対《ぜったい》の兵法《へいほう》はありません。

御書は、大聖人が遺《のこ》してくださった人類救済《じんるいきゅうさい》の「法華経《ほけきょう》の兵法《へいほう》」の指南書《しなんしょ》です。広宣流《こうせんる》布《ふ》と人生行路《こうろ》の一切《いっさい》の壁《かべ》を突破《とっぱ》しゆく「勝利の経典《きょうてん》」であります。

御聖訓《ごせいくん》を心肝《しんかん》に染《そ》め、正《ただ》しく行《ぎょう》じていくならば、わが生涯《しょうがい》も「〝まさか〟が実現《じつげん》」の大勝《たいしょう》の劇《げき》で悔《く》いなく勝ち誇《ほこ》っていけることは絶対《ぜったい》に間違《まちが》いない。

本抄《ほんしょう》を頂《いただ》いた四条金吾《しじょうきんご》が逆境《ぎゃっきょう》をはね返し、勝利の実証《じっしょう》を示《しめ》したのも、師匠《ししょう》である大聖人《だいしょうにん》の仰《おお》せ通《どお》りに「苦楽《くらく》ともに思《おも》い合《あ》わせて」題目を唱《とな》え抜《ぬ》いたからです。そして聡明《そうめい》に身《み》を律《りっ》し、勇気で戦い切ったからにほかならない。師匠の深《ふか》き一念《いちねん》に心を合わせて戦えば、勝てない戦《いくさ》などありません。

「創価の師弟《してい》に一生《いっしょう》を賭《か》けてごらん。後悔《こうかい》は絶対《ぜったい》にない。勝利の笑顔《えがお》で、この人生を必《かなら》ず飾《かざ》っていけるよ」

戸田先生の大確信《だいかくしん》です。

先手必勝、電光石火《でんこうせっか》の指揮《しき》を

私は、恩師《おんし》から学《まな》んだ「法華経《ほけきょう》の兵法《へいほう》」で戦ってきました。法華経の兵法は、通途《つうず》の兵法と比較《ひかく》にならぬほど優《すぐ》れている。いな、その根底《こんてい》においては、孫子《そんし》の兵法なども、法華経の兵法から来ているとの確信《かくしん》です。

この「法華経《ほけきょう》の兵法《へいほう》」は真剣勝負《しんけんしょうぶ》で戦わなければ相伝《そうでん》できません。真剣勝負で師匠《ししょう》に続《つづ》かなければ継承《けいしょう》できない「広宣流布《こうせんるふ》の相伝」であります。

若《わか》き日以来、私はすべての戦いを「先手必勝《せんてひっしょう》」「電光石火《でんこうせっか》」の指揮《しき》で勝《か》ってきました。「先《さき》んずれば人《ひと》を制《せい》す」――言葉《ことば》は簡単《かんたん》ですが、勝敗《しょうはい》を決《けっ》する大事《だいじ》な一点です。

あの小樽問答《おたるもんどう》の勝利を喜《よろこ》ばれて、戸田先生は言われました。

「敵《てき》が攻《せ》めかかってきたが、守勢《しゅせい》に回らないで、攻勢《こうせい》に転《てん》じて、先手先手と攻め抜《ぬ》いたから勝ったのだ。攻めることが肝心《かんじん》なのだ」

戦いが後手《ごて》に回った場合、手間《てま》が二倍かかり、効果《こうか》は少《すく》ない。先手を打つならば、皆も元気に進んでいけるし、効果は二倍になる。わずかな差でも、効果・影響《えいきょう》はまったく違《ちが》ってきます。スピードが勝負《しょうぶ》です。

法華経《ほけきょう》は、勇猛果敢《ゆうもうかかん》にすべてに勝ちゆく法則《ほうそく》です。

ともあれ、師弟不二《していふに》の闘魂《とうこん》を燃《も》え上《あ》がらせ、異体同心《いたいどうしん》のスクラムで前進するならば、いかなる障魔《しょうま》が競《きそ》い起《お》ころうとも「『諸余《しょよ》の怨敵《おんてき》は、みな摧滅《ざいめつ》す』の金言《きんげん》むなしかるべからず」（新一六二三㌻・全一一九三㌻）であります。

我《われ》らは妙法の革命児《かくめいじ》です。学会は学会らしく、鍛錬《たんれん》し抜《ぬ》いた生命力で進んでいくのです。「師子王《ししおう》の心《こころ》」で勝つのです。

なかんずく、広布第二幕の勝利を決《けっ》する青年部の諸君《しょくん》に、私は万感《ばんかん》の思いで叫《さけ》びたい。

君《きみ》よ、今こそ「法華経《ほけきょう》の兵法《へいほう》」で立ち上がれ！　不惜《ふしゃく》の精神《せいしん》で戦おうではないか！

一人《ひとり》ひとりが、私の分身《ぶんしん》の〝青年室長《しつちょう》〟となって、痛快《つうかい》に勝ちまくれ！

法華経《ほけきょう》に
　勝《まさ》る兵法《へいほう》
　　これ無《な》しと
縦横無尽《じゅうおうむじん》に
　　勝ちゆく人たれ

抜苦与楽《ばっくよらく》の英雄《えいゆう》

戸田先生「折伏《しゃくぶく》は尊《とうと》い『仏《ほとけ》の仕事』」

御聖訓

日蓮《にちれん》云《い》わく、一切衆生《いっさいしゅじょう》の同一苦《どういつく》は、ことごとくこれ日蓮一人《にちれんいちにん》の苦《く》なりと申《もう》すべし

——諫暁八幡抄《かんぎょうはちまんしょう》、新七四五ジペー・全五八七ジペー

学会本部の「青年桜」が馥郁《ふくいく》と咲《さ》き香《かお》る季節《きせつ》になりました。わが学会と、ほぼ同じ年輪《ねんりん》を刻《きざ》んできた大樹《たいじゅ》です。

八王子市の東京牧口記念《きねん》会館や、わが故郷《ふるさと》・大田の文化会館をはじめ全国の多くの法城《ほうじょう》

も、そしてまた創価大学、東京・関西の創価学園も、爛漫《らんまん》たる桜《さくら》の花に包《つつ》まれます。
桜花《おうか》と共《とも》に巡《めぐ》り来た「四月二日」は、戸田城聖《じょうせい》先生の御命日《ごめいにち》です。恩師《おんし》が逝《ゆ》いて以降、私は常住不滅《じょうじゅうふめつ》なる師弟《してい》の対話《たいわ》を重《かさ》ねながら、生死《しょうじ》を超克《ちょうこく》した弟子《でし》の闘争《とうそう》を貫《つらぬ》いてきました。

「我《われ》らが信心をなす目的《もくてき》は、永遠《えいえん》の生命のなかに、幸福に生きんがためである」

ある時、先生は、こう語《かた》られました。

「この大宇宙《だいうちゅう》の運行《うんこう》それ自体《じたい》が、慈悲《じひ》の行《ぎょう》そのものである」

「我《われ》らが折伏《しゃくぶく》を行ずる《ぎょう》は、慈悲《じひ》の行である。慈悲の行は、仏《ほとけ》の仕事であり、真《まこと》に尊《とうと》いことである。なんとなれば、自己《じこ》が永遠《えいえん》の幸福をつかむと同時に、他の貧窮《びんぐ》の衆生《しゅじょう》にも、その幸福を分かち合おうとするのであるから、これ以上尊い仕事はない」

生老病死《しょうろうびょうし》の苦悩《くのう》に沈《しず》む友に、妙法を指《さ》し示《しめ》して導《みちび》きゆく信念《しんねん》の対話《たいわ》は、最高に尊《とうと》い「慈《じ》悲《ひ》の行《ぎょう》」であります。末法《まっぽう》の御本仏《ごほんぶつ》・日蓮大聖人のお遣《つか》いとして、声の力《ちから》で「仏事《ぶつじ》」（仏《ほとけ》の仕事）を行《おこな》う尊極《そんごく》の振《ふ》る舞《ま》いです。

貪《とん》・瞋《じん》・癡《ち》への挑戦《ちょうせん》

大聖人は「諫暁八幡抄《かんぎょうはちまんしょう》」で、「涅槃経《ねはんぎょう》に云《い》わく『一切衆生《いっさいしゅじょう》の異《い》の苦《く》を受《う》くるは、ことごとくこれ如来一人《にょらいいちにん》の苦《く》なり』等云々《とううんぬん》。日蓮《にちれん》云わく、一切衆生の同一苦《どういつく》は、ことごとくこれ日蓮一人の苦なりと申《もう》すべし」（新七四五ジペー・全五八七ジペー）と仰《おお》せです。

ここで引かれた涅槃経《ねはんぎょう》の文《もん》は、苦悩《くのう》を受けている人々を見て、わがこととして苦悩する如来《にょらい》（仏《ほとけ》）の慈悲《じひ》の大《おお》いなる力《ちから》を讃《たた》えた一節《いっせつ》です。

「一切衆生《いっさいしゅじょう》の異《い》の苦《く》」とは、人々が受ける種々《しゅじゅ》の異《こと》なった苦《くる》しみのことです。仏《ほとけ》は、多種《たしゅ》多様《たよう》な「異の苦」を、すべて自身の問題として背負《せお》い、その解決《かいけつ》を願《ねが》われたのです。

これを踏《ふ》まえられつつ、大聖人は、あえて「同一苦《どういつく》」と仰《おお》せになられました。これは、一切衆生《いっさいしゅじょう》のさまざまな苦悩《くのう》が、同一の原因《げんいん》によって起《お》こることを明快《めいかい》に示《しめ》され、その一切を担《にな》い立たれた大宣言《だいせんげん》と拝《はい》されます。

末法《まっぽう》の人々が等《ひと》しく苦《くる》しむ「同一苦《どういつく》」とは、謗法《ほうぼう》による本源的《ほんげんてき》な苦しみのことです。貪《とん》（貪《むさぼ》り）・瞋《じん》（瞋《いか》り）・癡《ち》（癡《おろ》か）という生命の「三毒《さんどく》」が盛《さか》んになる末法《まっぽう》にあって、この「同一苦《どういつく》」に立ち向かい、自他共《じたとも》の幸福の道を開く実践《じっせん》が、我《われ》らの折伏行《しゃくぶくぎょう》です。

大聖人は仰《おお》せであります。

「飢渇《けかち》は大貪《だいとん》よりおこり《起》、やくびょう《疫病》はぐち《愚癡》よりおこり、合戦《かっせん》は瞋恚《しんに》よりおこる。今《いま》、日《に》本国《ほんこく》の人々《ひとびと》四十九億九万四千八百二十八人の男女《なんにょ》、人々こと《異》なれども、同《おな》じく一《ひと》つの三毒《さんどく》

なり」（新一四四六㌻・全一〇六四㌻）

人間生命と社会現象の深き関連性《かんれんせい》を、ダイナミックに把握《はあく》された御文《ごもん》です。飢饉《ききん》や疫病《えきびょう》や戦争は、「三毒《さんどく》」が強盛《ごうじょう》なゆえに起《お》きるのだと喝破《かっぱ》されています。

人類《じんるい》の歴史は、一次元《いちじげん》から見れば、この「三毒《さんどく》」によって憎《にく》み合い、傷《きず》つけ合ってきた流転《るてん》の劇《げき》であったと言わざるを得《え》ません。

この悲劇《ひげき》に終止符《しゅうしふ》を打ち、地球を平和と共生《きょうせい》の楽土《らくど》としゆくためには、「生命」そのものを変革《へんかく》する大哲理《だいてつり》が絶対《ぜったい》に不可欠《ふかけつ》です。それこそが、私たちの唱《とな》える南無妙法蓮華経《なんみょうほうれんげきょう》の大白法《だいびゃくほう》なのであります。

「如来一人の苦《にょらいいちにんのく》」

「日蓮《にちれん》一人の苦」

釈尊《しゃくそん》も、日蓮大聖人も、徹頭徹尾《てっとうてつび》、ただお一人《ひとり》で一切衆生《いっさいしゅじょう》の苦悩《くのう》を受け止められ、その打開《だかい》のための大法《だいほう》を弘《ひろ》め抜《ぬ》かれました。

ただ「一人《ひとり》」です。偉大《いだい》な歴史は、常《つね》に偉大な一人から創《つく》られます。そして、その一人に続《つづ》く不二《ふに》の弟子《でし》によって受け継《つ》がれ、広がっていくのです。

「一人《ひとり》の人間における偉大《いだい》な人間革命は、やがて一国の宿命《しゅくめい》の転換《てんかん》をも成《な》し遂《と》げ、さらに全人類《ぜんじんるい》の宿命の転換をも可能《かのう》にする」。この小説《しょうせつ》『人間革命』の主題《しゅだい》も、大聖人の御聖訓《ごせいくん》を現代に実践《じっせん》しゆく師弟《してい》の誓願《せいがん》にほかなりません。

安易《あんい》な同情《どうじょう》ではない

そもそも、仏《ほとけ》の「慈悲《じひ》」とは何か。「大智度論《だいちどろん》」では、一切衆生《いっさいしゅじょう》に楽《らく》を与《あた》えること（与楽《よらく》）が「慈」であり、一切衆生の苦《く》を抜《ぬ》くこと（抜苦《ばっく》）が「悲」であるとされております。万人《ばんにん》の救済《きゅうさい》のために「抜苦」そして「与楽」の道を開くことこそが仏の慈悲なのです。

〝同苦《どうく》〟とは、単《たん》なる〝同情《どうじょう》〟ではありません。苦《くる》しみを乗《の》り越《こ》えるには、その人自身が生命の底力《そこぢから》を湧《わ》き起《お》こして、自《みずか》ら強く立ち上がる以外ない。

戸田先生は語《かた》っておられました。

「かわいそうだ、だけでは、人は救《すく》えませんぞ。信心の指導《しどう》、励《はげ》ましのできるリーダーになりなさい。言うべきことはきちっと指導し、御本尊に共《とも》に祈《いの》っていくことです」

仏法《ぶっぽう》で説《と》く真《しん》の慈悲《じひ》は、感傷《かんしょう》や安易《あんい》な同情《どうじょう》とは無縁《むえん》です。感傷や安易な同情は結局《けっきょく》、人生の勝利に価値《かち》を生まない。根本《こんぽん》の「同一苦《どういっく》」を破《やぶ》れず、抜苦与楽《ばっくよらく》になりません。

先生は「慈悲《じひ》があるということは、即智慧《そくちえ》につながっていく。その人のためにどうしてあげたらいいか。その慈悲から、一つ一つ具体的《ぐたいてき》な智慧が生まれる」とも教《おし》えてくださった。

師弟《してい》が生む大感情《だいかんじょう》

仏法《ぶっぽう》は勝負《しょうぶ》です。人生も社会も勝負である。大聖人は、門下《もんか》が仏《ほとけ》の力《ちから》を奮《ふる》い起《お》こして、断《だん》じて幸福を勝ち取るよう、厳愛《げんあい》をもって励《はげ》まされたのです。

仏《ほとけ》の慈悲《じひ》とは、人々の魂《たましい》を揺《ゆ》さぶり、〝絶対《ぜったい》勝利の生命〟を涌現《ゆげん》させずにはおかない、燃《も》え上《あ》がる大感情《だいかんじょう》と言ってよい。

ただお一人《ひとり》から破邪顕正《はじゃけんせい》の大法戦《だいほうせん》を開始《かいし》された大聖人は、日本国中の諸人《しょにん》に怨《あだ》まれ、嫉《ねた》まれながら、あらゆる大難《だいなん》を忍《しの》び人類救済《じんるいきゅうさい》の大道《だいどう》を開かれました。

「『大悲《だいひ》』とは、母《はは》の子《こ》を思《おも》う慈悲《じひ》のごとし。今《いま》、日蓮《にちれん》等の慈悲なり」（新一〇〇五ジペー・全七二二ジペー）と仰《おお》せです。妙法根本《こんぽん》に、大慈悲の師《し》に心《こころ》を合わせるから抜苦与楽《ばっくよらく》の力《ちから》が湧《わ》く。「師弟《してい》」こそ慈悲の原動力《げんどうりょく》なのです。

戸田先生は言われました。

「大聖人ほどの大慈悲《だいじひ》の仏様《ほとけさま》は、断《だん》じてほかにおられません。この大聖人の大慈大悲《だいじだいひ》を、全世界に宣揚《せんよう》しなければならない」

この使命の直道《じきどう》こそ、日々、皆様が生き生きと行《ぎょう》じている正義の対話《たいわ》であります。

草創《そうそう》以来、わが学会の同志《どうし》は、悩《なや》める友に同苦《どうく》し、成長《せいちょう》と幸福を祈《いの》り、大確信《だいかくしん》で仏法《ぶっぽう》を語《かた》り抜《ぬ》き、大勢《おおぜい》の人々を救《すく》い切ってきました。どんなに冷笑《れいしょう》され、罵倒《ばとう》されても、一歩《いっぽ》も引かず、悩める人のもとへ飛《と》んでいって面倒《めんどう》を見てきました。

「この信心で幸《しあわ》せになりましょう！」「絶対《ぜったい》に乗《の》り越《こ》えられますよ！」と、力強《ちからづよ》い励《はげ》ましを送《おく》り続《つづ》けてきたのです。それが、どれほど勇敢《ゆうかん》で忍耐《にんたい》強い仏《ほとけ》の振《ふ》る舞《ま》いであることか。

戸田先生は語《かた》られました。

「凡夫《ぼんぷ》には慈悲《じひ》など、なかなか出るものではない。だから慈悲に代《か》わるものは『勇気』です。『勇気』をもって、正《ただ》しいものは正しいと語《かた》っていくことが『慈悲』に通《つう》じる。表裏一体《ひょうりいったい》なのです。表《おもて》は勇気です」

「その心《こころ》に満《み》ちて、相手《あいて》を折伏《しゃくぶく》するならば、相手がきかないわけがない。どんなきかない子でも、母親の愛情《あいじょう》には、かないません」

この「勇気」即《そく》「慈悲《じひ》」の連帯《れんたい》は、今や世界百九十二カ国・地域《ちいき》に広がりました。こんなにも、人々を温《あたた》かく励《はげ》まし、希望を送《おく》ってきた偉大《いだい》な団体《だんたい》が、どこにあるでしょうか。

私が対話《たいわ》を重《かさ》ねてきたインドの哲人《てつじん》ラダクリシュナン博士が、妙法を持《たも》つ世界の青年たちに語《かた》ってくださいました。

「皆さんが他人《たにん》の苦《くる》しみと悲《かな》しみを取《と》り除《のぞ》き、喜《よろこ》びを与《あた》える――即《すなわ》ち『抜苦与楽《ばっくよらく》』の戦いができた時、そこから『人間革命』は始まる」*

苦難《くなん》を勝ち越《こ》えよ

青春時代は、自分自身も苦《くる》しみや悩《なや》みの連続《れんぞく》です。しかし、大《おお》きな苦難《くなん》を勝ち越《こ》えてこそ、強くなれる。順風満帆《じゅんぷうまんぱん》に甘《あま》えてしまえば、確固《かっこ》たる人生の土台《どだい》はできない。苦しんだ分《ぶん》だけ、人の苦しみがわかり、慈悲《じひ》が深《ふか》くなる。広宣流布《こうせんるふ》の使命《しめい》の戦いの中で、人の何倍も苦労《くろう》することは、それ自体《じたい》が「同一苦《どういっく》」に挑《いど》む誉《ほま》れある格闘《かくとう》なのです。

自分自身の勝利が多くの友の励《はげ》ましとなり、あとに続《つづ》く後輩《こうはい》たちの希望となる。リーダーが難《なん》に遭《あ》い、そして難に打ち勝っていく姿《すがた》を示《しめ》すことは、「慈悲《じひ》の行《ぎょう》」そのものです。折伏精神《しゃくぶくせいしん》で進む、わが創価の青年こそ、全人類《ぜんじんるい》の「同一苦《どういっく》」に挑戦《ちょうせん》しゆく、「抜苦与楽《ばっくよらく》の大英雄《だいえいゆう》」なのであります。

牧口先生は厳然《げんぜん》と戒《いまし》めておられました。

「法律《ほうりつ》にふれさえしなければ不善《ふぜん》（＝善をしないこと）でもかまわないと誤解《ごかい》しているところに、現代《げんだい》の病根《びょうこん》があり、独善偽善者《どくぜんぎぜんしゃ》が横行《おうこう》する結果《けっか》となっている」

自分さえよければ、他の人がどうなってもかまわない。見つからなければ、何をやってもかまわない……。こうしたエゴや不正《ふせい》が渦巻《うずま》く社会にあって、創価の友の仏《ぶつ》・菩薩《ぼさつ》にも等《ひと》しい行動《こうどう》は、想像《そうぞう》もつかないほど崇高《すうこう》なのです。だからこそ嫉妬《しっと》され、中傷《ちゅうしょう》されるのです。

戸田先生は厳命《げんめい》されました。

「わが学会は宇宙最極《うちゅうさいごく》の和楽《わらく》の世界である。決《けっ》して魔《ま》に崩《くず》されてはならない」

戸田先生がご自身の命《いのち》より大切《たいせつ》とされた創価学会は、今や、日本、そして世界の心《こころ》ある識者《しきしゃ》・指導者《しどうしゃ》から、全幅《ぜんぷく》の信頼《しんらい》と期待《きたい》が寄《よ》せられております。時代は大きく変わりました。

世界が我《われ》らに期待《きたい》

ロシア科学《かがく》アカデミー哲学研究所《てつがくけんきゅうじょ》・東洋《とうよう》哲学センターのＭ・ステパニャンツ・センター長は、語《かた》っておられました。

「仏教《ぶっきょう》は、暴力《ぼうりょく》や軍事力《ぐんじりょく》を一切使《いっさいつか》わずに地球上に思想《しそう》を広め、世界宗教《しゅうきょう》となった唯一《ゆいいつ》の例《れい》です。広める方法《ほうほう》は二つだけでした——言葉《ことば》（仏《ほとけ》の教《おし》え）と行動《こうどう》（仏教者の振《ふ》る舞《ま》い）です」*まことに鋭《するど》い洞察《どうさつ》です。「言葉《ことば》」と「行動《こうどう》」というソフト・パワーを武器《ぶき》とした仏教興隆《ぶっきょうこうりゅう》の歴史は、人間精神《せいしん》の輝《かがや》かしい勝利の軌跡《きせき》なのです。

武力《ぶりょく》に対《たい》する対話《たいわ》の勝利！
権力《けんりょく》に対する民衆《みんしゅう》の勝利！
不信《ふしん》に対する信念《しんねん》の勝利！
憎悪《ぞうお》に対する慈悲《じひ》の勝利！
邪知《じゃち》に対する智慧《ちえ》の勝利！

その最先端《さいせんたん》を行くのが、日蓮仏法《ぶっぽう》であります。私たちが進めている、平和と文化と教育の世界的な大運動は、仏法の「大慈悲《だいじひ》」と「大英知《だいえいち》」の結晶《けっしょう》にほかなりません。

宗教《しゅうきょう》の力《ちから》が不可欠《ふかけつ》

この生命哲学《てつがく》を根幹《こんかん》にしているという一点で、我《われ》らの運動《うんどう》は、過去のさまざまな運動とは、まったく次元《じげん》の違《ちが》う深《ふか》さを湛《たた》えているのです。

いかに高邁《こうまい》な理想《りそう》を掲《かか》げた運動《うんどう》も、確《かく》たる生命観《せいめいかん》や生死観《しょうじかん》がなければ、人間不信や嫉《しっ》妬《と》・憎悪《ぞうお》などの感情《かんじょう》に足を取られ、結局《けっきょく》は分裂《ぶんれつ》し、衰亡《すいぼう》せざるを得《え》ない。これは、古今《ここん》の歴史の痛切《つうせつ》な教訓《きょうくん》でありましょう。

仏法《ぶっぽう》は、人間の「一念《いちねん》」に光《ひかり》を当《あ》てます。相手《あいて》の「境涯《きょうがい》」を見つめます。人種《じんしゅ》や民族《みんぞく》、学歴《がくれき》や肩書《かたがき》など、あらゆる差異《さい》を超《こ》え、「生命」という最《もっと》も普遍的《ふへんてき》な大地《だいち》に拠《よ》って立ちます。

それゆえに、狭《せま》い通念《つうねん》や偏見《へんけん》に囚《とら》われず、大胆《だいたん》かつ率直《そっちょく》に、心《こころ》と心、生命と生命を結《むす》び合いながら、人類《じんるい》の新《あら》たな価値創造《かちそうぞう》の活路《かつろ》を開いていけるのです。

「仏法《ぶっぽう》に国境《こっきょう》はない」――これが恩師《おんし》の叫《さけ》びでした。私はその直弟子《じきでし》として、世界を舞《ぶ》台《たい》に、人間主義《しゅぎ》の対話《たいわ》のうねりを起《お》こしてきました。

動くことです。語《かた》ることです。たゆみなき一波《いっぱ》また一波が、「分断《ぶんだん》」から「結合《けつごう》」へ、「対立《たいりつ》」から「融和《ゆうわ》」へ、「戦争」から「平和」へ、人類史《じんるいし》を転換《てんかん》しゆく潮流《ちょうりゅう》となることを信《しん》じて、私は戦ってきました。

著名《ちょめい》な経済学者《けいざいがくしゃ》であり、晩年《ばんねん》には創価大学で青年を薫陶《くんとう》してくださった故《こ》・大熊信行《おおくまのぶゆき》教授は、こう結論《けつろん》されていました。

「平和国家《こっか》においては、政治万能《ばんのう》の思想《しそう》は存在《そんざい》せず、すでに政治を越《こ》えたものが、政治を指導《しどう》する関係にある」*

「およそ平和主義《しゅぎ》の原点《げんてん》といえば、東洋《とうよう》でも、西洋《せいよう》でも、実《じつ》は宗教《しゅうきょう》なのであった」*

平和な国家《こっか》を築《きず》くためには、人間のあらゆる営《いとな》みの基底部《きていぶ》にあって、精神性《せいしんせい》を開花《かいか》させゆく「哲学《てつがく》」「宗教《しゅうきょう》」の力《ちから》が絶対《ぜったい》に不可欠《ふかけつ》である。ゆえに大熊《おおくま》教授も、創価の前進に未来の希望を託《たく》してくださったのです。

戸田先生は、青年部にこう呼《よ》びかけられました。

「根本《こんぽん》の哲学《てつがく》は、生命哲学である。われわれは、この大哲学によって、世界をリードするのである。諸君《しょくん》は、すでに世界的な指導者《しどうしゃ》なのです」

若《わか》くしてこの最高哲学《てつがく》を実践《じっせん》しゆく、わが青年部・未来部の友は、民衆《みんしゅう》のため、広布《こうふ》のため、強力《きょうりょく》な指導者《しどうしゃ》に陸続《りくぞく》と育《そだ》ってもらいたい。

一緒《いっしょ》に題目を唱《とな》える

大事《だいじ》なことは、広宣流布《こうせんるふ》を前進させることです。広宣流布を邪魔《じゃま》したり、足を引《ひ》っ張《ぱ》ったりする魔《ま》の蠢動《しゅんどう》を断《だん》じて許《ゆる》してはいけない。

戸田先生は「仏道修行《ぶつどうしゅぎょう》をやりぬけば、あらゆる衆生《しゅじょう》から信頼《しんらい》され、あらゆる衆生を堂々《どうどう》と導《みちび》いていける大境涯《だいきょうがい》になる」と言われました。

リーダーは、皆の苦《くる》しみをわが苦しみとし、皆の喜《よろこ》びをわが喜びとして、親身《しんみ》になって尽《つ》くしていくことです。一緒《いっしょ》に勤行《ごんぎょう》をし、一緒に題目を唱《とな》えていくことが大切《たいせつ》です。

そして、師《し》の如《ごと》く自分自身が先頭《せんとう》に立って、勝利の道を断固《だんこ》として切り開いていくことです。ここにこそ、真実《しんじつ》の人間指導者《しどうしゃ》の王道《おうどう》があります。

日蓮大聖人のお心《こころ》のままに、「一切衆生《いっさいしゅじょう》の同一苦《どういつく》」に打ち勝ちゆく創価のスクラム。この学会を護《まも》り、学会と共《とも》に歩《あゆ》む人生こそ「慈悲《じひ》の中《なか》の大慈悲」の前進です。

尊極無上《そんごくむじょう》の正義《せいぎ》の大連帯《だいれんたい》を一段《いちだん》と強め広げながら、朗《ほが》らかに勝ち進みましょう！

歓喜《かんき》と幸福の「師弟桜《していざくら》」「勝利桜」を悠然《ゆうぜん》と咲《さ》かせゆこうではありませんか！

新世紀
　我《われ》らの舞台《ぶたい》と
　　晴《は》れやかに
右手《めて》に哲学《てつがく》
　左手《ゆんで》に慈悲《じひ》もて

生命の勝利の王道《おうどう》

師子王《ししおう》の学会と歩《あゆ》め！

御聖訓

地走《ちはし》る者《もの》の王《おう》たり、師子王《ししおう》のごとし。空飛《そらと》ぶ者《もの》の王《おう》たり、鷲《わし》のごとし

——千日尼御前御返事《せんにちあまごぜんごへんじ》（真実報恩経《しんじつほうおんぎょう》の事《こと》）、新一七三七ジペー・全一三一〇ジペー

恩師《おんし》・戸田先生は、私に語《かた》られました。

「創価学会は、間違《まちが》いなく、思想界《しそうかい》の王者《おうじゃ》になる。妙法の大地《だいち》から、社会のあらゆる分野《ぶんや》に、真《しん》に優《すぐ》れた人物《じんぶつ》を送《おく》り出《だ》すことができる。その一人《ひとり》ひとりの偉大《いだい》な人間革命が、新しい世紀における人類《じんるい》社会に偉大な貢献《こうけん》をする

ことになる」

まさしく創価学会は、哲学界《てつがくかい》の王者《おうじゃ》であり、思想界《しそう》の王者であります。哲学界・思想界の王者であるとは、試練《しれん》の時代であればあるほど、偉大な希望の光《ひかり》を放《はな》って、社会を照《て》らしゆく人材《じんざい》を送《おく》り出《だ》すということです。

本当に、この通《とお》りの創価学会になりました。自他共《じたとも》の幸福を願《ねが》い、「人間のための社会」を築《きず》きゆく学会員の活躍《かつやく》が、世界の各界《かっかい》から賞讃《しょうさん》されております。

日蓮大聖人は、一切経《いっさいきょう》の王である法華経《ほけきょう》について、「地走《ちはし》る者《もの》の王たり、師子王《ししおう》のごとし。空飛《そらと》ぶ者の王たり、鷲《わし》のごとし」（新一七三七ジペー・全一三一〇ジペー）と仰《おお》せになられました。

——法華経《ほけきょう》は、地を走る者の王である師子王《ししおう》の如《ごと》くである。また、空を飛ぶ者の王である鷲《わし》の如くである——。なんと力強《ちからづよ》い、妙法最第一《さいだいいち》の御確信《ごかくしん》でありましょうか。

この御文《ごもん》は、弘安《こうあん》元年（一二七八年）の七月、佐渡《さど》の女性リーダーである千日尼《せんにちあま》に宛《あ》てて記《しる》された御返事《ごへんじ》の一節《いっせつ》です。

法華経《ほけきょう》は「経王《きょうおう》」——諸経《しょきょう》の中の王者《おうじゃ》であると言われます。それはなぜか。一切経《いっさいきょう》の中でも、法華経のみが全民衆《ぜんみんしゅう》の成仏《じょうぶつ》を完璧《かんぺき》に説《と》き切っているからです。

「皆成仏道《かいじょうぶつどう》」が明《あ》かされた法華経《ほけきょう》こそ、万人《ばんにん》の生命から無上《むじょう》の可能性《かのうせい》を開き、幸福へリードする「希望の経典《きょうてん》」です。

「広宣流布《こうせんるふ》」が示《しめ》された法華経《ほけきょう》こそ、生命の尊厳《そんげん》を確立《かくりつ》し、理想《りそう》の世界の建設《けんせつ》へ民衆《みんしゅう》を結《けつ》合《ごう》する「平和の経典《きょうてん》」です。

「師弟不二《していふに》」が説《と》かれた法華経《ほけきょう》こそ、青年を地涌《じゆ》の使命《しめい》に目覚《めざ》めさせ、人類《じんるい》を永遠《えいえん》に繁栄《はんえい》させゆく「勝利の経典《きょうてん》」です。

法華経《ほけきょう》は師子王《ししおう》の経《きょう》です。法華経には、妙法と一体《いったい》の仏《ほとけ》の慈悲《じひ》と智慧《ちえ》にあふれる師子王の大境涯《だいきょうがい》が、そのまま留《とど》められているのです。

この妙法を持《たも》ち行《ぎょう》ずる人は、師子王《ししおう》が大地《だいち》を駆《か》けめぐる如《ごと》く、人生と社会の王道《おうどう》を、威《い》風《ふう》も堂々《どうどう》と前進できる。大鷲《おおわし》が天空《てんくう》を舞《ま》う如く、一切《いっさい》を見下《みお》ろしながら、正義《せいぎ》と栄光の軌《き》道《どう》を悠然《ゆうぜん》と上昇《じょうしょう》していけるのです。

人間の偉大《いだい》さは、何によって決まるか。権力《けんりょく》でもなければ、名声《めいせい》でもない。財産《ざいさん》でもなければ、肩書《かたがき》でもない。

戸田先生は言われました。

「広宣流布《こうせんるふ》の闘士《とうし》は、人間の大王《だいおう》である。この気概《きがい》と誉《ほま》れを持ち続《つづ》けるのだ」

創価学会は、妙法を世界百九十二カ国・地域《ちいき》に広宣流布《こうせんるふ》してきました。

大聖人の大慈大悲《だいじだいひ》に直結《ちょっけつ》して、人類救済《じんるいきゅうさい》の大目的《だいもくてき》に進んでいる仏意仏勅《ぶっいぶっちょく》の不思議《ふしぎ》なる団《だん》体《たい》が、学会です。地涌《じゆ》の菩薩《ぼさつ》の教団《きょうだん》であり、仏《ほとけ》そのものの陣列《じんれつ》であります。

ゆえに戸田先生は、こうも叫《さけ》ばれました。

「自分自身を卑《いや》しめていくことは、絶対《ぜったい》にあってはならない」

「もったいなくも、御本仏《ごほんぶつ》と同じ生命を抱《いだ》いている自分自身に誇《ほこ》りを持ちなさい。気高《けだか》い心で人生を勝《か》ち抜《ぬ》くことです」

仏《ほとけ》は、万人《ばんにん》が頭《こうべ》を上げて胸《むね》を張《は》って生きる道を開《ひら》き示《しめ》されました。仏に等《ひと》しい自分を卑《ひ》下《げ》することは、仏を卑下することにも通《つう》じてしまう。

大聖人は、「久遠実成《くおんじつじょう》の釈尊《しゃくそん》と皆成仏道《かいじょうぶつどう》の法華経《ほけきょう》と我《われ》ら衆生《しゅじょう》との三《みっ》つ全《まった》く差別《さべつ》無《な》しと解《さと》って妙法蓮華経《みょうほうれんげきょう》と唱《とな》え奉《たてまつ》るところを、生死一大事《しょうじいちだいじ》の血脈《けつみゃく》とはいうなり」（新一七七四㌻・全一三三七㌻）とも教《おし》えてくださっております。

この題目を唱《とな》え弘《ひろ》めゆく自分自身の生命が、いかに尊極《そんごく》であるか。その大歓喜《だいかんき》の自覚《じかく》をもって、わが使命《しめい》の人生を断固《だんこ》として強く強く生《い》き抜《ぬ》いていくことです。少々《しょうしょう》のことがあろうとも、「いまだこり《懲》ず候《そうろう》」（新一四三五㌻・全一〇五六㌻）との御聖訓《ごせいくん》を拝《はい》し、いやまして勇猛精進《ゆうみょうしょうじん》していくのです。

大難《だいなん》に奮《ふる》い立《た》て！

古来《こらい》、法華経《ほけきょう》を読《よ》んだ人は多かった。

しかし、大聖人ほど、法華経《ほけきょう》に説《と》かれている通《とお》りに、大難《だいなん》を受けられた方はおりません。

御書には、「法華経《ほけきょう》を持《たも》ち実践《じっせん》しているといっても、実際《じっさい》に敵《てき》が出現《しゅつげん》していないのであれば、仏《ほとけ》の言葉《ことば》は虚妄《こもう》になってしまう」（新三二一㌻・全三八六㌻、趣意）とも綴《つづ》られています。

仏法《ぶっぽう》を語《かた》れば必《かなら》ず難《なん》にあう。悪世《あくせ》の中で、真実《しんじつ》を語り抜《ぬ》くほどの難事《なんじ》はありません。

大聖人は、千日尼《せんにちあま》を励《はげ》まされました。

「仏法《ぶっぽう》の道理《どうり》を人《ひと》に語《かた》らん者《もの》をば、男女僧尼《なんにょそうに》必《かなら》ずにく《憎》むべし。よしにく《憎》まばにくめ」（新一七三〇㌻・全一三〇八㌻）

正法《しょうほう》を語《かた》って悪口罵詈《あっくめり》されることは、最高の名誉《めいよ》である。

仏法《ぶっぽう》のために、嫌《いや》な思いをしても、すべて功徳《くどく》に変わる。勇気をもって正義《せいぎ》を語《かた》り抜《ぬ》くことこそ、「如説修行《にょせつしゅぎょう》」の実践《じっせん》であると示《しめ》されているのです。

それは、なぜか――。

生命は永遠《えいえん》であり、妙法の力用《りきゆう》は宇宙大《うちゅうだい》です。

この世《よ》の非難中傷《ひなんちゅうしょう》など、あまりにも小さな波《なみ》にすぎない。そう心に決めた大勇《だいゆう》の信心が、無量無辺《むりょうむへん》の大福運《だいふくうん》となって、わが生命を、一家眷属《いっかけんぞく》を、三世永遠《さんぜえいえん》の幸福と栄光で包《つつ》んでいく。これが仏法《ぶっぽう》の因果《いんが》の理法《りほう》だからであります。

戸田先生も、「何があろうと、広宣流布《こうせんるふ》のためには、びくともしない人間となれ!」と教《おし》えられました。

師子王《ししおう》の
　雄叫《おたけ》び聞いて
　　奮《ふる》い起《た》つ
広布《こうふ》の旅《たび》の
　子等《こら》ぞ勇《いさ》まし

一九五五年(昭和三十年)の十一月、恩師《おんし》は私にこの和歌《わか》を贈《おく》ってくださいました。

「師子王《ししおう》の子《こ》は師子王となる」(新一六八一ページ・全一二一六ページ)と仰《おお》せの如《ごと》く、師《し》の雄叫《おたけ》びを聞くや、弟子《でし》は瞬時《しゅんじ》にして奮《ふる》い立《た》つ。この師弟《してい》の大精神《だいせいしん》が貫《つらぬ》かれてこそ、広宣流布《こうせんるふ》は永遠《えいえん》なる大河《たいが》の流《なが》れとなるのです。

堂々《どうどう》と師弟《してい》を叫《さけ》べ

威風堂々《いふうどうどう》と王者《おうじゃ》の風格《ふうかく》で進む。これが、草創《そうそう》以来、変わらない、学会精神《せいしん》の真髄《しんずい》です。

戸田先生は、こう語《かた》られました。

「日本国を救《すく》おうという我々《われわれ》なのだから、我々の精神《せいしん》は師子王《ししおう》の如《ごと》く誇《ほこ》りをもっていてもいいのです。そうしたら仏《ほとけ》になれる」

信心の世界は、世間《せけん》の評価《ひょうか》でも、役職《やくしょく》でもありません。他人《たにん》と比較《ひかく》するものでもありません。「心《こころ》こそ大切《たいせつ》」であります。

一九五一年（昭和二十六年）の三月三十一日、私は日記に記《しる》しました。

「信念《しんねん》も、基準《きじゅん》もなく、批判《ひはん》のみしている人が、賢明《けんめい》に見える社会である。

信念《しんねん》、基準《きじゅん》を持てる人は、一往《いちおう》、受《う》け身《み》になるようなれど、結局《けっきょく》は強く、幸福であることを忘《わす》れてはいけぬ。

理念《りねん》を持《じ》し、進む者は強し。王者《おうじゃ》の帆《ほ》に打ちあたる風波《ふうは》は、一番強烈《きょうれつ》なのだ。

恐《おそ》るるな。恐るるな」*

当時は、断崖絶壁《だんがいぜっぺき》の事業《じぎょう》の苦境《くきょう》を、戸田先生と共《とも》に勝ち越《こ》えた頃《ころ》です。この時、私は戸田先生の会長推戴《すいたい》へ、着実《ちゃくじつ》に一つ一つ手を打っておりました。

長い人生です。思うようにいかない時もあるかもしれません。しかし、その苦難《くなん》に負《ま》けない「勝利への執念《しゅうねん》」があれば、必《かなら》ず、明るい未来が待《ま》っているのです。私たちには、世界最高の哲学《てつがく》と、一切《いっさい》を「変毒為薬《へんどくいやく》」できる信心があるからです。

強き祈《いの》りと行動《こうどう》は、すべて御本尊に通《つう》じ、諸天善神《しょてんぜんじん》を揺《ゆ》り動《うご》かしていきます。なかんずく、リーダーは勇気凜々《ゆうきりんりん》と声をあげていくことです。師子王《ししおう》の心で語《かた》り切った分《ぶん》だけ、叫《さけ》び抜《ぬ》いた分だけ、仏《ほとけ》の陣営《じんえい》の威光勢力《いこうせいりょく》が増《ま》し、魔軍《まぐん》は退散《たいさん》するのです。

「私は、世界に二人《ふたり》とない大指導者《だいしどうしゃ》・戸田城聖《じょうせい》先生の弟子《でし》だ」

私は、師匠《ししょう》の偉大《いだい》さ、真実《しんじつ》の姿《すがた》を、広宣流布《こうせんるふ》のために言い切ってきました。何度も何度も繰《く》り返《かえ》し、繰り返し語《かた》り抜《ぬ》いてきました。それが折伏精神《しゃくぶくせいしん》であり、広宣流布だからです。

「声《こえ》、仏事《ぶつじ》をなす」（新九八五ジペー・全七〇八ジペー）

ゆえに、どんどん言っていくのです。

沈黙《ちんもく》を始めれば、正義《せいぎ》は闇《やみ》の中に入《はい》ってしまう。真実《しんじつ》を叫《さけ》び切っていく勇気が、勝利の波動《はどう》を起《お》こしていくのです。

恩師《おんし》は、よく言われました。

「我々《われわれ》は、自分で仏法《ぶっぽう》を体験《たいけん》し、真実《しんじつ》の学会を知っているんだから、誰《だれ》よりも強いに決まっている」と。

その確信《かくしん》の対話《たいわ》の原点《げんてん》が、座談会《ざだんかい》であります。今、世界中の心ある識者《しきしゃ》が、創価の座談会運動に注目《ちゅうもく》し、讃嘆《さんたん》してくださっております。この座談会を軸《じく》として、我《われ》らは、戸田先生が宣言《せんげん》なされた「宗教界《しゅうきょうかい》の王者《おうじゃ》」として、生命の勝利の王道《おうどう》を、一段《いちだん》と晴《は》れ晴《ば》れと大行進《だいこうしん》してまいりたい。

わが創価の友よ、今こそ、地走る者の王たる師子王《ししおう》の如《ごと》く、空飛《と》ぶ者の王たる鷲《わし》の如く、勝ち進もうではないか！

君《きみ》たちも
　私も同じく
　師子奮迅《ししふんじん》
栄光大道《だいどう》
　歩《あゆ》む嬉《うれ》しさ

三世《さんぜ》の勝利劇《げき》

師弟《してい》の宿縁《しゅくえん》は永遠《えいえん》なり

御聖訓

過去《かこ》の宿縁《しゅくえん》追《お》い来《きた》って、今度日蓮《こんどにちれん》が弟子《でし》と成《な》り給《たも》うか。釈迦《しゃか》・多宝《たほう》こそ御存知候《ごぞんちそうろう》らめ。「在々諸仏土《ざいざいしょぶつど》、常与師倶生《じょうよしくしょう》（いたるところの諸仏《しょぶつ》の土《ど》に、常《つね》に師《し》とともに生《しょう》ず）」、よも虚事候《そらごとそうら》わじ

——生死一大事血脈抄《しょうじいちだいじけつみゃくしょう》、新一七七六ジペー・全一三三八ジペー

毎日毎日、真心《まごころ》をこめて「聖教新聞」を配達《はいたつ》してくださる「無冠《むかん》の友」の皆様方に、あらためて深《ふか》く感謝《かんしゃ》申し上げます。

尊《とうと》き皆様の絶対無事故《ぜったいむじこ》とご健康《けんこう》を、日々、真剣《しんけん》に祈《いの》っております。

日々、胸中《きょうちゅう》の師《し》と共《とも》に

仏法《ぶっぽう》の師弟《してい》は永遠不滅《えいえんふめつ》です。

私は「月々日々《つきづきひび》に」、恩師《おんし》・戸田先生と前進しています。

師弟《してい》は一体《いったい》です。

同じ目的《もくてき》に向かって、同じ責任《せきにん》をもって、同じ戦いをしていくのです。

毎朝、私は胸中《きょうちゅう》の先生にご挨拶《あいさつ》し、「きょうも一日、弟子《でし》は戦います。勝ちます！」と、お誓《ちか》い申《もう》し上《あ》げて出発《しゅっぱつ》する。

不二《ふに》の一念《いちねん》で、全国、全世界の広布《こうふ》の指揮《しき》を執《と》り、夜には一日の勇戦《ゆうせん》の結果《けっか》を先生にご報告申《ほうこくもう》し上《あ》げる。その連戦《れんせん》が私の毎日であります。

恩師《おんし》と出会って六十二年（二〇〇九年）。行住坐臥《ぎょうじゅうざが》、私は常《つね》に先生と一緒《いっしょ》に戦い抜《ぬ》いてきました。恩師は、私の血潮《ちしお》の中に厳然《げんぜん》と生き続《つづ》けておられます。今世《こんぜ》も一緒であり、三世《さんぜ》にわたって一緒です。

戸田先生と初《はじ》めてお会いしたのは、東京・大田区の座談会《ざだんかい》です。

一九四七年（昭和二十二年）の八月十四日、木曜日の夜でした。先生は四十七歳、私は十九歳。私は、先生に質問申《しつもんもう》し上《あ》げた。

「先生、正《ただ》しい人生とは、いったい、どういう人生をいうのでしょうか」

先生は私の目をじっと見つめ、答《こた》えてくださいました。

「人間の長い一生《いっしょう》には、いろいろな難問題《なんもんだい》が起《お》きてくる。人間、生きるためには、生死の問題を、どう解決《かいけつ》したらいいか——これだ。これが正《ただ》しく解決《かいけつ》されなければ、真《しん》の正しい人生はない」

「生死」という人類《じんるい》の根本問題《こんぽんもんだい》を解決《かいけつ》するには、仏法《ぶっぽう》の信仰《しんこう》しかない。この大確信《だいかくしん》を先生は、名《な》もない一青年に諄々《じゅんじゅん》と語《かた》ってくださったのです。

この出会いから、私の師弟不二《していふに》の闘争《とうそう》は始まりました。

私が戸田先生にお仕《つか》え申《もう》し上《あ》げたのは十年余《よ》。しかし、この十年で、百年にも、千年にも匹敵《ひってき》する薫陶《くんとう》を受け切ったと自負《じふ》しています。

最蓮房《さいれんぼう》への御金言《ごきんげん》

ここで拝《はい》する「生死一大事血脈抄《しょうじいちだいじけつみゃくしょう》」の御聖訓《ごせいくん》は、師弟《してい》という仏法《ぶっぽう》の真髄《しんずい》を明《あ》かされています。

「過去《かこ》の宿縁《しゅくえん》追《お》い来《きた》って、今度日蓮《こんどにちれん》が弟子《でし》と成《な》り給《たも》うか。釈迦《しゃか》・多宝《たほう》こそ御存知候《ごぞんちそうろう》らめ。『在々諸仏土《ざいざいしょぶつど》、常与師倶生《じょうよしくしょう》（いたるところの諸仏《しょぶつ》の土《ど》に、常《つね》に師《し》とともに生《しょう》ず）』、よも虚事候《そらごとそうら》わじ」（新一七七六ジペー・全一三三八ジペー）

――あなた（最蓮房《さいれんぼう》）は、過去の宿縁《しゅくえん》に運《はこ》ばれ、今世《こんぜ》で日蓮の弟子《でし》となられたのでしょうか。釈迦仏《しゃかぶつ》・多宝如来《たほうにょらい》の二仏《にぶつ》こそがご存《ぞん》じでありましょう。法華経化城喩品《ほけきょうけじょうゆほん》の「在々諸仏土《ざいざいしょぶつど》、常与師倶生《じょうよしくしょう》」の経文《きょうもん》は、よもや嘘《うそ》とは思われません――。

本抄《ほんしょう》は文永《ぶんえい》九年（一二七二年）の二月十一日、大聖人が流罪《るざい》の地・佐渡《さど》で、門下《もんか》の最蓮房《さいれんぼう》に与《あた》えられたとされる法門書《ほうもんしょ》です。

最蓮房《さいれんぼう》は、天台宗《てんだいしゅう》の学究《がっきゅう》ですが、何《なん》らかの理由《りゆう》で佐渡《さど》に流罪《るざい》された人物《じんぶつ》とされます。大聖人の法門《ほうもん》と御人格《ごじんかく》にふれて、帰依《きえ》しました。

教学《きょうがく》の素養《そよう》を具《そな》えた知性《ちせい》派《は》であり、しかも熱《あつ》い求道《きゅうどう》の心に燃《も》えた門下《もんか》でありました。

この「生死一大事血脈抄《しょうじいちだいじけつみゃくしょう》」や「諸法実相抄《しょほうじっそうしょう》」など、仏法《ぶっぽう》の極理《ごくり》を明《あ》かされた重要《じゅうよう》な御書を数多《かずおお》く賜《たまわ》っています。

流罪《るざい》の地・佐渡《さど》で出会い、共《とも》に大難《だいなん》にあいながら、弟子《でし》の道を貫《つらぬ》く覚悟《かくご》をもった門下《もんか》。

まさに不思議《ふしぎ》なる縁《えにし》の師弟《してい》であります。

その最蓮房《さいれんぼう》を、大聖人は最大に讃《たた》え、「在々諸仏土《ざいざいしょぶつど》、常与師倶生《じょうよしくしょう》」の経文《きょうもん》を示《しめ》されたのです。

これは、法華経化城喩品《ほけきょうけじょうゆほん》第七の文《もん》で、「在在《いたるところ》の諸仏《しょぶつ》の土《ど》に　常《つね》に師《し》と倶《とも》に生《しょう》ず」（法華経三一七ジベー）と読《よ》みます。

あらゆる仏《ほとけ》の国土《こくど》に、師《し》と弟子《でし》が常《つね》に倶《とも》に生まれ、仏法《ぶっぽう》を行《ぎょう》ずる。すなわち、師弟《してい》の因《いん》縁《ねん》は今世《こんぜ》だけでなく、永遠《えいえん》にわたることを明確《めいかく》に示《しめ》しています。

法華経《ほけきょう》の最大のテーマは、「師弟不二《していふに》」にあるといっても過言《かごん》ではありません。弟子《でし》たちを、いかに自身と同じ不二《ふに》の仏《ほとけ》の境涯《きょうがい》に高めるか。

また、そうなれる力《ちから》があることを、どう弟子《でし》たちに悟《さと》らせるか。ここに、師《し》・釈尊《しゃくそん》の深《ふか》い慈悲《じひ》と智慧《ちえ》があったのです。

仏《ほとけ》の「三周《さんしゅう》の説法《せっぽう》」

法華経《ほけきょう》では、そのために、弟子《でし》である声聞《しょうもん》たちの機根《きこん》に合わせて、①法理《ほうり》②譬喩《ひゆ》③因縁《いんねん》という三つの視点《してん》から成仏《じょうぶつ》の教《おし》えが説《と》かれております。

〝声聞《しょうもん》・縁覚《えんがく》の境涯《きょうがい》でとどまってはいけない。皆、師匠《ししょう》と同じ仏《ぶつ》・菩薩《ぼさつ》の境涯《きょうがい》を得《え》られるのだ〟――。

この成仏《じょうぶつ》の教《おし》えを三度にわたって周《まわ》り説《と》いたので、これを「三周《さんしゅう》の説法《せっぽう》」と呼《よ》びます。

師匠《ししょう》は、弟子《でし》が生命の勝利を勝ち得《え》るまで、繰《く》り返《かえ》し、粘《ねば》り強く指導《しどう》を続《つづ》けるのです。

「在々諸仏土《ざいざいしょぶつど》、常与師倶生《じょうよしくしょう》」の文《もん》は、この三番目の説法《せっぽう》（因縁周《いんねんしゅう》）で語《かた》られます。

すなわち、仏《ほとけ》と衆生《しゅじょう》の「因縁《いんねん》」（ここでは、つながりや関係があること）は今世《こんぜ》だけではない。過去世《かこせ》の修行《しゅぎょう》時代から長遠《ちょうおん》の間《あいだ》、続《つづ》いてきたことを説《と》いているのです。

――三千塵点劫《さんぜんじんてんごう》もの昔、私（釈尊《しゃくそん》）は大通智勝仏《だいつうちしょうぶつ》という仏《ほとけ》の十六番目の王子《おうじ》として活躍《かつやく》していた。仏と同じく法華経《ほけきょう》の教《おし》えを弘《ひろ》め、民衆《みんしゅう》を救《すく》ってきた。

今、私の教《おし》えを聞いているあなた方は、遠《とお》い過去に王子《おうじ》であった私と因縁《いんねん》を結《むす》んできたのです――と。

そこで明《あ》かされるのが、この「在々諸仏土《ざいざいしょぶつど》、常与師倶生《じょうよしくしょう》」の教《おし》えです。

〝師弟《してい》の宿縁《しゅくえん》は永遠《えいえん》なり！〟

釈尊《しゃくそん》の説法《せっぽう》を聞いた弟子《でし》たちは心から驚嘆《きょうたん》し、そして随喜《ずいき》した。「師弟不二《していふに》」という深遠《しんえん》なる境地《きょうち》を、法理《ほうり》でも譬喩《ひゆ》でもなく因縁《いんねん》を説《と》かれることによって生命の底《そこ》から実感《じっかん》し、信《しん》ずることができたのです。

最蓮房《さいれんぼう》も、当然《とうぜん》、この経文《きょうもん》のことを知ってはいたでしょう。

しかし、それをわが生命に即《そく》して深《ふか》く会得《えとく》するためには、偉大《いだい》なる師匠《ししょう》との全人格的《ぜんじんかくてき》な交流《こうりゅう》が必要《ひつよう》だったのです。

「在々諸仏土《ざいざいしょぶつど》、常与師倶生《じょうよしくしょう》」の経文《きょうもん》に、よもや嘘《うそ》があるはずはない――。この仰《おお》せに、最蓮房《さいれんぼう》は大聖人との深《ふか》き宿縁《しゅくえん》を確信《かくしん》したに違《ちが》いありません。

如来《にょらい》の金言《きんげん》は絶対《ぜったい》です。ところが、凡夫《ぼんぷ》の浅《あさ》い境涯《きょうがい》では、その境地《きょうち》をなかなか信《しん》じることができない。時には遠《とお》いお伽話《とぎばなし》のように感じることもあるかもしれない。

しかし、法を体現《たいげん》した師匠《ししょう》の広大無辺《こうだいむへん》な境涯《きょうがい》にふれるならば、生き生きと実感《じっかん》し、如実《にょじつ》に体得《たいとく》していけるのです。

師《し》の慈悲《じひ》は、弟子《でし》が思っているよりも、遥《はる》かに深《ふか》く大きい。弟子《でし》の小さな境涯《きょうがい》のカラを打《う》ち破《やぶ》り、より高《たか》みへと引き上げてくださる存在《そんざい》が、師匠《ししょう》なのであります。

仏法《ぶっぽう》は庶民《しょみん》が主役《しゅやく》

釈尊《しゃくそん》の教《おし》えを聞いた弟子《でし》の大多数《だいたすう》は、仏《ほとけ》との深《ふか》い「因縁《いんねん》」を聞いて発心《ほっしん》した人々でありました。

師匠《ししょう》の人格《じんかく》、師匠の慈悲《じひ》、師匠の境涯《きょうがい》を命《いのち》で感じ取り、心から尊敬《そんけい》して、師の教《おし》え通《どお》り、ひたぶるに実践《じっせん》する人こそが、直系《ちょっけい》の門下《もんか》といえる。

最優秀《さいゆうしゅう》の最蓮房《さいれんぼう》でさえ、机上《きじょう》の学問《がくもん》で得《え》た「理《り》」を突《つ》き抜《ぬ》けて、師匠《ししょう》の大境涯《だいきょうがい》から発《はっ》せられた法門《ほうもん》への「信《しん》」によって、仏法《ぶっぽう》の極意《ごくい》を会得《えとく》していった。

仏法《ぶっぽう》は、どこまでも「以信代慧《いしんだいえ》」（信を以《も》って慧《え》に代《か》える）です。肩書《かたがき》や学歴《がくれき》などは、信心とは関係《かんけい》ない。仏《ほとけ》の金言《きんげん》を強盛《ごうじょう》に信《しん》じ抜《ぬ》く力《ちから》（信力《しんりき》）、行《ぎょう》じ抜く力（行力《ぎょうりき》）によって、人生の勝負《しょうぶ》も幸不幸《こうふこう》も決まるのです。日蓮大聖人の仏法は、一部のエリートのためのものではありません。どこまでも、無名《むめい》にして勇敢《ゆうかん》なる庶民《しょみん》が主役《しゅやく》である。

戸田先生は「創価学会の大地は、全民衆《ぜんみんしゅう》から盛《も》り上《あ》がる力《ちから》に満《み》ちている」と宣言《せんげん》されました。

真剣《しんけん》に信心に励《はげ》み、広布《こうふ》へ戦う真面目《まじめ》な民衆《みんしゅう》を見下《みくだ》したり苦《くる》しめたりする者は、大謗法《だいほうぼう》である。仏罰《ぶつばち》は厳《きび》しい。

戸田先生は今回の御文《ごもん》を講義《こうぎ》され、教《おし》えてくださいました。

「師匠《ししょう》と弟子《でし》というものは必《かなら》ず一緒《いっしょ》に生まれるという。この大聖人様の御言葉《おことば》から拝《はい》すれば、実《じつ》に皆さんに対《たい》して、私はありがたいと思う。約束《やくそく》があって、お互《たが》いに生まれてきたのです」

これこそ師弟《してい》の「約束《やくそく》」です。

また、戸田先生は、戦後、学会再建《さいけん》の第一歩《だいいっぽ》の座談会《ざだんかい》でも、この「在々諸仏土《ざいざいしょぶつど》、常与師《じょうよし》倶生《くしょう》」の経文《きょうもん》を踏《ふ》まえて、殉教《じゅんきょう》の師《し》・牧口常三郎《つねさぶろう》先生と共《とも》に、三世永遠《さんぜえいえん》に戦うご決意《けつい》を、烈々《れつれつ》と師子吼《ししく》されました。

師《し》と共《とも》に勝つ！

大聖人は最蓮房《さいれんぼう》に「我《われ》ら無始《むし》より已来《このかた》師弟《してい》の契約有《けいやくあ》りけるか」（新一七八三ジペー・全一三四二ジペー）等、たびたび「契約」という表現《ひょうげん》を用《もち》いられています。

世法《せほう》の次元《じげん》においても「契約《けいやく》」という言葉《ことば》には重《おも》みがあります。いわんや、仏法上《ぶっぽうじょう》の「契約」です。それは、絶対《ぜったい》に違《たが》えない仏《ほとけ》の約束《やくそく》ということです。

しかも、仏法《ぶっぽう》の「師弟《してい》の契約《けいやく》」は、今世《こんぜ》限《かぎ》りの関係ではありません。

師《し》と弟子《でし》が、共《とも》に大難《だいなん》を受けながら、命《いのち》をかけて仏国土《ぶっこくど》の建設《けんせつ》のため、人類《じんるい》の宿命転換《しゅくめいてんかん》のために戦う。その実像《じつぞう》の中に、過去から未来へと続《つづ》く久遠《くおん》の生命の栄光が、凝結《ぎょうけつ》しているのです。

広宣流布《こうせんるふ》という無上《むじょう》の使命《しめい》を抱《いだ》いて、我《われ》らは「勝つため」に生まれた。

そして「師《し》と共《とも》に」戦い勝つ！

これが師弟《してい》の約束《やくそく》です。誓願《せいがん》であります。

「在々諸仏土《ざいざいしょぶつど》、常与師倶生《じょうよしくしょう》」とは、三世永遠《さんぜえいえん》にわたる師弟不二《していふに》の広布大願《こうふだいがん》のドラマにほかなりません。

永遠《えいえん》の幸福境涯《きょうがい》を

「きょうはすごい功徳《くどく》を話すことにする」

――ある時、戸田先生は切り出されました。

「我々《われわれ》はこの世《よ》に生命を受けて生きているが、決《けっ》して今世《こんぜ》だけの生命ではない。過去、現在、来世《らいせ》にわたって、三世《さんぜ》の生命を体得《たいとく》するのである」

我《われ》ら凡夫《ぼんぷ》が三世《さんぜ》にわたって常楽我浄《じょうらくがじょう》の幸福境涯《きょうがい》を会得《えとく》できる。そのための信心であり、師弟《してい》の道なのであります。

八月十四日は、一九五二年（昭和二十七年）、私が愛する関西への第一歩《だいいっぽ》を印《しる》した日です。

全国の同志《どうし》は今、大聖人の仰《おお》せのままに「立正安国《りっしょうあんこく》」の対話《たいわ》を広げ、「広宣流布《こうせんるふ》」の拡大《かくだい》に挑戦《ちょうせん》してくださっている。

その尊《とうと》き同志《どうし》の健康《けんこう》・長寿《ちょうじゅ》とご多幸《たこう》、そして栄光勝利を、私は祈《いの》りに祈っています。生命の次元《じげん》で、私と皆様は永遠《えいえん》に一体不二《いったいふに》であります。

また、私は亡《な》くなられた全同志《ぜんどうし》の方々《かたがた》に、追善回向《ついぜんえこう》のお題目を送《おく》らせていただいております。

仏法《ぶっぽう》の三世《さんぜ》の生命観《せいめいかん》に照《て》らすならば、広布《こうふ》の途上《とじょう》に逝《ゆ》いた同志《どうし》も「寂光《じゃっこう》の往生《おうじょう》を遂《と》げ、須臾《しゅゆ》の間《あいだ》に」（新七二八ジペー・全五七四ジペー）と仰《おお》せの如《ごと》く、元初《がんじょ》の生命力を漲《みなぎ》らせて、すぐに妙法流布の陣列《じんれつ》に戻《もど》って来《こ》られることは絶対《ぜったい》に間違《まちが》いありません。

広宣流布《こうせんるふ》のため、信心の上での苦労《くろう》は、未来永遠《えいえん》の自身の大勝利と、一家一族《いっかいちぞく》の大福運《だいふくうん》に直結《ちょっけつ》しています。

「君《きみ》の師匠《ししょう》は僕《ぼく》だ」

それは、一九五〇年（昭和二十五年）の八月の二十四日。

私の入信三周年《しゅうねん》の日でした。戸田先生の事業《じぎょう》が破綻《はたん》をきたすという危難《きなん》に際《さい》し、事業《じぎょう》のことで信仰《しんこう》の組織《そしき》である学会に迷惑《めいわく》をかけられないと、学会の理事長職《しょく》を辞任《じにん》することを発表《はっぴょう》されたのです。

しかし、理事長が誰《だれ》になろうとも、私の師匠《ししょう》は戸田先生以外におられませんでした。

「先生！　私の師匠《ししょう》は……」

こう申《もう》し上《あ》げる私に、先生は「苦労《くろう》ばかりかけるけれども、君《きみ》の師匠《ししょう》は僕《ぼく》だよ」と、涙《なみだ》を浮《う》かべて応《こた》えてくださいました。

この一言《ひとこと》に勇気百倍して、私はますます畏《おそ》れなく、師《し》をお護《まも》りする戦いに打って出たのです。

胸《むね》を患《わずら》い、痩《や》せ細《ほそ》っていた体から、鋼《はがね》の如《ごと》き一念《いちねん》で師子奮迅之力《ししふんじんしりき》を湧《わ》き立《た》たせました。

そして先生を、学会を、阿修羅《あしゅら》の如《ごと》く護《まも》り抜《ぬ》いたのです。

当時、私は日記に綴《つづ》りました。

「私は再《ふたた》び、次の建設《けんせつ》に、先生と共《とも》に進む。唯《ただ》これだけだ。前へ、前へ、永遠《えいえん》に前へ」

「歓喜《かんき》で働《はたら》ける日、苦《くる》しみながら戦う日、様々《さまざま》だ。だが、これ程《ほど》、真剣《しんけん》に戦えば、絶対《ぜったい》に悔《く》いはない。倒《たお》れても、誰人《たれびと》も見ていなくとも。

御本尊様のみ、すべてを解決《かいけつ》して下《くだ》さる」*

その絶対《ぜったい》の誠心《せいしん》を一首《いっしゅ》の和歌《わか》に託《たく》し、先生に捧《ささ》げました。

古《いにしえ》の
　奇《く》しき縁《えにし》に
　　仕《つか》へしを
人は変《かわ》れど
　　われは変らじ

恩師《おんし》の不二《ふに》の分身《ぶんしん》として、私は戦いました。そして勝って、師《し》の正義《せいぎ》と真実《しんじつ》を、満天下《まんてんか》に示《しめ》してきたのです。

終戦《しゅうせん》の日に寄《よ》せて

八月十五日は終戦記念日《きねんび》です。
私は妻《つま》と共《とも》に、戦争で亡《な》くなられた日本、アジア、そして全世界のすべての方々《かたがた》のご冥《めい》福《ふく》を心より祈《いの》っております。

終戦《しゅうせん》二年目の夏、国が亡《ほろ》んだ日本で、十九歳の私は、戸田先生にお会いしました。

師《し》と弟子《でし》は、広宣流布《こうせんるふ》という人類未聞《じんるいみもん》の〝無血革命《むけつ》〟〝平和闘争《とうそう》〟に、敢然《かんぜん》と立ち上がりました。

そして今日《こんにち》、創価の平和・文化・教育の大河《たいが》は、世界百九十二カ国・地域《ちいき》に燦然《さんぜん》と広がっています。

「古《いにしえ》の奇《く》しき縁《えにし》」に目覚《めざ》めた弟子《でし》は、あらゆる迫害《はくがい》の烈風《れっぷう》を乗《の》り越《こ》え、全同志《ぜんどうし》と共《とも》に、この地球上に平和と人道《じんどう》の大潮流《だいちょうりゅう》を創《つく》り起《お》こしたのです。

創価大学でも教壇《きょうだん》に立たれた経済学者《けいざいがくしゃ》の故《こ》・大熊信行《おおくまのぶゆき》博士は、戦後日本の民主主義《みんしゅしゅぎ》・平和主義のあるべき姿《すがた》について、警鐘《けいしょう》をこめて鋭《するど》く論《ろん》じておられました。

日本と世界に永続的《えいぞくてき》な平和を建設《けんせつ》するためには、「死をおそれぬ平和主義者《しゅぎしゃ》の出現《しゅつげん》を必要《ひつよう》とするように思われる」「人類《じんるい》を破滅《はめつ》からすくうためには、そのために命《いのち》をささげて悔《く》いない覚悟《かくご》が、だれかれの胸中《きょうちゅう》に生まれてくることが必要であるように思われる」*と。

「平和」とは、観念《かんねん》の遊戯《ゆうぎ》ではない。

また、保身《ほしん》や宣伝《せんでん》のための掛《か》け声《ごえ》でもありません。

「不惜身命《ふしゃくしんみょう》」の精神《せいしん》で、民衆《みんしゅう》の幸福のため、自《みずか》らは犠牲《ぎせい》となって戦う覚悟《かくご》なくして、真《しん》の平和社会は創《つく》り出《だ》せません。

指導者《しどうしゃ》自身がいかなる哲学《てつがく》を持つか。その生命観《せいめいかん》・生死観《しょうじかん》・民衆観《みんしゅうかん》が、浅薄《せんぱく》であれば、どんなに美辞麗句《びじれいく》を並《なら》べても、社会を誤《あやま》った方向《ほうこう》へ向かわせてしまう。それが歴史の教訓《きょうくん》です。

小説《しょうせつ》『人間革命』の冒頭《ぼうとう》に、私は綴《つづ》りました。

「戦争ほど、残酷《ざんこく》なものはない。戦争ほど、悲惨《ひさん》なものはない」。そして「愚《おろ》かな指導者《しどうしゃ》たちに、率《ひき》いられた国民《こくみん》もまた、まことに哀《あわ》れである」と。

三世永遠《さんぜえいえん》の甚深《じんじん》の生命観に立脚《りっきゃく》した仏法《ぶっぽう》こそ、二十一世紀の人類《じんるい》を平和へリードしゆく最高の指導理念《りねん》であります。

初代《しょだい》・牧口先生、二代・戸田先生の師弟《してい》は、軍部権力《ぐんぶけんりょく》の弾圧《だんあつ》で投獄《とうごく》されました。牧口先生は獄中《ごくちゅう》で殉教《じゅんきょう》であります。お二人《ふたり》の命《いのち》を継《つ》いだ私も、無実《むじつ》の罪《つみ》で獄中闘争《とうそう》・法廷《ほうてい》闘争に挑《いど》みました。

そして巌窟王《がんくつおう》の決心《けっしん》で、厳然《げんぜん》と打《う》ち勝《か》ってきたのです。

戸田先生は、最大《さいだい》の苦境《くきょう》の中で、私に言われました。

「大作、私のこの世《よ》に生まれた使命《しめい》は、また君《きみ》の使命なんだ。

私と君とが使命《しめい》に生きるならば、きっと大聖人の御遺命《ごゆいめい》も達成《たっせい》する時が来るだろう」

今度は、わが宿縁深《しゅくえんぶか》き青年たちが、この三代の「師弟不二《していふに》」にして「生死不二《しょうじ》」の平和闘争《とうそう》を断固《だんこ》として受《う》け継《つ》ぎ、人類《じんるい》の悲願《ひがん》を実現《じつげん》してくれることを、私は固《かた》く信《しん》じています。

私の友人である、モスクワ大学のサドーヴニチィ総長が語《かた》ってくださいました。

「私は、（＝三代にわたって大きく展開《てんかい》されてきた）〝創価の理念《りねん》〟が、地球上の多くの人々の心の中へと広がり、万年にわたって輝《かがや》き続《つづ》けることを念願《ねんがん》しています」

「当《まさ》に前進《すす》むべし」

さあ、平和の仏国土《ぶっこくど》を建設《けんせつ》しゆく我《われ》らの聖業《せいぎょう》は、いよいよこれからが本番《ほんばん》であります。
法華経《ほけきょう》で「在々諸仏土《ざいざいしょぶつど》、常与師倶生《じょうよしくしょう》」と説《と》いた釈尊《しゃくそん》は、弟子《でし》たちに呼《よ》びかけました。
「汝等《なんだち》は当《まさ》に前進《すす》むべし」（法華経三二〇ジペー）
「当《まさ》に大精進《だいしょうじん》を発《おこ》すべし」（法華経三二一ジペー）
前進《ぜんしん》せよ。大いに精進《しょうじん》せよ！
その人こそが「師弟不二《していふに》」である。これが仏《ほとけ》の遺命《ゆいめい》です。
非暴力《ひぼうりょく》の英雄《えいゆう》ガンジーの高弟《こうてい》バジャージは叫《さけ》んでいる。

「私は、幸《しあわ》せである。恐《おそ》れなど、何もない。

私にあるのは、ただ一つの願《ねが》いだけである。

それは、師《し》とともに戦うという、この至福《しふく》の喜《よろこ》びを楽《たの》しむことだ」＊

戦おう！　私と一緒《いっしょ》に勝ち進もう！

全員が十九歳の青年の心意気《こころいき》で、〝創価の師弟《してい》ここにあり〟と、未来永遠《えいえん》に痛快《つうかい》な勝利劇《げき》を綴《つづ》りゆこうではないか。

新世紀
　胸張《むねは》り進まむ
　　師弟不二《していふに》
断固《だんこ》と勝《か》ち抜《ぬ》き
　　歴史ぞ残《のこ》さむ

世界広《こう》宣《せん》流《る》布《ふ》

仏《ほとけ》の未来記《みらいき》

大聖人の未来記を学会が実現《じつげん》

御聖訓

仏記《ぶっき》に順《じゅん》じてこれを勘《かんが》うるに、既《すで》に後《のち》の五百歳《ごひゃくさい》の始《はじ》めに相当《あいあ》たれり。仏法《ぶっぽう》必《かなら》ず東土《とうど》の日本《にほん》より出《い》ずべきなり

——顕仏未来記《けんぶつみらいき》、新六一一ページ・全五〇八ページ

二月は、末法《まっぽう》の御本仏《ごほんぶつ》・日蓮大聖人の御聖誕《ごせいたん》（十六日）の月《つき》です。そして、恩師《おんし》・戸田城《じょう》聖《せい》先生の生誕《せいたん》（十一日）の月です。

ですから私と妻《つま》にとって、二月は弟子《でし》としての「報恩《ほうおん》」の月です。忘《わす》れ得《え》ぬ一九五二年（昭和二十七年）の「二月闘争《とうそう》」の時、私は蒲田支部《かまたしぶ》の同志《どうし》に呼《よ》びかけました。「この二月、見事《みごと》な勝利の結果《けっか》をもって、戸田先生の誕生《たんじょう》の月をお祝《いわ》いしようではありませんか！」と。

わが故郷《ふるさと》である東京・大田区の天地から、私は〝師《し》のために戦う〟弟子《でし》の陣列《じんれつ》を広げました。「二月闘争《とうそう》」の原動力《げんどうりょく》は「報恩《ほうおん》」の魂《たましい》です。大きく壁《かべ》を破《やぶ》った二百一世帯《せたい》の折伏《しゃくぶく》は、直弟子《じきでし》の謝徳《しゃとく》の結晶《けっしょう》なのです。

さらに、一九六一年（昭和三十六年）、第三代会長に就任《しゅうにん》して最初の二月。私は仏教発祥《ぶっきょうはっしょう》の地・インドを初訪問《はつほうもん》しました。

アジアの民《たみ》に日《ひかり》を

それは師恩《しおん》に報《むく》いゆく旅《たび》でした。

「アジアの民《たみ》に　日《ひかり》をぞ送《おく》らん」――私の胸《むね》には、東洋広布《とうようこうふ》を願《ねが》ってやまなかった恩師《おんし》の写真がありました。戸田先生の不二《ふに》の分身《ぶんしん》として、大聖人の「仏法西還《ぶっぽうせいかん》」の御予言《ごよげん》を実《じつ》現《げん》しゆく道を、決然《けつぜん》と踏《ふ》み出《だ》したのです。

仏《ほとけ》の未来記《みらいき》（未来を予見《よけん》し記《しる》したもの）を現実《げんじつ》に証明《しょうめい》し、成就《じょうじゅ》するのは誰《だれ》か。

「顕仏未来記《けんぶつみらいき》」は、この根本《こんぽん》を明《あ》かされた御書です。

大聖人は、本抄《ほんしょう》の冒頭《ぼうとう》に「我滅度《われめつど》して後、後《のち》の五百歳《ごひゃくさい》の中《うち》、閻浮提《えんぶだい》に広宣流布《こうせんるふ》して、断絶《だんぜつ》せしむることなかれ」（新六〇六ジペー・全五〇五ジペー）という法華経《ほけきょう》の経文《きょうもん》を掲《かか》げられました。

これは、末法《まっぽう》の広宣流布《こうせんるふ》を予言《よげん》した釈尊《しゃくそん》の「未来記《みらいき》」です。この経文《きょうもん》を現実《げんじつ》のものとされたのが、大聖人であられます。

インドから西域《さいいき》へ、中国へ、韓《かん》・朝鮮半島《ちょうせんはんとう》へ、日本へ――西から東へと、月氏《がっし》の仏法《ぶっぽう》は流伝《るでん》してきました。それは、壮大《そうだい》な仏法東漸《とうぜん》の歴史です。

ところが、末法《まっぽう》の日本に至《いた》って、完全《かんぜん》に形骸化《けいがいか》し、民衆救済《みんしゅうきゅうさい》の力《ちから》を失《うしな》ってしまった。

いくら多くの経典《きょうてん》が持《も》ち込《こ》まれ、儀式《ぎしき》が盛《さか》んでも、仏閣《ぶっかく》が甍《いらか》を連《つら》ねても、真《しん》に民衆《みんしゅう》のために正義《せいぎ》と慈悲《じひ》の闘争《とうそう》を貫《つらぬ》く師弟《してい》は現《あらわ》れなかった。実際《じっさい》、鎌倉《かまくら》時代の日本では念仏《ねんぶつ》の哀音《あいおん》が広まり、民衆《みんしゅう》は深《ふか》い厭世観《えんせいかん》・絶望感《ぜつぼうかん》に沈《しず》んでいた。

太陽の仏法《ぶっぽう》は赫々《かっかく》

その暗《くら》い闇《やみ》の日本に、末法万年《まっぽうまんねん》の民衆《みんしゅう》を照《て》らしゆく日蓮仏法《ぶっぽう》の太陽は赫々《かっかく》と昇《のぼ》ったのです。大聖人が、競《きそ》い起《お》こる三障四魔《さんしょうしま》、三類《さんるい》の強敵《ごうてき》と戦い抜《ぬ》かれ、大難《だいなん》の中で妙法を弘通《ぐつう》されたからこそ、広宣流布《こうせんるふ》を予言《よげん》した釈尊《しゃくそん》の未来記《みらいき》は真実《しんじつ》となりました。「顕仏未来記《けんぶつみらいき》」では、この烈々《れつれつ》たる御確信《ごかくしん》を述《の》べられています。

「日本国中《にほんこくじゅう》に日蓮《にちれん》を除《のぞ》き去《さ》っては誰人《たれびと》を取《と》り出《い》だして法華経《ほけきょう》の行者《ぎょうじゃ》となさん。汝《なんじ》、日蓮を謗《そし》らんとして仏記《ぶっき》を虚妄《こもう》にす。あに大悪人《だいあくにん》にあらずや」（新六〇九ジペー・全五〇七ジペー）――日本国中に、日蓮を除いては、誰人を取りあげて法華経の行者とするのであろうか。汝は日蓮を謗ろうとして、かえって、仏記を虚妄にするのである。まさに汝こそ大悪人ではないか――。

大確信《だいかくしん》の師子吼《ししく》です。

誰《だれ》が仏法《ぶっぽう》の正義《せいぎ》のために戦っているのか。自分一身《いっしん》のために言うのではない。仏《ほとけ》の金言《きんげん》を何よりも大切《たいせつ》にし、正《ただ》しく実践《じっせん》し抜《ぬ》いているからこそ、何ものも恐《おそ》れずに叫《さけ》べる。いかなる圧迫《あっぱく》にも断固《だんこ》と打ち勝つ力《ちから》が出《で》るのです。

まっしぐらに師弟《してい》の道に徹《てっ》する人生は強い。どこまでも正義《せいぎ》の炎《ほのお》を燃《も》え上《あ》がらせ、祈《いの》り抜き、戦い切ることである。そうすれば、破《やぶ》れない壁《かべ》などない。勝てない戦いなどない。

釈尊《しゃくそん》の未来記《みらいき》を実現《じつげん》したのは大聖人であられます。それを踏《ふ》まえて、「では汝自身《なんじ》の未来記はどうなのか？」との問《と》いを設《もう》けられ、答《こた》えられたのが、ここで拝《はい》する御聖訓《ごせいくん》です。

「答《こた》えて曰《い》わく、仏記《ぶっき》に順《じゅん》じてこれを勘《かんが》うるに、既《すで》に後《のち》の五百歳《ごひゃくさい》の始《はじ》めに相当《あいあ》たれり。仏法《ぶっぽう》必《かなら》ず東土《とうど》の日本《にほん》より出《い》ずべきなり」（新六一一ページ・全五〇八ページ）

「後《のち》の五百歳《ごひゃくさい》の始《はじ》め」とは、末法濁世《まっぽうじょくせ》・闘諍言訟《とうじょうごんしょう》の時代です。その濁《にご》り切り、乱《みだ》れ切った世《よ》に、末法万年《まんねん》の全世界の民衆《みんしゅう》を救《すく》う大白法《だいびゃくほう》が「東土《とうど》の日本」から興隆《こうりゅう》するのだ！　これが大聖人の厳然《げんぜん》たる未来記《みらいき》なのです。

師弟不二《していふに》の大闘争《だいとうそう》

では、大聖人の未来記《みらいき》である「一閻浮提広宣流布《いちえんぶだいこうせんるふ》」を現実《げんじつ》のものとしたのは誰《だれ》か。

それは、我《われ》ら創価学会です。初代・牧口常三郎《つねさぶろう》先生、二代・戸田城聖《じょうせい》先生、そして第三代である私と皆様方の「師弟不二《していふに》」の大闘争《だいとうそう》によって、今日《こんにち》、大聖人の仏法《ぶっぽう》は世界百九十二カ国・地域《ちいき》に広がりました。

何事《なにごと》も「一人《ひとり》」から始まる。真実《しんじつ》の「最初の一人」が出現《しゅつげん》すれば、「後継《こうけい》の一人」の弟子《でし》が立ち上がる。そして時代創造《そうぞう》のうねりは「二人《ににん》・三人《さんにん》・百人《ひゃくにん》と次第《しだい》に」（新一七九一ページ・全一三六〇ページ）伝《つた》わっていく。「法」といっても、この「師弟《してい》の継承《けいしょう》」の中にのみ躍動《やくどう》し、広《ひろ》がりゆくのです。

学会は、正《ただ》しき師弟《してい》の団体《だんたい》であるからこそ、大聖人の未来記《みらいき》を壮大《そうだい》なスケールで実現《じつげん》できた、仏法史上《ぶっぽうしじょう》、未曽有《みぞう》の教団《きょうだん》なのであります。

この学会とともに、一人《ひとり》ひとりと対話《たいわ》し、一人ひとりを励《はげ》ましながら、広宣流布《こうせんるふ》へ歩《あゆ》んでおられる同志《どうし》の皆様こそ、最高に尊貴《そんき》な方々《かたがた》にほかならない。皆様方をおいて、一体《いったい》、誰《だれ》が御本仏《ごほんぶつ》の未来記《みらいき》を現実《げんじつ》のものとしてきたでありましょうか。この大福徳《だいふくとく》は、未来永遠《えいえん》にわたって無量無辺《むりょうむへん》であります。

必《かなら》ず未来の経典《きょうてん》に

今や、学会の大前進に世界の多くの知性《ちせい》が目を見張《みは》っています。アメリカの著名《ちょめい》な仏教《ぶっきょう》研究者《けんきゅうしゃ》であるクラーク・ストランド氏は、こう述《の》べておられた。

「歴史的に見ても、新しい宗教革命《しゅうきょうかくめい》が起《お》きる時は、その宗教が伝《つた》わる勢《いきお》いは大変なものがあります。理屈《りくつ》を超《こ》えて、人の心から心に伝わっていく。

創価学会を研究《けんきゅう》してきて、おそらく五百年、千年に一度、誕生《たんじょう》するかしないかの偉大《いだい》な宗教《しゅうきょう》であると確信《かくしん》します」と。深《ふか》く、鋭《するど》く見てくださっています。

あまりにも使命深《しめいふか》き学会の存在《そんざい》について、戸田先生はこう語《かた》られたことがありました。

――法華経《ほけきょう》には、威音王仏《いおんのうぶつ》という仏《ほとけ》が登場《とうじょう》する。二万億もの仏が、みな同じ威音王仏という名前で、長遠《ちょうおん》の歳月《さいげつ》、衆生《しゅじょう》を救済《きゅうさい》してきたと説《と》かれている。代々《だいだい》、同じ名《な》を継承《けいしょう》した仏だったのかもしれないし、またそういう名の教団《きょうだん》があって、長い間《あいだ》、活動し続《つづ》けていたと考《かんが》えることもできる。

同じように、「創価学会」という教団《きょうだん》は、必《かなら》ず未来の経典《きょうてん》に金文字《きんもじ》で記《しる》される。「一閻浮提広宣流布《いちえんぶだいこうせんるふ》」という未来記《みらいき》を実現《じつげん》した「創価学会仏《ぶつ》」として、永劫《えいごう》に仰《あお》がれゆくのだ――。

「団結《だんけつ》の歓喜《かんき》」で進め

今、世界の同志《どうし》と心を一つに胸《むね》を張《は》って広布《こうふ》の道を進まれる皆様方は、何《なん》と不思議《ふしぎ》な福徳《ふくとく》と、何と尊貴《そんき》な栄光に包《つつ》まれゆく方々《かたがた》でありましょうか。

学会の同志《どうし》一人《ひとり》ひとりの祈《いの》りは、個々人《ここじん》の祈りであるにとどまらず、世界広宣流布《こうせんるふ》の仏意仏勅《ぶついぶっちょく》に連《つら》なる祈りです。

だからこそ、仏《ほとけ》の智慧《ちえ》が光《ひか》り、仏の力《ちから》が湧《わ》くのです。諸天善神《しょてんぜんじん》が必《かなら》ず動き、三世十方《さんぜじっぽう》の仏《ぶつ》・菩薩《ぼさつ》が皆様を守りに護《まも》るのです。

インドのロケッシュ・チャンドラ博士が日本で講演《こうえん》した際《さい》（二〇〇八年）、参加していた一人《ひとり》の女性の質問《しつもん》に答《こた》えられながら、こう語《かた》ってくださいました。

「あなたが創価学会を知ることができ、創価の師弟《してい》の偉大《いだい》なる心に接《せっ》することができたことは、非常《ひじょう》に幸運《こううん》な出来事《できごと》であることに、気づかなければなりません」と。

博士は常々《つねづね》、法華経《ほけきょう》のメッセージは創価の師弟《してい》によって人類全体《じんるいぜんたい》への呼《よ》びかけとなったと洞察《どうさつ》されています。

それは「人間であることの喜《よろこ》びを実感《じっかん》し、精神《せいしん》を開花《かいか》させ、世界が家族のように苦楽《くらく》を分《わ》かち合《あ》おう」＊という呼《よ》びかけです。

三世常住《さんぜじょうじゅう》の大法《だいほう》を覚《さと》った仏《ほとけ》の慈悲《じひ》と智慧《ちえ》を現代《げんだい》に継承《けいしょう》し、仏の未来記《みらいき》を堂々《どうどう》と実現《じつげん》しゆく「一閻浮提第一《いちえんぶだいだいいち》の教団《きょうだん》」――これが創価学会です。生老病死《しょうろうびょうし》の苦悩《くのう》を打開《だかい》しながら、永《えい》遠《えん》に連帯《れんたい》し、「団結《だんけつ》の歓喜《かんき》」に満《み》ちて進む常楽我浄《じょうらくがじょう》の大陣列《だいじんれつ》です。

その誉《ほま》れ高き主役《しゅやく》が、皆様方です。甚深《じんじん》の使命《しめい》を自覚《じかく》すれば、力《ちから》はまだまだ出ます。

私は、戸田先生との約束《やくそく》を実現《じつげん》しようと祈《いの》りに祈りました。

〝世界中に、地涌《じゆ》の同志《とも》よ、出《い》でよ！〟――この強い一念《いちねん》を込《こ》めて、走りに走り、大地《だいち》に染《し》み込《こ》ませるように題目を唱《とな》え抜《ぬ》いてきました。一人《ひとり》また一人と心を結《むす》び、仏《ほとけ》の如《ごと》く敬《うやま》い、励《はげ》まし続《つづ》けてまいりました。

末法万年《まっぽうまんねん》の基盤《きばん》の確立《かくりつ》へ

そして今、世界同時に地涌《じゆ》の菩薩《ぼさつ》が涌出《ゆじゅつ》する時代を迎《むか》えました。仏教源流《げんりゅう》の地・インドの発展《はってん》も目覚《めざ》ましい。いよいよ、一閻浮提広宣流布《いちえんぶだいこうせんるふ》の壮大《そうだい》な展開《てんかい》が始まりました。

二〇〇八年、「百九十二番目」を飾《かざ》ってメンバーが誕生《たんじょう》した国は、南太平洋《みなみたいへいよう》の宝石《ほうせき》の島《しま》「ソロモン諸島《しょとう》」と、ヨーロッパの文化の宝庫《ほうこ》「モンテネグロ」（旧《きゅう》ユーゴ）です。どちらも、戦乱《せんらん》の悲劇《ひげき》を乗《の》り越《こ》え、新時代を開いてきた天地です。この国々にも、広布《こうふ》のリーダーが涌出《ゆじゅつ》し、「三変土田《さんぺんどでん》」の道を開く、平和と幸福の妙法の大音声《だいおんじょう》が響《ひび》き始めたのです。

二十一世紀の絢爛《けんらん》たる前進は、これからです。爛漫《らんまん》たる世界広布《こうふ》の文化と教育の大花《たいか》が咲《さ》き誇《ほこ》る時代になります。末法万年尽未来際《まっぽうまんねんじんみらいさい》への尊《とうと》き基盤《きばん》を盤石《ばんじゃく》に創《つく》り上《あ》げているのが、今の私たちの戦いなのです。

大聖人は、日本は「邪智《じゃち》・謗法《ほうぼう》の国」であると喝破《かっぱ》されました。

この日本で勝てば、世界の同志《どうし》も威光勢力《いこうせいりょく》を増《ま》し、ますます歓喜踊躍《かんきゆやく》して勝ち栄《さか》えていくことができる。

偉大《いだい》な業績《ぎょうせき》は、逆境《ぎゃっきょう》の中で生まれる――これは歴史の法則《ほうそく》であります。

本抄《ほんしょう》では「日来《ひごろ》の災《さい》、月来《つきごろ》の難《なん》、この両三年《りょうさんねん》の間《あいだ》の事《こと》、既《すで》に死罪《しざい》に及《およ》ばんとす。今年今《ことしこん》月《げつ》、万《まん》が一《いち》も脱《のが》れ難《がた》き身命《しんみょう》なり」（新六一一㌻・全五〇九㌻）と仰《おお》せです。

本抄《ほんしょう》を御執筆《ごしっぴつ》された文永《ぶんえい》十年（一二七三年）、大聖人は佐渡流罪《さどるざい》の大難《だいなん》の中におられました。万が一にも死を逃《のが》れられない命《いのち》である――。しかし、この最悪《さいあく》の状況《じょうきょう》の中で、大聖人は世界広布《こうふ》を展望《てんぼう》なされたのです。あまりにも雄大《ゆうだい》にして悠然《ゆうぜん》たる末法《まっぽう》の御本仏《ごほんぶつ》の御境涯《ごきょうがい》ではありませんか。

今、さまざまな苦境《くきょう》と戦う同志《どうし》もおられる。しかし最《もっと》も大変な中でこそ、最も崇高《すうこう》な人生の金字塔《きんじとう》が打ち立てられていくのです。これが、大聖人に連《つら》なる我《われ》らの「難来《なんきた》るをもって安楽《あんらく》」（新一〇四五㌻・全七五〇㌻）の極意《ごくい》です。

永遠《えいえん》の勝利劇《げき》を！

さらに大聖人は本抄《ほんしょう》で「世《よ》の人《ひと》、疑《うたが》いあらば、委細《いさい》のことは弟子《でし》にこれを問《と》え」（新六一一㌻・全五〇九㌻）と呼《よ》びかけられました。師匠《ししょう》の正義《せいぎ》を語《かた》り広げるのは、弟子の責任《せきにん》であります。

未来を託《たく》す師《し》の絶対《ぜったい》の信頼《しんらい》に、命《いのち》を賭《と》して応《こた》えゆく弟子《でし》の誓願《せいがん》の闘争《とうそう》の中にのみ、広宣《こうせん》流布《るふ》の命脈《めいみゃく》はある。

思えば、聖教新聞の創刊《そうかん》も、会館の建設《けんせつ》も、創価学園・創価大学の創立《そうりつ》も、戸田先生の事業《じぎょう》が最悪《さいあく》の逆境《ぎゃっきょう》にあった時に、師弟《してい》で語《かた》り合った構想《こうそう》です。そのすべてを、私は不二《ふに》の弟子《でし》として実現《じつげん》しました。そして、牧口先生、戸田先生を、全世界に大きく宣揚《せんよう》しました。師匠《ししょう》の正義《せいぎ》を満天下《まんてんか》に示《しめ》す。あらゆる大難《だいなん》に打ち勝って永遠《えいえん》に伝《つた》える。これこそ、弟子《でし》の誓願《せいがん》であります。

そして、いよいよ、わが分身《ぶんしん》である青年部の諸君《しょくん》の出番《でばん》であると、私は声高《こえたか》く宣言《せんげん》しておきます。

マハトマ・ガンジーの精神《せいしん》を継承《けいしょう》されるラダクリシュナン博士が、私との対談集《たいだんしゅう》でマハトマ・ガンジーの言葉《ことば》を紹介《しょうかい》されていました。

「私が去《さ》った時には、（＝弟子《でし》の）ジャワハルラル（ネルー）が私の言葉《ことば》を話すであろう」*

その予見通《よけんどお》り、インド独立《どくりつ》の父・ガンジーが世《よ》を去《さ》った後、後継者《こうけいしゃ》であったネルー首相《しゅしょう》がガンジーの遺志《いし》を継《つ》ぎ、新生《しんせい》インドは旭日《きょくじつ》の興隆《こうりゅう》を始めたのです。

こうしたガンジーと弟子《でし》たちの姿《すがた》を通《とお》し、ラダクリシュナン博士は「師匠《ししょう》は弟子の行動《こうどう》のなかに生き続《つづ》ける」「永遠性《えいえんせい》に向かって創造的《そうぞうてき》に生きる時、師匠と弟子は不二《ふに》になる。私はそう信《しん》じています」と断言《だんげん》されました。

「仏《ほとけ》の未来記《みらいき》」を、世界へ、万代《ばんだい》へ伝《つた》え広げゆく私たち師弟《してい》の前進は、悠久《ゆうきゅう》のガンジスの如《ごと》く、壮大《そうだい》な未来に続《つづ》く地涌《じゆ》の人材《じんざい》の大河《たいが》であります。

創価の「師弟《してい》の未来記《みらいき》」が、不滅《ふめつ》の大光《たいこう》を放《はな》ち始めました。人類《じんるい》の民衆史《みんしゅうし》の勝利の黎明《れいめい》が、ここにあります。

大仏法《だいぶっぽう》
世界広布《こうふ》の
使命《しめい》かな
創価の仏勅《ぶっちょく》
永遠《とわ》に光《ひか》りぬ

日蓮が一門《いちもん》

立宗《りっしゅう》の大精神《だいせいしん》は学会に厳然《げんぜん》

御聖訓

願《ねが》わくは、我《わ》が弟子等《でしら》、師子王《ししおう》の子《こ》となりて、群狐《ぐんこ》に笑《わら》わるることなかれ。過去遠々劫《かおんのんごう》より已来《このかた》、日蓮《にちれん》がごとく身命《しんみょう》をすて《捨》て強敵《ごうてき》の科《とが》を顕《あらわ》す師《し》には値《あ》いがた《難》かるべし

——閻浮提中御書《えんぶだいちゅうごしょ》、新二〇四八ジペー・全一五八九ジペー

ある時、戸田先生は学生たちに語《かた》られました。

「一緒《いっしょ》に仏法《ぶっぽう》の真《しん》の探究者《たんきゅうしゃ》になるというのならば、私の本当の弟子《でし》になれ！　よそから

来て聴《き》いているような態度《たいど》は、実《じつ》によくない」

師匠《ししょう》の教《おし》えを、まっすぐに実行《じっこう》してこそ真《まこと》の弟子《でし》です。

御本仏《ごほんぶつ》・日蓮大聖人の仏法《ぶっぽう》を、現代に勇敢《ゆうかん》に実践《じっせん》し、世界に広げゆく仏意仏勅《ぶついぶっちょく》の正義《せいぎ》の教団《きょうだん》——それが創価学会であります。

四月二十八日は、日蓮大聖人の「立宗《りっしゅう》の日」です。建長《けんちょう》五年（一二五三年）のこの日、大聖人は安房国《あわのくに》（現在の千葉県南部）の清澄寺《せいちょうじ》で南無妙法蓮華経《なんみょうほうれんげきょう》と唱《とな》え出《いだ》され、末法万年《まっぽうまんねん》の一切衆生《いっさいしゅじょう》を救《すく》いゆく広宣流布《こうせんるふ》の大法戦《だいほうせん》を開始《かいし》されました。

その時から即座《そくざ》に、諸宗《しょしゅう》の僧俗《そうぞく》や権力者《けんりょくしゃ》らが怨嫉《おんしつ》と迫害《はくがい》の牙《きば》を剝《む》いてきたのです。

大聖人は諸御抄《しょごしょう》で、御自身と共《とも》に戦う弟子《でし》たちによる和合《わごう》を「日蓮《にちれん》が一門《いちもん》」と呼《よ》ばれております。

立宗《りっしゅう》の後《のち》、大聖人の実践《じっせん》、行動《こうどう》の広がりとともに、その大慈悲《だいじひ》と正義《せいぎ》の人格《じんかく》をお慕《した》いする門下《もんか》が、各地で立ち上がりました。妙法を護持《ごじ》した師弟《してい》は、四条金吾《しじょうきんご》ら鎌倉《かまくら》の門下、富《と》木常忍《きじょうにん》ら千葉方面の門下、さらに日興上人《にっこうしょうにん》に有縁《うえん》の富士一帯《ふじいったい》の門下の広がりとなり、遠《とお》く佐渡《さど》の地にも使命《しめい》の人材《じんざい》が育《そだ》っていったのです。

「一門《いちもん》」とは、師匠《ししょう》のもと、大勢《おおぜい》の同志《どうし》が共《とも》に励《はげ》まし合い、守り合い、信心を根本《こんぽん》に広布《こうふ》へ進む大連帯《だいれんたい》であります。現代的に言えば、妙法流布《るふ》の「教団《きょうだん》」であり「組織《そしき》」でありましょう。

今日《こんにち》、創価の師弟《してい》によって、百九十二カ国・地域《ちいき》に広がった「日蓮《にちれん》が一門《いちもん》」の大海原《おおうなばら》を御覧《ごらん》になったならば、大聖人はどれほどお喜《よろこ》びになられることでしょうか。

大聖人門下《もんか》の精神《せいしん》

ここで拝読《はいどく》するのは「閻浮提中御書《えんぶだいちゅうごしょ》」の一節《いっせつ》です。

「願《ねが》わくは、我《わ》が弟子《でし》等、師子王《ししおう》の子《こ》となりて、群狐《ぐんこ》に笑《わら》わるることなかれ。過去遠々劫《かこおんのんごう》より已来《このかた》、日蓮《にちれん》がごとく身命《しんみょう》をすて《捨》て強敵《ごうてき》の科《とが》を顕《あらわ》す師《し》には値《あ》いがた《難》かるべし」（新二〇四八㌻・全一五八九㌻）

本抄《ほんしょう》は断簡《だんかん》（部分的《ぶぶんてき》に残《のこ》された文書《もんじょ》）であるため、対告衆《たいごうしゅ》などの詳細《しょうさい》は不明《ふめい》ですが、この御《ご》聖訓《せいくん》は、大聖人門下《もんか》の根本精神《こんぽんせいしん》を示《しめ》されています。

「師子王《ししおう》」とは仏《ほとけ》のことです。大聖人御自身の王者《おうじゃ》の御境涯《ごきょうがい》を表現《ひょうげん》されていると拝《はい》されます。

師匠《ししょう》は「師子王《ししおう》」である。ゆえに弟子《でし》たちも「師子王の子《こ》」となって戦え、群《む》れなす狐《きつね》らなどに、断《だん》じて笑《わら》われてはならぬ、との御遺誡《ごゆいかい》であります。群れなす狐とは、ずる賢《がしこ》く正法《しょうほう》を妬《ねた》み誹謗《ひぼう》し、広宣流布《こうせんるふ》を阻《はば》もうとする者たちです。

人生は戦闘《せんとう》。仕事も戦闘です。大聖人は〝仏法《ぶっぽう》は勝負《しょうぶ》〟と言われています。どう勝つか。青年は勝ち抜《ぬ》く力《ちから》を持たなければいけない。誰《だれ》にも馬鹿《ばか》にされない常勝《じょうしょう》の実力《じつりょく》をつけることです。その根本《こんぽん》が絶対《ぜったい》勝利の信心です。

戸田先生は言われました。

「大聖人の一門《いちもん》は師子王《ししおう》の子だ。師子王の子であるならば、鍛《きた》えれば鍛えるほど、たくましくなる」

そのためには、どんな小さな事《こと》でも、油断《ゆだん》せず、一つ一つ勝ち切っていくことが大事《だいじ》です。

師子王《ししおう》は「ありの子《こ》を取《と》らんとするにも（中略）いきおいを出《い》だすことは、ただおなじきことなり」（新一六三二ページ・全一一二四ページ）と仰《おお》せの通《とお》りであります。

敗北《はいぼく》は不幸《ふこう》、勝利は幸福です。途中《とちゅう》はどうあれ、最後は断《だん》じて勝つことです。

〝師子王《ししおう》に続《つづ》け〟〝断固《だんこ》勝ち抜《ぬ》け〟〝邪悪《じゃあく》に負《ま》けるな〟〝勝って勝って勝ちまくれ〟――これが大聖人のお心《こころ》であられます。

師《し》と共《とも》に　師の如《ごと》く

御文《ごもん》の後半にある通《とお》り、こうした師《し》・大聖人に出あえることは、まれなことです。

ここでは、この御文《ごもん》に示《しめ》された信心の要諦《ようてい》を実践《じっせん》の上から拝《はい》したい。

第一に、「日蓮《にちれん》がごとく」、すなわち「師弟不二《していふに》」の信心です。大聖人の広宣流布《こうせんるふ》の闘争《とうそう》に連《つら》なり、妙法を唱《とな》えに唱え、弘《ひろ》めに弘め抜《ぬ》く姿勢《しせい》です。

別《べつ》の御書でも、大聖人は強調《きょうちょう》されています。

「日蓮《にちれん》が弟子《でし》と云《い》って法華経《ほけきょう》を修行《しゅぎょう》せん人々《ひとびと》は、日蓮がごとくにし候《そうら》え」（新一三四一ジペー・全九八九ジペー）

「かかる者《もの》の弟子檀那《でしだんな》とならん人々《ひとびと》は、宿縁《しゅくえん》ふかしと思《おも》って、日蓮《にちれん》と同《おな》じく法華経《ほけきょう》を弘《ひろ》むべきなり」（新一二七〇ジペー・全九〇三ジペー）

このほか、「日蓮《にちれん》が弟子等《でしら》」「我《わ》が弟子等」「日蓮が一類《いちるい》」「各々《おのおの》我が弟子」等と、繰《く》り返《かえ》し門下《もんか》に呼《よ》びかけておられます。一人《ひとり》ももれなく、恐《おそ》れなく師弟不二《していふに》の大道《だいどう》を歩《あゆ》み抜《ぬ》くように、強く打《う》ち込《こ》んでくださっているのです。

大聖人ほど、御自身の御名《おんな》を高《たか》らかに叫《さけ》ばれ、「私と共《とも》に！」「私の如《ごと》く！」と弟子《でし》たちを高めていかれた薫陶《くんとう》は、古今東西《ここんとうざい》の宗教史《しゅうきょうし》にあっても希有《けう》ではないでしょうか。

それは、御自身が矢面《やおもて》に立たれ、三類《さんるい》の敵人《てきじん》による怨嫉《おんしつ》と迫害《はくがい》の嵐《あらし》を一身《いっしん》に受けられるという覚悟《かくご》の上から、あえて師子吼《ししく》された正義《せいぎ》の大音声《だいおんじょう》でもあられました。

そのことによって、弟子《でし》たちを、強く賢《かしこ》く鍛《きた》え上《あ》げ、正義《せいぎ》と勝利の人生を飾《かざ》らせてあげたいとの大慈悲《だいじひ》であられたと拝《はい》されます。

譬《たと》えて言えば、師《し》は〝針《はり》〟です。弟子《でし》は〝糸《いと》〟です。針に続《つづ》いた糸によって、完全《かんぜん》なる総仕上《そうしあ》げができるのです。師弟《してい》の栄光を、厳然《げんぜん》と後世《こうせい》に残《のこ》しゆくことは、弟子の使命《しめい》であり、責任《せきにん》なのです。

〝師匠《ししょう》と共《とも》に、師匠の如《ごと》く〟。この一点こそ、広宣流布《こうせんるふ》を成《な》し遂《と》げる根本《こんぽん》であります。この「師弟不二《していふに》」の精神《せいしん》を失《うしな》えば、正義が勝ち栄《さか》えていくことはできない。また、未来への継承《けいしょう》も成し得《え》ません。師《し》の構想《こうそう》を、どう実現《じつげん》していくか。常《つね》に祈《いの》り、求《もと》め、思索《しさく》し、師匠の心《こころ》をわが心として戦っていく信心こそ、まことの師弟不二であります。

全生命を捧《ささ》げて！

第二に、「身命《しんみょう》をすてて《捨》」、つまり「不惜身命《ふしゃくしんみょう》」の勇気です。

正法《しょうほう》のために、命《いのち》も惜《お》しまず戦い抜《ぬ》く決然《けつぜん》たる覚悟《かくご》こそ、師《し》に続《つづ》く真正《しんせい》の弟子《でし》の証《あかし》です。永遠《えいえん》不滅《ふめつ》の妙法に生き切れば、わが生命も永遠不滅に輝《かがや》きわたる。

大聖人御自身が「死身《ししん》弘法《ぐほう》」「忍難《にんなん》弘通《ぐつう》」を貫《つらぬ》かれました。師匠《ししょう》とは、常《つね》に弟子《でし》の模範《もはん》となって先頭《せんとう》を走ってくださる存在《そんざい》です。その師匠に、無我夢中《むがむちゅう》でつき切っていこうと精進《しょうじん》するのが、弟子の道であります。

自分が難《なん》を受けて立ち、師匠《ししょう》を厳護《げんご》しよう。師匠が命がけで創《つく》ってくださった「一門《いちもん》」を栄《さか》えさせる礎《いしずえ》になろう。この弟子《でし》の決定《けつじょう》した祈《いの》りと行動《こうどう》にこそ、厳粛《げんしゅく》な師弟《してい》の精神《せいしん》が脈動《みゃくどう》するのです。逆《ぎゃく》に、恩知《おんし》らずに踏《ふ》みにじったならば、仏法《ぶっぽう》の報《むく》いは峻厳《しゅんげん》です。

戸田先生は、「広宣流布《こうせんるふ》は一人《ひとり》の青年が命《いのち》を捨《す》てれば必《かなら》ずできる」と叫《さけ》ばれました。ゆえに、私はその「一人の青年」になりました。

一九五〇年（昭和二十五年）の夏八月、戸田先生の会社の業務《ぎょうむ》が停止《ていし》する危機《きき》の中、私は日記《にっき》に記《しる》しました。

「万難《ばんなん》　来《きた》るとも　恐《おそ》るること勿《なか》れ　地涌《じゆ》の菩薩《ぼさつ》なれば　汝《なんじ》よ」

「吹《ふ》かば吹け　起《た》つならたてよ　荒波《あらなみ》よ　汝《なんじ》の力《ちから》と　吾《わ》れと試《ため》さん」＊

戸田先生ほどの偉大《いだい》な師匠《ししょう》にお仕《つか》えできた私の喜《よろこ》びと誇《ほこ》りは、言葉《ことば》には尽《つ》くせません。

私はやりました。それはそれは、全生命・全財産《ぜんざいさん》を捧《ささ》げる思いで尽くし抜《ぬ》きました。自分のことも、わが家《や》のことも、すべてを犠牲《ぎせい》にする決心《けっしん》でした。その一念《いちねん》で、今日《こんにち》の世界的な大創価学会とすることができたのです。

世《よ》の深層《しんそう》に潜《ひそ》む敵《てき》

第三に、「強敵《ごうてき》の科《とが》を顕《あらわ》す」とは「破邪顕正《はじゃけんせい》」の闘争《とうそう》です。仏法《ぶっぽう》と民衆《みんしゅう》の怨敵《おんてき》に対《たい》して、敢然《かんぜん》と破折《はしゃく》する言論《げんろん》闘争です。

「強敵《ごうてき》」とは、本抄《ほんしょう》では天台密教《てんだいみっきょう》等の謗法《ほうぼう》の教えを指《さ》すと拝《はい》されますが、広く大聖人一門《いちもん》を妬《ねた》み、迫害《はくがい》を企《くわだ》てていた諸宗《しょしゅう》や権力者《けんりょくしゃ》ともとらえてよいでありましょう。

大聖人は、「これをせめ《責》ずば大日経《だいにちきょう》・法華経《ほけきょう》の勝劣《しょうれつ》やぶれ《破》なんと存《ぞん》じて、いのち《命》をまと《的》にかけ《懸》てせめ候《そうろう》なり」(新二二三二㌻・全三〇八㌻)とも仰《おお》せです。

何と甚深《じんじん》のお心《こころ》でしょうか。当時の宗教界《しゅうきょうかい》の誤《あやま》った権威《けんい》に対《たい》して、御自身の命《いのち》を〝的《まと》〟に懸《か》けて責《せ》め抜《ぬ》かれました。そして、世《よ》の中《なか》の深層《しんそう》に潜《ひそ》んで民衆《みんしゅう》の心を支配《しはい》し狂《くる》わせていた強敵《ごうてき》たちの科《とが》(罪悪《ざいあく》)を鋭《するど》く暴《あば》き出《だ》され、打《う》ち破《やぶ》っていかれたのです。

戸田先生は語《かた》られました。

「大事《だいじ》なときに、強敵《ごうてき》を打《う》ち倒《たお》す歴史を築《きず》いていくのだ。そのために、責任《せきにん》ある闘争《とうそう》をしていかなければいけない。邪悪《じゃあく》を糾《ただ》して正義《せいぎ》の師匠《ししょう》をお護《まも》りすることは、すごい福運《ふくうん》がつくんだよ。そこに、次の学会の発展《はってん》の因《いん》が刻《きざ》まれるのだ」と。

広宣流布《こうせんるふ》を妨《さまた》げる、いかなる悪も断《だん》じて放置《ほうち》しない。「まぎらわしくば、実教《じっきょう》よりこれを責《せ》むべし」（新六〇三㌻・全五〇三㌻）とも仰《おお》せです。

この勇気ある破邪顕正《はじゃけんせい》の戦いによってこそ、真実《しんじつ》の味方《みかた》が広がっていくのです。このたゆみなき進歩《しんぽ》と前進なくして、立正安国《りっしょうあんこく》はできません。

不思議《ふしぎ》なる宿縁《しゅくえん》

第四に、「師《し》には値《あ》いがた《難》かるべし」。これは「報恩感謝《ほうおんかんしゃ》」の指標《しひょう》と拝《はい》されます。

「師《し》」とは、すなわち日蓮大聖人の御事《おんこと》にほかなりません。

何ものにも負《ま》けない、何ものをも勝ち越《こ》えていく師子王《ししおう》の真髄《しんずい》の境地《きょうち》を、全人類《ぜんじんるい》に示《しめ》してくださったのが大聖人であられます。

この大聖人の仰《おお》せ通《どお》りに、創価の父・牧口先生と戸田先生は立ち上がられました。これが我《われ》らの師匠《ししょう》です。

偉大《いだい》な師匠《ししょう》と同じ時代に生まれ、同じ理想《りそう》を目指《めざ》し、同じ祈《いの》りで邁進《まいしん》しゆく人生ほど、素晴《すば》らしいものはない。ありがたいものはありません。私は、戸田先生にめぐり会い、心《こころ》からそう感じました。師匠との不思議《ふしぎ》なる宿縁《しゅくえん》に対《たい》する「報恩感謝《ほうおんかんしゃ》」は、今もって尽《つ》きることはないのであります。

――以上の四つが、一閻浮提《いちえんぶだい》第一の妙法を広宣流布《こうせんるふ》しゆく「日蓮《にちれん》が一門《いちもん》」の誉《ほま》れある大《だい》精神《せいしん》です。

民衆《みんしゅう》の〝屋根《やね》〟となって

大聖人は、御自《おんみずか》らの身命《しんみょう》を賭《と》して、正義《せいぎ》の師弟《してい》の一門《いちもん》を守りに護《まも》り通《とお》されました。門下《もんか》に宛《あ》てたお手紙《てがみ》の数々《かずかず》には、大聖人の深《ふか》い慈悲《じひ》のお心《こころ》があふれております。師匠《ししょう》が、弟子《でし》たちの健康《けんこう》・長寿《ちょうじゅ》・成長《せいちょう》・幸福・勝利を、どれほど深《ふか》く祈《いの》ってくださっているか。一人《ひとり》ひとりの性格《せいかく》、長所《ちょうしょ》と短所《たんしょ》、健康や生活の状態《じょうたい》……弟子たちが思っている以上に深く見通《みとお》されている。そして、すべてを一念《いちねん》に納《おさ》め、絶対《ぜったい》勝利の道を開かせようと、祈り、励《はげ》まし、導《みちび》いていかれるのです。それこそが仏法《ぶっぽう》の「師《し》の徳《とく》」です。

戸田先生はよく、佐渡流罪《さどるざい》の折《おり》の大聖人のお心《こころ》を偲《しの》ばれておりました。

「必《かなら》ず門下《もんか》を勝たせなければならない。一人《ひとり》も残《のこ》らず弟子《でし》を幸福にしなければならない」――この炎《ほのお》のように燃《も》え立つお心《こころ》であられたと拝察《はいさつ》されていたのです。

師匠《ししょう》の大恩《だいおん》は、弟子《でし》たちの想像《そうぞう》も及《およ》びません。

「日蓮《にちれん》が一門《いちもん》」には、御本仏《ごほんぶつ》の慈悲《じひ》と正義の大生命が、すみずみにまで漲《みなぎ》っている。広宣流布《こうせんるふ》を実現《じつげん》しゆく「日蓮《にちれん》が一門《いちもん》」の正統中《せいとうちゅう》の正統――それが創価学会なのです。

この尊極《そんごく》の学会を守り、同志《どうし》を護《まも》るため、私は生命をたたきつける思いで、一心不乱《いっしんふらん》に戦ってまいりました。

恩師《おんし》が「戸田の命《いのち》よりも大事《だいじ》」と言われた学会の組織《そしき》を、厳護《げんご》し抜《ぬ》いてきました。

一千万の民衆《みんしゅう》の〝屋根《やね》〟となり〝傘《かさ》〟となって、私は創価の大城《だいじょう》を守りに護《まも》り抜《ぬ》いてきました。

「師弟不二《していふに》」の分身《ぶんしん》として!

「不惜身命《ふしゃくしんみょう》」の闘士《とうし》として!

「破邪顕正《はじゃけんせい》」の旗手《きしゅ》として!

「報恩感謝《ほうおんかんしゃ》」の弟子《でし》として!

ここで拝《はい》した「閻浮提中御書《えんぶだいちゅうごしょ》」の御金言《ごきんげん》に寸分《すんぶん》も違《たが》わず、創価の師弟《してい》は日蓮仏法《ぶっぽう》を行《ぎょう》じ抜《ぬ》き、世界に広宣流布《こうせんるふ》してきたのです。

これからも、我《われ》らは「師子王《ししおう》の心《こころ》」で勝ち進みましょう。

正義《せいぎ》の人への嫉妬《しっと》

日蓮大聖人が立宗《りっしゅう》されてより、「日蓮《にちれん》が一門《いちもん》」の旭日《きょくじつ》の大興隆《だいこうりゅう》を目《ま》の当《あ》たりにした、鎌倉《かまくら》幕府《ばくふ》を中心とする日本社会の反応《はんのう》はどうだったでしょうか。

法華経《ほけきょう》は尊《とうと》い経典《きょうてん》だ。かりにそう認《みと》めても、大聖人は妬《ねた》ましい。当時の諸宗《しょしゅう》の邪僧《じゃそう》らは、こう怨嫉《おんしつ》しました。

法華経最第一《ほけきょうさいだいいち》という「正義《せいぎ》の法」には敵《かな》わない。それならば、大聖人という「正義の大《だい》師匠《ししょう》」を陰謀《いんぼう》によって陥《おとし》れ、抑《おさ》え込《こ》もう。これが当時の日本の宗教界《しゅうきょうかい》と幕府権力《ばくふけんりょく》の結託《けったく》のどす黒《ぐろ》い心理《しんり》だったのです。

戸田先生もよく慨嘆《がいたん》されていました。

「人間は嫉妬《しっと》で狂《くる》う動物だ。歴史上、嫉妬の讒言《ざんげん》が、いかに多くの正義《せいぎ》の人を苦《くる》しめ抜《ぬ》いてきたことか。これが現実《げんじつ》だ」

大聖人は、正法迫害《しょうほうはくがい》の構図《こうず》を鋭《するど》く見抜《みぬ》かれ、達観《たっかん》されていました。

ますます大難《だいなん》が競《きそ》い起《お》こることを覚悟《かくご》された上で、あえて御自身の名《な》を高々《たかだか》と名乗《なの》られながら、「権門《ごんもん》をかっぱと破《やぶ》り」（新六〇〇ページ・全五〇二ページ）、「諸宗《しょしゅう》の人法共《にんぽうとも》に折伏《しゃくぶく》して」（新六〇三ページ・全五〇四ページ）、邪義《じゃぎ》に染《そ》まった日本社会の精神土壌《せいしんどじょう》を揺《ゆ》り動《うご》かしていかれたのです。

師匠《ししょう》を宣揚《せんよう》することが弟子《でし》の誉《ほま》れ

師匠《ししょう》の名を叫《さけ》び切っていくことこそ、弟子《でし》の誉《ほま》れある闘争《とうそう》です。師匠の烈々《れつれつ》たる慈悲《じひ》の炎《ほのお》にふれて、四条金吾《しじょうきんご》や富木常忍《ときじょうにん》、南条時光《なんじょうときみつ》をはじめ、求道《きゅうどう》の血潮《ちしお》に燃《も》える門下《もんか》たちは「私は日蓮大聖人の弟子である！」と力強《ちからづよ》く叫びながら、正義《せいぎ》の法戦《ほうせん》に奮《ふる》い立《た》っていきました。

反対《はんたい》に、師匠《ししょう》の名を叫《さけ》び切れない弱《よわ》い姿《すがた》は、弟子《でし》としての敗北《はいぼく》です。いな、師弟《してい》の魂《たましい》を失《うしな》った姿です。「日蓮《にちれん》が一門《いちもん》」においても、大聖人滅後《めつご》、臆病《おくびょう》にも師匠の名を叫び切れない堕落《だらく》の弟子たちが正体《しょうたい》を現《あらわ》しました。日興上人《にっこうしょうにん》以外の五老僧《ごろうそう》は、師匠が亡《な》くなると、たちまちに惰弱《だじゃく》な本性《ほんしょう》をさらけ出した。

「天台沙門《てんだいしゃもん》」（天台の弟子《でし》）と名乗《なの》り、大聖人の御書をすきかえしにして、大事《だいじ》な教《おし》えを捨《す》て去《さ》っていったとも伝《つた》えられる。

「日蓮《にちれん》が一門《いちもん》」の命脈《めいみゃく》を自《みずか》ら断《た》ち切《き》り、師弟《してい》の道から転落《てんらく》していったのです。

戸田先生は喝破《かっぱ》されました。

「五老僧《ごろうそう》も、大聖人が生きておられた時には南無妙法蓮華経《なんみょうほうれんげきょう》を弘《ひろ》めなければならないと思っていたけれども、大聖人滅後《めつご》においての大圧迫《だいあっぱく》の時には、おっかなくなってしまった。そして『われわれは天台沙門《てんだいしゃもん》だ』といったのだ」

その中で、日興上人《にっこうしょうにん》ただお一人《ひとり》が「日蓮聖人の弟子《でし》日興」（武家《ぶけ》や公家《くげ》への申状《もうしじょう》）と高《たか》らかに宣言《せんげん》し、堂々《どうどう》と師匠《ししょう》の正義《せいぎ》を訴《うった》え抜《ぬ》かれました。そして、師匠に違背《いはい》した「強敵《ごうてき》の科《とが》」を猛然《もうぜん》と呵責《かしゃく》されたのです。この日興上人の大闘争《だいとうそう》こそ、真正《しんせい》の弟子《でし》の鑑《かがみ》であります。

どこまでも師匠《ししょう》を求《もと》め抜《ぬ》き、師匠の名を叫《さけ》び、師匠の真実《しんじつ》を訴《うった》え抜いていくことが、仏法《ぶっぽう》正義の命脈《めいみゃく》を守り広げゆく根本《こんぽん》です。

師の「分身《ぶんしん》」として戦う

こうした日蓮大聖人・日興上人《にっこうしょうにん》の師弟《してい》の血脈《けつみゃく》を、現代にまっすぐ継承《けいしょう》し、世界へ広げてきたのが創価三代の師弟《してい》であります。

『創価教育学体系《たいけい》』の初版本《しょはんぼん》の表紙《ひょうし》には、題字《だいじ》と共《とも》に、牧口常三郎《つねさぶろう》先生のお名前が燦然《さんぜん》と輝《かがや》く金文字《きんもじ》で刻印《こくいん》されておりました。これも、発刊《はっかん》の一切《いっさい》を支《ささ》え抜《ぬ》いた戸田先生の赤誠《せきせい》の発露《はつろ》だったのです。

獄中《ごくちゅう》で殉教《じゅんきょう》された牧口先生の分身《ぶんしん》として、戸田先生は「よし、いまにみよ！（＝牧口）先生が正《ただ》しいか、正しくないか、証明《しょうめい》してやる。もし自分が別名《べつめい》を使《つか》ったなら、巌窟王《がんくつおう》の名《な》を使って、なにか大仕事をして、先生にお返ししよう」と、終戦間近《しゅうせんまぢか》の焼《や》け野原《のはら》にただお一人《ひとり》で立ち上がられました。

牧口先生の御逝去《ごせいきょ》十年を期《き》して、先生の『価値論《かちろん》』を、戸田先生と御一緒《ごいっしょ》に、約五十カ国・四百二十を超《こ》える世界の大学・学術機関《がくじゅつきかん》に寄贈《きぞう》していったことも忘《わす》れ得《え》ぬ歴史でありますす。戸田先生は「牧口先生の御著作《ごちょさく》を世界の名著《めいちょ》として宣揚《せんよう》していかねばならぬ」と語《かた》られていました。

「先生、先生」と叫《さけ》び

その戸田先生の事業《じぎょう》が蹉跌《さてつ》したとき、学会は最《もっと》も苦《くる》しい厳冬《げんとう》の時代にありました。

一九五〇年（昭和二十五年）八月、戸田先生は突然《とつぜん》、学会の理事長を辞任《じにん》する意向《いこう》を発表《はっぴょう》された。信用組合《しんようくみあい》の業務停止命令《ぎょうむていしめいれい》によって、学会と学会員に迷惑《めいわく》をかけられないとのお心《こころ》からでした。

私は、戸田先生の多額《たがく》の負債《ふさい》の返済《へんさい》を一身《いっしん》に背負《せお》い、破綻《はたん》した事業《じぎょう》の清算《せいさん》に、一切《いっさい》をなげうって東奔西走《とうほんせいそう》しました。真剣勝負《しんけんしょうぶ》以外の何ものでもなかった。

戸田先生に対《たい》して批判《ひはん》・中傷《ちゅうしょう》の嵐《あらし》が吹《ふ》き荒《あ》れるなか、私自身も「今こそ御書を色読《しきどく》する時である」「いよいよ、これで本物《ほんもの》の信心ができる」と心《こころ》から確信《かくしん》しました。

私の師匠《ししょう》は戸田先生以外におられない。先生をお守りし、創価学会の会長になっていただくことが弟子《でし》の道である——。こう決めきって、文字通《もじどお》り、死《し》に物狂《ものぐる》いでした。師匠と生死を共《とも》にする覚悟《かくご》でお仕《つか》え申《もう》し上《あ》げたのです。

昨日まで先生を尊敬《そんけい》するように振《ふ》る舞《ま》っていた者たちが、手《て》の平《ひら》を返すように先生を罵《ば》倒《とう》し去《さ》っていきました。「いざという時に、その人間の本当の姿《すがた》が如実《にょじつ》に出る」と先生が言われていた通《とお》りでした。

先生は、「おれには大作しかいなくなったな」とつぶやいておられました。

この時、私はただ一人《ひとり》「戸田先生、戸田先生」と叫《さけ》び続《つづ》けた。師匠《ししょう》の名前を呼《よ》ぶ。叫ぶ。それが根本《こんぽん》の大事《だいじ》だからです。

やがて、一人《ひとり》また一人と、真実《しんじつ》の同志《どうし》が私の声に呼応《こおう》し、「戸田門下生《もんかせい》」としての自覚《じかく》が会内《かいない》に高まっていきました。その皆の心《こころ》の高まりによって、一九五一年（昭和二十六年）五月三日、戸田先生は晴《は》れて第二代会長に推戴《すいたい》されたのです。

私は日記《にっき》に綴《つづ》りました。

「先生を護《まも》ろう、力《ちから》の限《かぎ》り。先生を護ろう、吾《わ》が生命のある限り。理由《りゆう》は、唯《ただ》一つ、先生を護ることが、大御本尊流布《るふ》を護ることに通《つう》ずるからである」*

この真情《しんじょう》のままに、私は恩師《おんし》の分身《ぶんしん》として、同じ妙法の巌窟王《がんくつおう》として戦いました。真《まこと》の師弟不二《していふに》でした。

戸田先生は、「お前がいて幸《しあわ》せだった。素晴《すば》らしい弟子《でし》をもって嬉《うれ》しい。忘《わす》れないよ。おかげで今日《こんにち》がある」と言われていました。

誰《だれ》が何と言おうが、学会は師弟《してい》の団体《だんたい》です。私は、世界中どこへ行《い》っても、戸田先生、牧口先生のことを誇《ほこ》り高く宣揚《せんよう》してきました。それができない心《こころ》は、臆病《おくびょう》です。卑怯《ひきょう》です。忘恩《ぼうおん》です。

「師子《しし》」は勝者《しょうしゃ》の栄冠《えいかん》

今や、北南米《ほくなんべい》をはじめ世界の随所《ずいしょ》に、牧口先生、戸田先生の名《な》を冠《かん》した通《とお》りや橋、公園《こうえん》なども誕生《たんじょう》しています。両先生は、平和と人道《じんどう》のために戦った二十世紀の偉人《いじん》として、市《し》民《みん》からこよなく尊敬《そんけい》されております。

これも、私と心《こころ》を合わせて創価の師弟《してい》の大道《だいどう》を晴《は》れやかに歩《あゆ》まれる、敬愛《けいあい》する各国の同《どう》志《し》の、光《ひか》り輝《かがや》く社会貢献《こうけん》のおかげであります。

「牧口常三郎《つねさぶろう》」「戸田城聖《じょうせい》」という創価の大師匠《だいししょう》の名を、全世界に向かって堂々《どうどう》と叫《さけ》び、人々の心《こころ》に語《かた》り広げてきたことは、私の永遠不滅《えいえんふめつ》の誉《ほま》れであります。

私は〝盾《たて》〟となり〝防波堤《ぼうはてい》〟となって、恩師《おんし》をお護《まも》り申《もう》し上《あ》げました。そして、この六十余年間、仏様《ほとけさま》の連帯《れんたい》である「創価の一門《いちもん》」を厳護《げんご》し抜《ぬ》いてきました。

第三代会長辞任直後《じにんちょくご》、一九七九年（昭和五十四年）の五月五日。世界に開かれた横浜港を望《のぞ》む神奈川文化会館の一室《いっしつ》で、私はこう認《したた》めました。

「正義《せいぎ》」――。

その脇書《わきがき》に「われ一人《ひとり》正義《せいぎ》の旗《はた》持つ也《なり》」と。

当時、東京、神奈川はもとより、関西、四国をはじめ全国各地《かくち》から幾多《いくた》の同志《どうし》が〝一目《ひとめ》でも〟と、横浜の私のもとへ駆《か》けつけてくれました。

以来三十年（二〇〇九年）。私は今、全国そして世界の同志《どうし》と共《とも》に、「正義《せいぎ》の大勝利宣言《せんげん》」

を高らかに響《ひび》かせたいのであります。我《われ》らは勝ちました。

創価の師弟《してい》は、あらゆる誹謗《ひぼう》・攻撃《こうげき》の矢面《やおもて》に立ち、広布《こうふ》を阻《はば》む障魔《しょうま》と戦い抜きながら、功徳《くどく》と友情《ゆうじょう》と平和の大城《だいじょう》を、世界百九十二カ国・地域《ちいき》に広げてきたのです。

この正義《せいぎ》の大闘争《だいとうそう》と勝利の大実証《だいじっしょう》こそ、「日蓮《にちれん》がごとく」「日蓮が一門《いちもん》」と叫《さけ》ばれた大聖人の正統《せいとう》の証《あかし》であると確信《かくしん》しております。

「願《ねが》わくは、我《わ》が弟子《でし》等、師子王《ししおう》の子《こ》となりて、群狐《ぐんこ》に笑《わら》わるることなかれ」（新二〇四八ページ・全一五八九ページ）

この御聖訓《ごせいくん》を、私は我が後継《こうけい》の青年たちに、万感《ばんかん》の期待《きたい》をこめて贈《おく》りたい。

仏法《ぶっぽう》は「師子王《ししおう》の哲学《てつがく》」です。牧口先生は師子でした。戸田先生も師子でした。私も師子として戦い、勝《か》ってきました。

師子《しし》は絶対《ぜったい》に負《ま》けない。小賢《こざか》しく策《さく》を弄《ろう》して動くのではない。師子とは、堂々《どうどう》たる「勝《しょう》者《しゃ》の栄冠《えいかん》」なのであります。

ゆえに、若《わか》き皆さんも、畏《おそ》れなく、群狐《ぐんこ》を打《う》ち破《やぶ》る強力《きょうりょく》な師子《しし》と育《そだ》ってほしい。

青年らしく、正義《せいぎ》を師子吼《ししく》していくことです。創価の真実《しんじつ》を、命《いのち》の底《そこ》から叫《さけ》んでいくのです。「学会青年部の力《ちから》を見よ！」と、信仰《しんこう》の偉大《いだい》さを満天下《まんてんか》に示《しめ》し切っていくのです。

「一《いち》の師子王吼《ししおうほ》うれば百子力《ひゃくしちから》を得《え》て、諸《もろもろ》の禽獣《きんじゅう》、皆頭七分《みなこうべしちぶん》にわる《破》」（新一七四五ページ・全一三一六ページ）と仰《おお》せの通《とお》り、一人《ひとり》が師子吼《ししく》すれば、善人《ぜんにん》の励《はげ》みとなり、悪人《あくにん》は恐《おそ》れおののくのです。

とにかく語《かた》ることである。「声《こえ》、仏事《ぶつじ》をなす」（新九八五ページ・全七〇八ページ）だからです。言論《げんろん》戦《せん》です。語った分《ぶん》だけ、言い切った分だけ、叫《さけ》び抜《ぬ》いた分だけ、仏縁《ぶつえん》は結《むす》ばれ、正義《せいぎ》は拡《かく》大《だい》する。

戦った人ほど、強く聡明《そうめい》になれる。これが仏法《ぶっぽう》です。

まず自分自身が変わることです。師弟《してい》の正義《せいぎ》を叫《さけ》びに叫べば、その一点からすべてが変わる。日々、自分が変わり、周囲《しゅうい》をも変えていくことができる。

「日蓮《にちれん》がごとく身命《しんみょう》をすて《捨》て強敵《ごうてき》の科《とが》を顕《あらわ》す師《し》には値《あ》いがた《難》かるべし」（新二〇四八ページ・全一五八九ページ）であります。

値《あ》い難《がた》き師子王《ししおう》の師匠《ししょう》と、不思議《ふしぎ》にも今世《こんぜ》で巡《めぐ》り合い、広宣流布《こうせんるふ》という人類救済《じんるいきゅうさい》の大聖《だいせい》業《ぎょう》へ共《とも》に進むことができる。これが、どれほど崇高《すうこう》な人生であることか。この学会と共に歩《あゆ》んでいることは、決《けっ》して偶然《ぐうぜん》ではありません。皆様方は、深《ふか》い深い使命《しめい》を帯《お》びて、この娑婆《しゃば》世界に出現《しゅつげん》された、尊貴《そんき》にして宿縁深厚《しゅくえんじんこう》なる地涌《じゆ》の菩薩《ぼさつ》であられます。

「日蓮《にちれん》が一門《いちもん》は師子《しし》の吼《ほ》うるなり」（新一六二〇ページ・全一一九〇ページ）

我《われ》らこそ、この御金言《ごきんげん》を体現《たいげん》した仏意仏勅《ぶついぶっちょく》の一門《いちもん》なのです。

元初《がんじょ》の誓願《せいがん》を胸《むね》に新たな勝利へ前進

戸田先生は語《かた》られました。

「私は、信心には自信《じしん》がある。(中略)不肖《ふしょう》な私だけれども、日蓮大聖人様のお使《つか》いとして、七百年後の今日《こんにち》きたのでありますから、創価学会なんてインチキだ、でたらめだと言うなら、言わせてやろうではありませんか。どんな結果《けっか》になるか、断《だん》じて負《ま》けません」と。

さあ、若《わか》き君《きみ》たちよ、新しい時代を開こう!

新しい人材《じんざい》を見つけよう!

断固《だんこ》勝って、正義《せいぎ》の勝《か》ち鬨《どき》を、天高《てんたか》く轟《とどろ》かせてくれ給《たま》え!

今や、世界の超一級《ちょういっきゅう》の知性《ちせい》が、我《われ》ら「創価の一門《いちもん》」を賞讃《しょうさん》されております。米アイダホ大学のガイヤ博士は、こう讃《たた》えてくださっています。

「個人の善《ぜん》を社会の善へと発展《はってん》させるためには、指導者《しどうしゃ》の存在《そんざい》が不可欠《ふかけつ》です。師匠《ししょう》の姿《すがた》に学《まな》び、自身を開き高めゆく民衆《みんしゅう》の連帯《れんたい》があって、はじめてそれが達成《たっせい》されるのです。これを人類《じんるい》が共有《きょうゆう》する価値観《かちかん》としていかねばなりません。この人類意識《いしき》を持って私たちは

〝ヒューマニズム(=人間主義《しゅぎ》)の文化〟ともいうべき新《あら》たな文化を、未来へ創造《そうぞう》していくことが可能《かのう》となるのです」*

さあ、師弟《してい》栄光の「五月三日」へ——今再び「元初《がんじょ》の誓願《せいがん》」を胸《むね》に燃《も》え上《あ》がらせ、私と共《とも》に、新しき勝利の大前進を開始《かいし》しようではありませんか!

師子王《ししおう》の
　心《こころ》と心の
　　スクラムは
三世《さんぜ》に悠然《ゆうぜん》
　恐《おそ》るものなし

地涌《じゆ》の同志《どうし》の団結《だんけつ》

最高の目的《もくてき》は広宣流布《こうせんるふ》

御聖訓

日蓮一人《にちれんいちにん》はじめは南無妙法蓮華経《なんみょうほうれんげきょう》と唱《とな》えしが、二人《ににん》・三人《さんにん》・百人《ひゃくにん》と次第《しだい》に唱《とな》えつたうるなり。未来《みらい》もまたしかるべし。これ、あに地涌《じゆ》の義《ぎ》にあらずや

——諸法実相抄《しょほうじっそうしょう》、新一七九一ジペー・全一三六〇ジペー

断固《だんこ》立て
勇猛《ゆうみょう》みなぎる
千万の
地涌《じゆ》の友《とも》の
勝ちどき確《たし》かと

我《われ》らの勝利の要諦《ようてい》は何か。それは強き祈《いの》りと団結《だんけつ》です。

恩師《おんし》・戸田先生は、遺言《ゆいごん》なされました。

「我々《われわれ》は、未曽有《みぞう》の広宣流布《こうせんるふ》のために、地から涌《わ》き出《で》た、地涌《じゆ》の菩薩《ぼさつ》である。どれほど尊貴《そんき》であり、使命《しめい》があるか。この使命に生ききることが最高の人生である」

「勇気を奮《ふる》い起《お》こし、たがいに怨嫉《おんしつ》することなく、一団《いちだん》となって、勝利の大道《だいどう》を進もうではないか！」

わが創価学会の団結《だんけつ》は、利害《りがい》による結《むす》びつきではありません。日蓮大聖人の仰《おお》せのままに、人類救済《じんるいきゅうさい》という最高唯一《ゆいいつ》の大目的《だいもくてき》に前進しゆく、崇高《すうこう》な使命の連帯《れんたい》なのです。

未来永遠の広布を展望《てんぼう》

「諸法実相抄《しょほうじっそうしょう》」には、こう宣言《せんげん》されております。

「日蓮一人《にちれんいちにん》はじめは南無妙法蓮華経《なんみょうほうれんげきょう》と唱《とな》えしが、二人《ににん》・三人《さんにん》・百人《ひゃくにん》と次第《しだい》に唱《とな》えつたうるなり。未来《みらい》もまたしかるべし。これ、あに地涌《じゆ》の義《ぎ》にあらずや」（新一七九一ジペー・全一三六〇ジペー）

未来永遠《えいえん》の広宣流布《こうせんるふ》を展望《てんぼう》なされた、壮大《そうだい》な御聖訓《ごせいくん》であります。私たちの戦いの一切《いっさい》は、この御金言《ごきんげん》の方軌《ほうき》に則《のっと》った地涌《じゆ》の大行進《だいこうしん》なのであります。

私どもは、あらためてこの「地涌《じゆ》の義《ぎ》」を深《ふか》く心肝《しんかん》に染《そ》め、万代《ばんだい》にわたる広宣流布《こうせんるふ》へ出発《しゅっぱつ》してまいりたい。

「諸法実相抄《しょほうじっそうしょう》」は、大聖人が五十二歳の御時《おんとき》、文永《ぶんえい》十年（一二七三年）五月に佐渡《さど》で認《したた》め、最蓮房《さいれんぼう》に与《あた》えられたとされています。

この御文《ごもん》では、末法《まっぽう》の民衆《みんしゅう》を救《すく》う極理中《ごくりちゅう》の極理である南無妙法蓮華経《なんみょうほうれんげきょう》を、ただお一人《ひとり》から唱《とな》え出《いだ》された大聖人に続《つづ》き、「二人《ににん》・三人《さんにん》・百人《ひゃくにん》と次第《しだい》に」唱え伝《つた》えていく。未来もまた同じ方程式《ほうていしき》であり、これが「地涌《じゆ》の義《ぎ》」である——こう仰《おお》せです。

この「地涌《じゆ》の義《ぎ》」を、私たちの実践的《じっせんてき》な面から拝《はい》したい。

まず第一に、「日蓮一人《にちれんいちにん》」から開始《かいし》なされた大闘争《だいとうそう》に、報恩《ほうおん》の一念《いちねん》で続《つづ》きゆく弟子《でし》の決心《けっしん》が肝要《かんよう》となります。

師匠《ししょう》とは先覚者《せんかくしゃ》の異名《いみょう》です。いかなる分野《ぶんや》でも、師匠ありてこそ、人間の成長《せいちょう》の道が開《ひら》かれる。なかんずく、仏法《ぶっぽう》は、三世永遠《さんぜえいえん》にわたって生命の闇《やみ》を照《て》らす根本《こんぽん》の法です。この根本法を説《と》き明《あ》かされた大聖人こそ、人類《じんるい》の大師匠であられます。この師匠の大恩《だいおん》を感じ、その大恩に報《むく》いゆく戦いを、自《みずか》らも「一人《ひとり》」から開始《かいし》する。これが真正《しんせい》の弟子《でし》であります。

「一人《ひとり》立つ」闘士《とうし》が無数《むすう》の眷属《けんぞく》と共《とも》に出現《しゅつげん》

御本仏《ごほんぶつ》の未来記《みらいき》に呼応《こおう》し、二十世紀の日本に出現《しゅつげん》したのが、初代会長・牧口常三郎《つねさぶろう》先生、第二代会長・戸田城聖《じょうせい》先生の師弟《してい》であります。そして、仏勅《ぶっちょく》の和合僧団《わごうそうだん》・創価学会であります。

戸田先生は「(=私たちは) 大正法《だいしょうほう》を広宣流布《こうせんるふ》して、仏恩《ぶつおん》に報《むく》い、一切衆生《いっさいしゅじょう》を三悪道《さんあくどう》の流転《るてん》より救出《きゅうしゅつ》せんと誓願《せいがん》して、起《た》ち上《あ》がっているのである」と、誇《ほこ》り高く叫《さけ》ばれました。

「一人立《ひとり》つ」地涌《じゆ》の闘争《とうそう》を貫《つらぬ》かれた両先生への報恩感謝《ほうおんかんしゃ》を、私たちは決《けっ》して忘《わす》れてはならない。永遠《えいえん》に失《うしな》ってはならない。

私は、この一心《いっしん》で、両先生の正義《せいぎ》と真実《しんじつ》を世界中に叫《さけ》び、宣揚《せんよう》してきました。師匠《ししょう》への報恩《ほうおん》の心《こころ》で一人《ひとり》立つ。これが「地涌《じゆ》の義《ぎ》」の第一であります。

第二に、「地涌《じゆ》の義《ぎ》」とは、一人《ひとり》から二人《ふたり》、三人、百人と、尊極《そんごく》の仏《ぶつ》・菩薩《ぼさつ》の大生命を、次々に呼《よ》び覚《さ》ましていく戦いであります。

地涌《じゆ》の菩薩《ぼさつ》とは、法華経《ほけきょう》の涌出品《ゆじゅっぽん》第十五で、大地《だいち》から躍《おど》り出《で》て、釈尊《しゃくそん》のもとへ集《つど》う無量《むりょう》無数《むすう》の菩薩たちです。悠久《ゆうきゅう》の大河《たいが》ガンジスの砂粒《すなつぶ》の数《かず》。その無尽《むじん》の数のさらに六万倍と形《けい》容《よう》されるほど多くの光《ひか》り輝《かがや》く菩薩が、それぞれ無数の眷属《けんぞく》（仲間《なかま》）を率《ひき》いて、縦横無尽《じゅうおうむじん》に、しかも見事《みごと》な団結《だんけつ》の陣列《じんれつ》で大地の底《そこ》から登場《とうじょう》してきたのです。

「次第《しだい》に唱《とな》えつたう伝る」とは、この地涌《じゆ》の菩薩《ぼさつ》の壮大《そうだい》な連《つら》なりのように、自行化他《じぎょうけた》の実践《じっせん》で、妙法を唱える友の水かさを増《ま》しゆくことです。それは、一人《ひとり》から一人へ、友から友へ、仏法《ぶっぽう》の正義《せいぎ》を語《かた》り伝《つた》え、人々の内《うち》なる仏《ぶつ》・菩薩の生命を呼《よ》びあらわす大言論運動《だいげんろんうんどう》の拡大《かくだい》であります。

我《われ》と我《わ》が友の胸中《きょうちゅう》に、地涌の大生命よ、湧《わ》き上《あ》がれ。この一念《いちねん》で、あらゆる人々と出会い、語《かた》らい、心《こころ》を結《むす》んでいくのです。私も、いずこにあっても、そうしてきました。内外《ないがい》を問《と》わず、縁《えん》するすべての人々の魂《たましい》を揺《ゆ》さぶり、相手《あいて》の仏性《ぶっしょう》を呼《よ》び起《お》こす思いで、大誠実《だいせいじつ》の対話《たいわ》を重《かさ》ねてきました。今もまったく変わりません。

「口《くち》に妙法《みょうほう》をよび奉《たてまつ》れば、我《わ》が身《み》の仏性《ぶっしょう》もよばれて必《かなら》ず顕《あらわ》れ給《たも》う。梵王《ぼんのう》・帝釈《たいしゃく》の仏性はよばれて我《われ》らを守《まも》り給う」（新七〇四㌻・全五五七㌻）と説《と》かれる通《とお》りです。真剣《しんけん》な祈《いの》り、そして勇気の対話こそ、万人《ばんにん》の胸中《きょうちゅう》から、地涌《じゆ》の生命を引き出す要諦《ようてい》です。そのためには、朗々《ろうろう》と題目を唱《とな》えて、わが胸中の地涌の大生命力を奮《ふる》い起《お》こすことです。

また、妙法を「唱《とな》えつ《伝》たうる」使命《しめい》を帯《お》びた地涌《じゆ》の大生命には、人と人を結《むす》びつける偉《い》大《だい》な力《ちから》が漲《みなぎ》っています。

皆様が、家族に、地域《ちいき》の同志《どうし》に、そしてあらゆる友人たちに語《かた》りかける声の響《ひび》きこそ、一人《ひとり》ひとりの胸中の仏《ぶつ》・菩薩《ぼさつ》の生命を発動《はつどう》させゆく最高の仏縁《ぶつえん》となります。これが地涌《じゆ》の対話の力《ちから》です。

地涌《じゆ》の大連帯《だいれんたい》も、一対一《いったいいち》の心《こころ》の結合《けつごう》から始まる。これが「地涌の義《ぎ》」の大切《たいせつ》な側面《そくめん》です。

私が対談《たいだん》した世界的な宗教《しゅうきょう》学者であるコックス博士（ハーバード大学教授）は、「宗教（レリジョン）とは、本来《ほんらい》、『再《ふた》び結《むす》び付《つ》けること』を意味します。人と人との絆《きずな》を、もう一度、取《と》り戻《もど》すこと。そこにこそ、現代における宗教の果《は》たすべき役割《やくわり》もあると思います。その達成《たっせい》こそ、私がＳＧＩに強く希望することの一つなのです」＊と語《かた》られておりました。

後継《こうけい》・拡大《かくだい》・勝利の真《まこと》の弟子《でし》たれ

そして第三に、「未来《みらい》もまたしかるべし」――この地涌《じゆ》の人材《じんざい》の陸続《りくぞく》たる流《なが》れは、未来も変わらないと大聖人が断《だん》じておられる。広布《こうふ》に生きる地涌の前進は、未来永遠《えいえん》にわたって続《つづ》いていくとの大確信《だいかくしん》です。

「我《われ》五百塵点劫《ごひゃくじんてんごう》より大地《だいち》の底《そこ》にかく隠《し》し置《お》きたる真《しん》の弟子《でし》あり」（新一二二二㌻・全九〇五㌻）

地涌《じゆ》の菩薩《ぼさつ》とは、久遠《くおん》の釈尊《しゃくそん》の秘蔵《ひぞう》の直弟子《じきでし》です。であるからこそ、師匠《ししょう》の構想《こうそう》を実現《じつげん》することができる。

涌出品《ゆじゅっぽん》、そして寿量品《じゅりょうほん》という経文《きょうもん》の流《なが》れに沿《そ》って拝《はい》すれば、師匠《ししょう》である仏《ほとけ》の本地《ほんじ》が明《あ》かされてからその次に、弟子《でし》である地涌《じゆ》の菩薩《ぼさつ》が出現《しゅつげん》したのではない。まず荘厳《そうごん》な弟子が出現することによって、師匠の永遠《えいえん》の生命が明《あ》かされていったのです。

地涌《じゆ》の菩薩《ぼさつ》は、久遠《くおん》の過去から永劫《えいごう》の未来へと突《つ》き進《すす》む「師弟不二《していふに》」の勝利の魂《たましい》を明《あ》かしているのです。

要《よう》するに地涌《じゆ》の菩薩《ぼさつ》の実践《じっせん》の要諦《ようてい》とは――
①師《し》への報恩感謝《ほうおんかんしゃ》に燃《も》えて、自《みずか》ら一人《ひとり》立つ「後継《こうけい》の弟子《でし》」
②師の教《おし》えを広げ、人々の仏性《ぶっしょう》を引き出す「拡大《かくだい》の弟子」
③師と共《とも》に永遠《えいえん》に歩《あゆ》み、真実《しんじつ》を証明《しょうめい》しゆく「勝利の弟子」――と言ってよい。
このように、本抄《ほんしょう》に示《しめ》されている「地涌《じゆ》の義《ぎ》」とは、師弟不二《していふに》の大道《だいどう》を歩《あゆ》む弟子《でし》たちの不変《ふへん》の指標《しひょう》なのです。

この正道《せいどう》を世界中の民衆《みんしゅう》が胸《むね》を張《は》って歩み、広宣流布《こうせんるふ》を実現《じつげん》していけるよう、現代的な地涌《じゆ》の組織《そしき》を築《きず》き上《あ》げた教団《きょうだん》こそ、創価学会にほかならない。

そのためにも、一番大事《だいいじ》なのは「地涌《じゆ》の同志《どうし》の団結《だんけつ》」です。団結がなければ、真の後継《こうけい》も拡大も勝利もありません。

戸田先生は、地涌《じゆ》の連帯《れんたい》を築《きず》きゆく「信仰《しんこう》と組織《そしき》」について語《かた》られました。

「わが創価学会は、その信仰《しんこう》の中心に、絶対唯一《ぜったいゆいいつ》の御本尊を有《ゆう》し、(中略) これを現代化し、科学的《かがくてき》にし、今日《こんにち》のりっぱな組織《そしき》ができあがったのである。この力《ちから》は、世《よ》の模範《もはん》であるとともに、世の驚異《きょうい》である」

御本尊の前には皆が平等《びょうどう》

信心の成長《せいちょう》と広宣流布《こうせんるふ》の前進にとって、皆で励《はげ》まし、守り合う「組織《そしき》」の存在《そんざい》は絶対《ぜったい》に不可欠《ふかけつ》です。末法濁世《まっぽうじょくせ》に、一人《ひとり》だけで信行学《しんぎょうがく》を成《な》し遂《と》げ、法を弘《ひろ》めることは不可能《ふかのう》だからです。

師匠《ししょう》のもと、善《よ》き同志《どうし》の支《ささ》えと励《はげ》ましありてこそ、共《とも》に成仏《じょうぶつ》の道を歩《あゆ》んでいけるのです。これが「善知識《ぜんちしき》」「和合僧《わごうそう》」という法理《ほうり》です。わがままな仏道修行《ぶつどうしゅぎょう》などあり得《え》ない。

師弟《してい》という〝縦糸《たていと》〟、地涌《じゆ》の同志《どうし》という〝横糸《よこいと》〟。この縦横《じゅうおう》の絆《きずな》が織《お》りなす幸福・勝利の大《おお》いなる〝布《ぬの》〟を広げていくことが広宣流布《こうせんるふ》なのです。

正《ただ》しき和合僧団《わごうそうだん》に連《つら》なってこそ、永遠《えいえん》に崩《くず》れざる幸福・勝利の人生を完結《かんけつ》することができる。現代で言えば、誉《ほま》れある創価学会員として使命《しめい》の道に生《い》き抜《ぬ》くことであります。

戸田先生は、「一人《ひとり》ひとりが、自分の力《ちから》を最大に発揮《はっき》して、目的《もくてき》のために強く伸《の》び伸びと前進してゆけば、おのずから深《ふか》い団結《だんけつ》がなされていく」と指導《しどう》されました。

広布《こうふ》の組織《そしき》は、いわゆるピラミッドではありません。師匠《ししょう》を中心として広がる〝同心《どうしん》円《えん》〟の連帯《れんたい》と言えるでしょう。御本尊の前には皆、平等《びょうどう》です。役職《やくしょく》の上下《じょうげ》は役割《やくわり》の違《ちが》いにすぎません。全員が尊《とうと》い使命《しめい》をもった、かけがえのない地涌《じゆ》の闘士《とうし》であります。ゆえに、同志《どうし》に怨嫉《おんしつ》をしてはなりません。同志を妬《ねた》んだり中傷《ちゅうしょう》したりすれば、福運《ふくうん》を消《け》してしまうからです。

大聖人は、「軽善《きょうぜん》」「憎善《ぞうぜん》」「嫉善《しつぜん》」「恨善《こんぜん》」を戒《いまし》められています（新一九八七ジペー・全一三八二ジペー）。同志《どうし》を軽《かろ》んじたり、憎《にく》んだり、恨《うら》んだりしてはならない。それでは、広宣流布《こうせんるふ》という大目的《だいもくてき》を忘《わす》れた悪心《あくしん》に食《く》い破《やぶ》られてしまう。

いわんや、我見《がけん》や慢心《まんしん》に囚《とら》われて組織《そしき》を攪乱《かくらん》したり、分断《ぶんだん》しようとすれば、厳《きび》しい仏罰《ぶつばち》を受けるだけです。

戸田先生は、繰《く》り返《かえ》し戒《いまし》められました。

「広宣流布《こうせんるふ》という至上《しじょう》の目的《もくてき》に生きることを忘れるな！　この一点が狂《くる》えば、すべてが狂ってしまう」

「創価学会の中で、最高の仏法《ぶっぽう》を教《おし》えてもらいながら、その恩《おん》を忘れて、学会を裏切《うらぎ》り、師敵対《してきたい》する。これほどの（＝恩知《おんし》らずの）畜生《ちくしょう》はいない」

三代の師弟《してい》が全生命を注《そそ》いで築《きず》き上《あ》げ、護《まも》り抜《ぬ》いてきた創価の大城《だいじょう》を、未来永遠《えいえん》にわたって絶対《ぜったい》に壊《こわ》してはなりません。何者《なにもの》にも壊させてはならない。広布破壊《こうふはかい》の悪《あく》と戦わなければ、地涌《じゆ》の菩薩《ぼさつ》ではありません。学会を護り、発展《はってん》させゆくため、「能忍《のうにん》」の心《こころ》で戦う人こそが、真《まこと》の地涌の勇者《ゆうしゃ》なのです。

もちろん、凡夫《ぼんぷ》の集《あつ》まりですから、性格的《せいかくてき》に合わなかったり、感情《かんじょう》的な行き違《ちが》いをする場合《ばあい》もあるかもしれない。

しかし、だからこそ自身の境涯《きょうがい》を大きく開《ひら》くことができる。広布《こうふ》のリーダーは、まず自分が「一人立ち」、誰《だれ》よりも苦労《くろう》し、経験《けいけん》を積《つ》んで、道を発見《はっけん》していくことです。それで初《はじ》めて、〝将《しょう》の将〟として大勢《おおぜい》の友をリードしていけるのです。

戸田先生は言われました。

「組織《そしき》の第一線《だいいっせん》を汗《あせ》まみれになって駆《か》け巡《めぐ》り、同志《どうし》を励《はげ》まし、友と語《かた》っていくことだ。その中でこそ、本当の信心、本当の学会を肌身《はだみ》で知ることができる」

どうすれば、皆の力《ちから》を生《い》かせるか。皆を成長《せいちょう》・幸福・勝利の方向《ほうこう》へ向けられるか。実《じつ》に崇高《すうこう》な悩《なや》みではありませんか。まさに「仏《ほとけ》の悩み」と等《ひと》しい。

「責任《せきにん》は悟達《ごだつ》に通《つう》ず」です。「上に立つ指導者《しどうしゃ》が無責任であれば、一切《いっさい》が崩《くず》れてしまう」と、戸田先生も厳《きび》しかった。

広布《こうふ》の大目的《だいもくてき》を担《にな》い立って、一つ一つ悩《なや》み、祈《いの》って乗《の》り越《こ》えていく。その繰《く》り返《かえ》しの中で、わが生命に地涌《じゆ》の菩薩《ぼさつ》の底力《そこぢから》が涌現《ゆげん》します。そこに、金剛不壊《こんごうふえ》の仏《ほとけ》の智慧《ちえ》が輝《かがや》き、無《む》量無辺《りょうむへん》の福徳《ふくとく》が広がっていくのです。

戸田先生「地涌《じゆ》の菩薩《ぼさつ》の皆さん、やろうではないか!」

大聖人は仰《おお》せです。

「自他《じた》・彼此《ひし》の心《こころ》なく、水魚《すいぎょ》の思《おも》いを成《な》して、異体同心《いたいどうしん》にして南無妙法蓮華経《なんみょうほうれんげきょう》と唱《とな》え奉《たてまつ》る」(新一七七五ページ・全一三三七ページ)

「自他《じた》・彼此《ひし》の心《こころ》」とは、自分と他人《たにん》を差別《さべつ》し、対立《たいりつ》させる心《こころ》です。その対極《たいきょく》にある「水魚《すいぎょ》の思《おも》い」とは、水《みず》と魚《さかな》のように、互《たが》いに切り離《はな》すことのできない親密《しんみつ》な結《むす》びつきです。また、一体《いったい》となって仲良《なかよ》く進む同志《どうし》愛《あい》です。

この言葉《ことば》は、『三国志《さんごくし》』に綴《つづ》られる諸葛亮孔明《しょかつりょうこうめい》と劉備玄徳《りゅうびげんとく》の絆《きずな》(水魚の交《まじ》わり)に由来《ゆらい》するものであります。『三国志』は、志《こころざし》を同じくする英雄《えいゆう》たちの団結《だんけつ》の劇《げき》です。あの水滸会《すいこかい》で学《まな》んだ折《おり》にも、戸田先生は、有名な桃園《とうえん》の契《ちぎ》りで結《むす》ばれた劉備《りゅうび》・関羽《かんう》・張飛《ちょうひ》の団結について語《かた》ってくださいました。

「三人が共《とも》によく互《たが》いの短所《たんしょ》を知って、補《おぎな》いあっていけたから、団結《だんけつ》できたのだ」

「どれが短所《たんしょ》か、また長所《ちょうしょ》は何か、を知っていくことが、互《たが》いに相手《あいて》の人物《じんぶつ》を理解《りかい》する基《き》本《ほん》となるものだ」と。

まして、師弟《してい》の魂《たましい》を根幹《こんかん》とした私たちの「信心の団結《だんけつ》」は、最強無敵《むてき》であります。人類《じんるい》は、平和と幸福を開《ひら》く共生《きょうせい》の哲学《てつがく》を渇望《かつぼう》している。その悲願《ひがん》を担《にな》い、地球文明《ぶんめい》の未来を照《て》らしゆく太陽が、日蓮仏法《ぶっぽう》です。我《われ》ら全世界の創価学会の大連帯《だいれんたい》です。

アメリカの仏教研究家《ぶっきょうけんきゅうか》ストランド氏は、こう賞讃《しょうさん》されております。

「SGIは、強力《きょうりょく》な組織《そしき》を持ちながら、そこに属《ぞく》する会員は、個人の高いレベルで自身の力《ちから》を発揮《はっき》しています。組織が人々を型《かた》にはめると、組織は発展《はってん》しません。しかし、枠《わく》を取《と》り払《はら》ってしまうと組織は分解《ぶんかい》してしまいます。その点、創価学会の組織は、絶妙《ぜつみょう》なバランスをもって運営《うんえい》されていると思います」*

世界は正《ただ》しく見ています。

戸田先生は叫《さけ》ばれました。

「地涌《じゆ》の菩薩《ぼさつ》の皆さん、やろうではないか！」と。

我《われ》らは地涌の菩薩なり！

我らは人類《じんるい》の希望なり！

この大《おお》いなる確信《かくしん》に燃《も》え、「栄光の団結《だんけつ》」で勝ちまくって、創価の道を切り開いていきましょう。

君《きみ》もまた
永遠《とわ》の同志《どうし》と
仰《あお》がんや
共《とも》に共にと
和合《わごう》の力《ちから》で

立正安国《りっしょうあんこく》の太陽

世界に対話《たいわ》の大道《だいどう》は燦然《さんぜん》

御聖訓

汝《なんじ》、すべからく一身《いっしん》の安堵《あんど》を思《おも》わば、まず四表《しひょう》の静謐《せいひつ》を禱《いの》るべきものか

——立正安国論《りっしょうあんこくろん》、新四四ジペー・全三一ジペー

戸田先生は記《しる》されました。

「立正安国論《りっしょうあんこくろん》は日蓮大聖人御書中の巨星《きょせい》であって、末法《まっぽう》の一切衆生《いっさいしゅじょう》に対《たい》する強烈《きょうれつ》な指南《しなん》書《しょ》である。（中略）じつに立派《りっぱ》な金剛不壊《こんごうふえ》の明鏡《めいきょう》と称《しょう》すべきである」

日蓮大聖人が、国主諫暁《こくしゅかんぎょう》の書《しょ》である「立正安国論《りっしょうあんこくろん》」を、時の実質的《じっしつてき》最高権力者《けんりょくしゃ》・北条時頼《ほうじょうときより》に提出《ていしゅつ》なされたのは、文応《ぶんおう》元年（一二六〇年）の七月十六日です。その歴史的な諫暁から、七百五十年を迎《むか》えます。

大聖人の御化導《ごけどう》は「立正安国論《りっしょうあんこくろん》」に始まり、立正安国論に終わる」と言われます。万年のための御闘争《ごとうそう》は、まさに「立正安国」の大理想《だいりそう》に捧《ささ》げられたのです。

ここでは、御本仏《ごほんぶつ》の忍難《にんなん》弘通《ぐつう》を偲《しの》びつつ、安国論《あんこくろん》の重要《じゅうよう》な御聖訓《ごせいくん》を拝《はい》してまいりたい。

「汝《なんじ》、すべからく一身《いっしん》の安堵《あんど》を思《おも》わば、まず四表《しひょう》の静謐《せいひつ》を禱《いの》るべきものか」（新四四ジペー・全三一ジペー）

――あなたは、自分自身の安穏《あんのん》を願《ねが》うならば、まず四方《しほう》の平和を祈《いの》るべきである――。

「人間の幸福」と「世界の平和」を祈《いの》り、行動《こうどう》する仏法者《ぶっぽうしゃ》の大精神《だいせいしん》を、為政者《いせいしゃ》に対《たい》して厳然《げんぜん》と示《しめ》された御金言《ごきんげん》であります。

民衆《みんしゅう》の幸福を願《ねが》い

大聖人が、このように仰《おお》せになった鎌倉《かまくら》時代の様相《ようそう》はどうであったのでしょうか。

「立正安国論《りっしょうあんこくろん》」の冒頭《ぼうとう》には、こう記《しる》されております。

「近年《きんねん》より近日《きんじつ》に至《いた》るまで、天変地夭《てんぺんちよう》・飢饉疫癘《ききんえきれい》、あまねく天下《てんか》に満《み》ち、広《ひろ》く地上《ちじょう》に迸《はびこ》る。牛馬《ぎゅうば》巷《ちまた》に斃《たお》れ、骸骨路《がいこつみち》に充《み》てり。死《し》を招《まね》くの輩《ともがら》既《すで》に大半《たいはん》に超《こ》え、悲《かな》しまざるの族《やから》あえて一人《いちにん》も無《な》し」（新二四㌻・全一七㌻）

それは、自然災害《しぜんさいがい》・飢饉《ききん》・疫病《えきびょう》が打ち続《つづ》き、大勢《おおぜい》の民衆《みんしゅう》が命《いのち》を落《お》とした悲惨《ひさん》な時代だったのです。

「立正安国論《りっしょうあんこくろん》」提出《ていしゅつ》の三年前、正嘉《しょうか》元年（一二五七年）には、鎌倉一帯《かまくらいったい》を大規模《だいきぼ》な震災《しんさい》が襲《おそ》いました。この「正嘉の大地震《おおじしん》」をはじめ、水害《すいがい》や大火災《だいかさい》に苦《くる》しむ人々。大聖人は、こうした末法《まっぽう》の時代相《じだいそう》を凝視《ぎょうし》され、民衆《みんしゅう》を不幸《ふこう》にする根本《こんぽん》の原因《げんいん》について探究《たんきゅう》を極《きわ》められていったのです。

そして、民衆《みんしゅう》の幸福を願《ねが》う大慈大悲《だいじだいひ》から、あらゆる大難《だいなん》を御覚悟《ごかくご》の上で、仏法《ぶっぽう》の正義《せいぎ》をもって、当時の権力者《けんりょくしゃ》を真正面《ましょうめん》から諫《いさ》められた御書が「立正安国論《りっしょうあんこくろん》」です。

「立正安国《りっしょうあんこく》」とは「正《しょう》を立て国を安《やす》んず」との意義《いぎ》です。正義《せいぎ》を打ち立てて、国を安寧《あんねい》にする。ここに、本書《ほんしょ》に込《こ》められた大聖人の悲願《ひがん》があります。まさしく、大聖人が平和の大《だい》理想《りそう》のため、社会に向かって決然《けつぜん》と放《はな》たれた〝警世《けいせい》の大提言《だいていげん》〟とも拝《はい》されましょう。

もとより、「国」とは日本一国にとどまらない。

日寛上人《にちかんしょうにん》は、「文《もん》は唯《ただ》日本及《およ》び現世《げんぜ》に在《あ》り、意《い》は閻浮《えんぶ》及び未来に通《つう》ずべし」（『立正安国論《りっしょうあんこくろん》愚記《ぐき》』）と仰《おお》せです。

未来永遠《えいえん》にわたって、全世界の平和と、全民衆《みんしゅう》の幸福を勝ち開くことこそ、我《われ》ら仏法者《ぶっぽうしゃ》の究極《きゅうきょく》の誓願《せいがん》である。

二〇〇〇年の秋、「読売新聞《よみうり》」が行《おこな》った「二十一世紀に伝《つた》える『あの一冊《いっさつ》』」という調査《ちょうさ》では、この「立正安国論《りっしょうあんこくろん》」が「日本の名著《めいちょ》」の第二位に選《えら》ばれています。*

戸田先生が宣言《せんげん》された通《とお》り、安国論《あんこくろん》は「御書中の巨星《きょせい》」にして「金剛不壊《こんごうふえ》の明鏡《めいきょう》」である。二十一世紀、いな未来永遠《えいえん》にわたって、人類文明《じんるいぶんめい》の指標《しひょう》と仰《あお》がれゆく大哲学書《だいてつがくしょ》であります。

慈悲《じひ》の〝仏法対話《ぶっぽうたいわ》〟

よく知られているように、本書《ほんしょ》は、客《きゃく》と主人《しゅじん》の十問《もん》九答《とう》からなる問答形式《もんどうけいしき》で綴《つづ》られております。時代の苦《くる》しみを嘆《なげ》く「旅客《りょきゃく》」に対《たい》し、「主人」は、打開《だかい》のために正法《しょうほう》の確立《かくりつ》が不可《ふか》欠《けつ》であることを諄々《じゅんじゅん》と語《かた》り聞かせます。最初は反発《はんぱつ》していた客も、主人の語る哲理《てつり》を聴《き》き、次第《しだい》に理解《りかい》を深《ふか》め、ついに正法への信仰《しんこう》に目覚《めざ》めていく——。こうした確信《かくしん》と共感《きょうかん》の

〝仏法対話《ぶっぽうたいわ》〟の流《なが》れで織《お》りなされています。

まさに日蓮仏法《ぶっぽう》は、偉大《いだい》なる「対話《たいわ》の宗教《しゅうきょう》」なのです。

恩師《おんし》はよく話されました。

「大聖人の説得力《せっとくりょく》は、単《たん》なる説得力ではない。根本《こんぽん》が慈悲《じひ》と勇気から発《はっ》している説得力である。だから偉大《いだい》なのである」

慈悲《じひ》と勇気の「対話《たいわ》」こそ、心《こころ》を動かし、時代を変えゆく最大の武器《ぶき》であります。

創価の対話運動《たいわうんどう》は、大聖人に直結《ちょっけつ》した最《もっと》も正《ただ》しい仏法《ぶっぽう》の方軌《ほうき》なのです。

今回の御文《ごもん》の「一身《いっしん》の安堵《あんど》」とは、個人の幸福を指《さ》します。「四表《しひょう》の静謐《せいひつ》」とは、東西南《とうざいなん》北《ぼく》の四方《しほう》の安穏《あんのん》、すなわち社会全体の平和のことであります。

個人の幸福を願《ねが》うがゆえに、まず社会の平和を祈《いの》る。そのために真剣勝負《しんけんしょうぶ》で行動《こうどう》する。この両者を追求《ついきゅう》し、実現《じつげん》しゆくのが真《しん》の宗教です。

惑星《わくせい》の運行《うんこう》に譬《たと》えるならば、「一身《いっしん》の安堵《あんど》」とは「自転《じてん》」であり、「四表《しひょう》の静謐《せいひつ》」とは「公《こう》転《てん》」に当《あ》たります。自転と公転が連動《れんどう》して、大宇宙《だいうちゅう》の調和《ちょうわ》の軌道《きどう》が成《な》り立《た》っている。どちらか一方《いっぽう》だけということはあり得《え》ません。

大聖人御在世《ございせ》の当時、流行《りゅうこう》していた念仏《ねんぶつ》をはじめとする諸宗《しょしゅう》は、ひたすら自己《じこ》の救済《きゅうさい》のみを願《ねが》うことを説《と》いていた。

しかし、仏教本来《ぶっきょうほんらい》の〝自己《じこ》の救済《きゅうさい》〟とは、自身の内面《ないめん》に崩《くず》れざる境地《きょうち》を確立《かくりつ》することにほかならない。自身の生命の変革《へんかく》がなければ、本当の意味での救済も不可能《ふかのう》だからです。

「民《たみ》の力《ちから》」を強く！

当時、庶民《しょみん》の間《あいだ》には「念仏《ねんぶつ》の哀音《あいおん》」（新九三一ページ・全九六ページ）が広がり、無力感《むりょくかん》や厭世観《えんせいかん》が蔓延《まんえん》して、人々の生きる力《ちから》を衰弱《すいじゃく》させる一方《いっぽう》でした。御書に「当世《とうせい》は世《よ》みだれ《乱》て民《たみ》の力よわし《弱》」（新二〇四七ページ・全一五九五ページ）と記《しる》されている通《とお》りです。

大聖人は、こうした宗教界《しゅうきょうかい》の風潮《ふうちょう》を打破《だは》し、「民《たみ》の力《ちから》」を強めるべく、正義《せいぎ》の大師子吼《だいししく》を敢然《かんぜん》と発《はっ》せられたのです。

宗教本来《ほんらい》の使命《しめい》とは、個々人《ここじん》の幸福は当然《とうぜん》として、広く地域《ちいき》・社会・国家《こっか》・世界の平和と繁栄《はんえい》に貢献《こうけん》する活躍《かつやく》でなくてはならない。また、真実《しんじつ》の宗教は、それだけの力《ちから》ある「祈《いの》り」であり、「実践《じっせん》」なのです。

ただ伽藍《がらん》に閉《と》じ籠《こ》もって、わが身《み》の安泰《あんたい》ばかりを祈《いの》るのは、仏法《ぶっぽう》の本義《ほんぎ》では断《だん》じてない。

地球は一瞬《いっしゅん》たりとも回転《かいてん》を止《と》めない。太陽も一日たりとも昇《のぼ》らない日はない。正《ただ》しき信《しん》仰《こう》とは、「前進また前進！」「行動《こうどう》また行動！」と、快活《かいかつ》に、生き生きと、人生・社会に価《か》値《ち》を創造《そうぞう》しゆく源泉《げんせん》なのであります。

私が共《とも》に対談集《たいだんしゅう》を発刊《はっかん》した、アメリカの未来学者のヘンダーソン博士は語《かた》られました。「〝皆にとって良い社会を築《きず》くことが、結果的《けっかてき》に、自分にとってプラスとなる〟ことを理《り》解《かい》し、自《みずか》らの生き方とすることが大事《だいじ》なのです」＊と。

「四表《しひょう》の静謐《せいひつ》」のために尽《つ》くすことが、そのまま真《しん》の「一身《いっしん》の安堵《あんど》」に通《つう》ずる。これが世界の良識《りょうしき》が志向《しこう》している人生の道です。

来る日も来る日も、世《よ》のため人のため、真剣《しんけん》な対話《たいわ》と行動《こうどう》を重《かさ》ねている創価の同志《どうし》は、その素晴《すば》らしき模範《もはん》です。

なかんずく、わが婦人部の皆様の活躍《かつやく》こそ、地域《ちいき》の太陽であり、社会の太陽であります。悩《なや》んでいる人がいれば、自分のことはさておいて飛《と》んでいく。友の幸福を、真剣《しんけん》に祈《いの》り、心の底《そこ》から励《はげ》まし、宿命転換《しゅくめいてんかん》の戦いに一緒《いっしょ》に立ち上がる。これほど崇高《すうこう》な、そして偉《い》大《だい》な慈悲《じひ》の連帯《れんたい》が、どこにありましょうか。

わが学会の同志《どうし》こそ、現代《げんだい》における「立正安国《りっしょうあんこく》」の栄光の闘士《とうし》なり。いかなる虚栄《きょえい》の人よりも尊貴《そんき》な人間の王者《おうじゃ》なり。私は、こう心から讃嘆申《さんたんもう》し上《あ》げたいのです。

「前代未聞《ぜんだいみもん》の大法《だいほう》」

日蓮仏法《ぶっぽう》は、古代《こだい》以来の日本の宗教土壌《しゅうきょうどじょう》を、根底《こんてい》から変革《へんかく》しゆく正義《せいぎ》の大法《だいほう》です。

大聖人は安国論《あんこくろん》に仰《おお》せです。

――仏閣《ぶっかく》は甍《いらか》を連《つら》ね、経蔵《きょうぞう》は軒《のき》を並《なら》べている。僧《そう》も大勢《おおぜい》いて、民衆《みんしゅう》も敬《うやま》っているようにみえる。しかし、法師《ほっし》たちは心がひねくれて人々の心を惑《まど》わせている。王臣《おうしん》たちは無知《むち》のため、邪正《じゃしょう》を弁《わきま》えない（新二九ページ・全二〇ページ、趣意）と。

いくら外見上《がいけんじょう》は隆盛《りゅうせい》を誇《ほこ》っているようでも、幸福へ、繁栄《はんえい》へ、平和へとリードしゆく正《ただ》しい教《おし》えが広まっていかなければ価値《かち》を生まない。問《と》われるべきは、内実《ないじつ》の哲学《てつがく》でありま す。どんなに物質的《ぶっしつてき》に恵《めぐ》まれ、科学技術《かがくぎじゅつ》が進歩《しんぽ》しても、時代の底流《ていりゅう》にある哲学が浅《あさ》く、誤《あやま》っていれば、民衆《みんしゅう》の人生観や生命観、ひいては政治・経済《けいざい》・文化・教育など、すべてのとらえ方が狂《くる》う。やがて社会全体が行き詰《づ》まってしまうのは必然《ひつぜん》でしょう。

大聖人は、仏眼《ぶつげん》・法眼《ほうげん》をもって、こうした大きな時代のダイナミズムを見つめておられた。そして、時の最高権力者《けんりょくしゃ》に仏法《ぶっぽう》の正義《せいぎ》を威風堂々《いふうどうどう》と師子吼《ししく》なされました。

正《せい》は正！　邪《じゃ》は邪！

善《ぜん》は善！　悪《あく》は悪！

こう明快《めいかい》に言い切るのが、真《しん》の仏法者《ぶっぽうしゃ》です。「破邪《はじゃ》」なくして「顕正《けんせい》」はありません。

正邪《せいじゃ》を疎《おろそ》かにし、権勢《けんせい》に媚《こ》びて利養《りよう》を貪《むさぼ》る偽善《ぎぜん》の聖職者《せいしょくしゃ》。そして宗教《しゅうきょう》を民衆支配《みんしゅうしはい》の道具《どうぐ》としていた為政者《いせいしゃ》。この魔性《ましょう》に対《たい》し、大聖人は真《ま》っ向《こう》から挑《いど》まれたのです。

大聖人は叫《さけ》ばれました。

「仏法渡《ぶっぽうわた》って今《いま》に七百余年《ななひゃくよねん》、前代未聞《ぜんだいみもん》の大法《だいほう》この国《くに》に流布《るふ》して、月氏《がっし》・漢土《かんど》・一閻浮提《いちえんぶだい》の内《うち》の一切衆生《いっさいしゅじょう》、仏《ほとけ》に成《な》るべきことこそ、有《あ》り難《がた》けれ、有り難けれ」（新一六七七ジペー・全一二八三ジペー）

仏法《ぶっぽう》が日本に渡来《とらい》してから七百余《よ》年。大聖人は、「立正安国《りっしょうあんこく》」すなわち世界平和を実現《じつげん》する大法《だいほう》を打ち立てられました。

そして、それから、さらに七百余《よ》年を経て、仏意仏勅《ぶついぶっちょく》の創価学会が、大聖人の仰《おお》せのままに「立正安国《りっしょうあんこく》」の大哲理《だいてつり》を展開《てんかい》していったのです。

「立正《りっしょう》」という宗教的信念《しゅうきょうてきしんねん》！

「安国《あんこく》」という社会的理想《りそう》！

この両輪《りょうりん》で、力強《ちからづよ》く進みゆくのが、わが創価の正義《せいぎ》の大行進《だいこうしん》です。それを目《ま》の当《あ》たりにして、いわば社会が〝動執生疑《どうしゅうしょうぎ》〟（自《みずか》らの執着《しゅうちゃく》が動揺《どうよう》し、疑《うたが》いを生《しょう》じること）を起《お》こすのも、これまた御聖訓《ごせいくん》の通《とお》りであります。

「生きた宗教《しゅうきょう》」に驚嘆《きょうたん》

戸田先生は語《かた》られました。

〝わが創価学会によって、「宗教《しゅうきょう》は生きている」「生きている宗教があるのだ」ということを、日本社会は知り、驚《おどろ》いている〟

一九五六年（昭和三十一年）、「〝まさか〟が実現《じつげん》」と日本中を驚嘆《きょうたん》させた「大阪の戦い」の大勝利。その直後《ちょくご》に発《はっ》せられた、恩師《おんし》の師子王《ししおう》のお言葉《ことば》です。日蓮仏法《ぶっぽう》は、時代と社会を変革《へんかく》する民衆《みんしゅう》の雄々《おお》しいエネルギーが漲《みなぎ》る「生きた宗教」にほかなりません。

だからこそ、大難《だいなん》が競《きそ》い起《お》こることも必然《ひつぜん》である。

一九五七年（昭和三十二年）の七月十七日。権力《けんりょく》による不当《ふとう》な逮捕《たいほ》を勝ち越《こ》えて出獄《しゅつごく》した私は、大阪大会で、駆《か》けつけてくださった二万人の同志《どうし》に、こう訴《うった》えました。

「戸田先生は、三類《さんるい》の強敵《ごうてき》のなかにも僭聖増上慢《せんしょうぞうじょうまん》が現《あらわ》れてきた、このように申《もう》されております。『大悪《だいあく》をこれば大善《だいぜん》きたる』との日蓮大聖人の御金言《ごきんげん》のごとく、私もさらに、より以上の祈《いの》りきった信心で、皆様と共《とも》に広宣流布《こうせんるふ》に邁進《まいしん》してまいります」と。

魔《ま》が競《きそ》えば競うほど、ますます猛然《もうぜん》と祈り抜《ぬ》き、戦い切るのが信心の真髄《しんずい》です。大聖人は「ただし、大難来《だいなんきた》りなば、強盛《ごうじょう》の信心《しんじん》いよいよ悦《よろこ》びをなすべし」（新一七二〇ページ・全一四四八ページ）と仰《おお》せです。創価の師弟《してい》は、いよいよの「強盛の信心」で、いかなる難も恐《おそ》れず、「立正安国《りっしょうあんこく》」の大道《だいどう》を、日本そして世界に切り開いてきました。

アメリカの名門《めいもん》デンバー大学のナンダ副学長は語《かた》ってくださいました。

「私たちは、社会に奉仕《ほうし》する必要《ひつよう》があります。『悟《さと》り』は、本質的《ほんしつてき》には、たんなる利己的《りこてき》な利益《りえき》のためではなく、社会、人類《じんるい》という、自分をこえたものに奉仕するという、より大きな意義《いぎ》があるのです。その意味で、SGIが、社会の諸問題《しょもんだい》の解決《かいけつ》に向かって積極的《せっきょくてき》にかかわっておられることが、私にはうれしいのです」*

心ある識者《しきしゃ》の眼《め》には、創価の運動の意義《いぎ》が鋭《するど》く映《うつ》し出《だ》されています。

「この一凶《いっきょう》」と戦え

世界的な文化人類《じんるい》学者である、ハーバード大学のヤーマン教授も、論《ろん》じてくださいました。

「創価学会の功績《こうせき》は、モラルを失《うしな》い、混乱《こんらん》した社会に正《ただ》しい方向性《ほうこうせい》を示《しめ》し、社会、政治、経済、文化の万般《ばんぱん》にわたって、蘇《よみがえ》る力《ちから》を与《あた》えたところにある」*

これが、世界の信頼《しんらい》です。

「しかず、彼《か》の万祈《ばんき》を修《しゅ》せんよりは、この一凶《いっきょう》を禁《きん》ぜんには」（新三三ジペー・全二四ジペー）

この御金言《ごきんげん》も、安国論《あんこくろん》の一節《いっせつ》です。敷衍《ふえん》すれば、民衆《みんしゅう》を苦《くる》しめ、不幸《ふこう》にする邪《よこしま》な思想《しそう》の「一凶《いっきょう》」と戦う勇気を失《うしな》っては、真《しん》の幸福も、平和も成《な》り立《た》たないことを、鋭《するど》く喝破《かっぱ》された師子吼《ししく》の一節であります。

「民衆《みんしゅう》」という軸《じく》がなければ「立正《りっしょう》」も「安国《あんこく》」もない！

「正義《せいぎ》」という旗《はた》がなければ「平和」も「繁栄《はんえい》」もない！

これが、大聖人の正統《せいとう》として広宣流布《こうせんるふ》に戦われた初代・牧口先生、二代・戸田先生以来の、創価学会の大確信《だいかくしん》であります。

この魂《たましい》を受《う》け継《つ》ぐ人材《じんざい》の流《なが》れを創《つく》り上《あ》げること――ここに「立正安国《りっしょうあんこく》」の精神《せいしん》の継承《けいしょう》があります。

一九七九年（昭和五十四年）の七月十六日。私は神奈川の天地で、宿縁深《しゅくえんふか》き「鳳雛会《ほうすうかい》」「鳳雛グループ」の友に一詩《いっし》を綴《つづ》り贈《おく》りました。

「わが最愛の
鳳雛《ほうすう》の弟子《でし》たちよ」

「この日の誓《ちか》いを
忘《わす》ること勿《なか》れ
われ　いかなる事《こと》あれども
その遺業《いぎょう》を
必《かなら》ずや君達《きみたち》が
雄渾《ゆうこん》なる信心にて
又《また》　炎《ほのお》の使命感《しめいかん》を持ち
成就《じょうじゅ》しゆくことを
私は固《かた》く信《しん》じている
合掌《がっしょう》」

「狂気《きょうき》の讒言《ざんげん》の中
一人正義《ひとりせいぎ》の旗《はた》を持ち
耐《た》えつつ　君等《きみら》を偲《しの》びつつ」

そして、鳳雛《ほうすう》たちは立派《りっぱ》な大鵬《おおとり》となり、あの地でも、この地でも、「立正安国《りっしょうあんこく》」の勝利の指揮《しき》を雄渾《ゆうこん》に執《と》ってくれています。

平和の実現《じつげん》を人間自身の変革《へんかく》から

恩師《おんし》・戸田先生の信念《しんねん》をわが信念として、私は「立正安国《りっしょうあんこく》」の理想《りそう》に生《い》き抜《ぬ》いてきました。

先生は、私に教《おし》えてくださいました。

「戦争をなくし、真《しん》に平和で幸福な世界を創《つく》るためには、社会の制度《せいど》や国家《こっか》の体制《たいせい》を変えるだけではだめだ。根本《こんぽん》の『人間』を変えるしかない。民衆《みんしゅう》が強くなるしかない。民衆が賢《かしこ》くなるしかない。そして世界の民衆が、心と心を結《むす》び合わせていく以外ない」

人類《じんるい》社会に必要《ひつよう》なのは、根本《こんぽん》とすべき指導哲理《しどうてつり》です。宇宙《うちゅう》と生命の大法則《だいほうそく》を説《と》き明《あ》かした仏法《ぶっぽう》こそ、時代社会をリードし得《う》る最高の哲学《てつがく》であります。

日蓮大聖人が叫《さけ》ばれた「立正《りっしょう》」とは、まず何よりも「汝自身《なんじ》の胸中《きょうちゅう》に、正義《せいぎ》の哲理《てつり》を打ち立てる」ことであると拝《はい》されます。その連動《れんどう》から「安国《あんこく》」の大道《だいどう》を開く民衆《みんしゅう》のエネルギーが、燦然《さんぜん》と発光《はっこう》していくからです。

宇宙《うちゅう》が味方《みかた》する！

御聖訓《ごせいくん》には「人《ひと》の心《こころ》かたけれ《固》ば、神《かみ》のまぼり《守》必《かなら》ずつよ《強》し」（新一六八九ジペー・全一二二〇ジペー）と説《と》かれます。

妙法という絶対《ぜったい》の正義《せいぎ》によって立ち上がるとき、三世十方《さんぜじっぽう》の仏《ぶつ》・菩薩《ぼさつ》、諸天善神《しょてんぜんじん》が大車輪《だいしゃりん》で動きに動き、皆様を守《まも》りに護らないわけがありません。

「正義《せいぎ》によって立て、汝《なんじ》の力《ちから》二倍せん」とは、私が青春《せいしゅん》時代から胸《むね》に刻《きざ》んできた箴言《しんげん》であります。

アメリカ公民権《こうみんけん》運動の指導者《しどうしゃ》キング博士も、「宇宙《うちゅう》は正義《せいぎ》に味方《みかた》する」という雄大《ゆうだい》な信念《しんねん》で戦い抜《ぬ》きました。*

一切《いっさい》は、内《うち》なる生命の「立正《りっしょう》」から始まるのです。

「世界を制覇《せいは》せんとする者は、汝自身《なんじ》の悲哀《ひあい》を制覇せよ」

これも、私が若《わか》き日から座右《ざゆう》の銘《めい》としてきた言葉《ことば》です。

わが宿命《しゅくめい》に打ち勝つ幾百万《いく》の民衆《みんしゅう》の「人間革命」の熱《ねつ》と力《ちから》が、日本社会の発展《はってん》を力強《ちからづよ》く担《にな》い支《ささ》えてきたことに、心ある識者《しきしゃ》は着目《ちゃくもく》しております。

「一人《ひとり》の人間における偉大《いだい》な人間革命」が、やがて「全人類《ぜんじんるい》の宿命《しゅくめい》の転換《てんかん》」をも可能《かのう》にするのです。創価の師弟《してい》は、地球を舞台《ぶたい》として、この原理《げんり》を縦横無尽《じゅうおうむじん》に展開《てんかい》し、証明《しょうめい》してまいりました。

今、幾多《いくた》の青年が、この「人間革命」即《そく》「立正安国《りっしょうあんこく》」の大道《だいどう》を、ダイナミックに、地域《ちいき》へ、社会へと広げております。

安国論《あんこくろん》との出合い

私が「立正安国論《りっしょうあんこくろん》」と出合ったのは、わが永遠《えいえん》の師匠《ししょう》・戸田先生と初《はじ》めてお会いした時のことでした。

忘《わす》れもしない一九四七年（昭和二十二年）八月十四日の木曜日。友人に誘《さそ》われて参加した東京・大田の座談会《ざだんかい》で、先生が確信《かくしん》みなぎる音声《おんじょう》で講義《こうぎ》されていたのが、この「立正安国《りっしょうあんこく》論《ろん》」だったのです。

先生の五体《ごたい》からは、苦悩《くのう》の民衆《みんしゅう》を一人《ひとり》も残《のこ》らず救《すく》わずにおくものかという大情熱《だいじょうねつ》が、溶《よう》鉱炉《こうろ》の如《ごと》く燃《も》えたぎっていました。

もとより、法門《ほうもん》の深《ふか》い意義《いぎ》は理解《りかい》できませんでした。しかし十九歳の私は「この人なら信《しん》じられる！」と直感《ちょっかん》したのです。

その十日後の八月二十四日、私は創価学会に入会しました。

先生が「立正安国《りっしょうあんこく》」という金剛《こんごう》の信念《しんねん》のゆえに、師匠《ししょう》である牧口先生にお供《とも》して獄中闘《ごくちゅうとう》争《そう》を貫《つらぬ》かれたという事実《じじつ》に、私は深《ふか》く感動《かんどう》した。

まさに、わが師弟不二《していふに》の歩《あゆ》みは、「立正安国論《りっしょうあんこくろん》」によって幕《まく》を開《あ》けたのであります。

大聖人が安国論《あんこくろん》を幕府《ばくふ》に提出《ていしゅつ》されてから、満《まん》七百年に当《あ》たる一九六〇年（昭和三十五年）の五月三日、私は、牧口先生、戸田先生の「立正安国《りっしょうあんこく》」の魂《たましい》をわが生命に燃《も》やして、創価学会の第三代会長に就任《しゅうにん》しました。

「立正安国《りっしょうあんこく》」の理念《りねん》を現代《げんだい》に展開《てんかい》

会長推戴《すいたい》をお受けした時、私は固《かた》く心に期《き》しました。

「戸田先生の大恩《だいおん》に報《むく》い、先生の御遺志《ごいし》である広宣流布《こうせんるふ》に一身《いっしん》をなげうとう――わが命《いのち》の燃《も》え尽《つ》きる日まで」

今、創価学会による「立正安国《りっしょうあんこく》」の陣列《じんれつ》は、世界百九十二カ国・地域《ちいき》に拡大《かくだい》しています。

この間《かん》、私は、国内外《こくないがい》の指導者《しどうしゃ》・文化人と対話《たいわ》を重《かさ》ね、「日中国交正常化提言《にっちゅうこっこうせいじょうかていげん》」や毎年の「SGIの日」記念《きねん》提言などを発表《はっぴょう》するとともに、人類《じんるい》の平和のために文化・教育の交流《こうりゅう》を広げてまいりました。

大歴史学者トインビー博士をはじめ、世界の知性《ちせい》との「対談集《たいだんしゅう》」も、多く編《あ》んできました。

すべては「四表《しひょう》の静謐《せいひつ》」を祈《いの》る仏法者《ぶっぽうしゃ》としての信念《しんねん》から、やむにやまれぬ思いで重《かさ》ねてきた、戸田先生の不二《ふに》の弟子《でし》としての「立正安国《りっしょうあんこく》」の挑戦《ちょうせん》であります。

それは、御聖訓《ごせいくん》通りの中傷《ちゅうしょう》・迫害《はくがい》の嵐《あらし》を受け切りながらの闘争《とうそう》でありました。

二十一世紀の人類《じんるい》にとって、宗教《しゅうきょう》の第一義《だいいちぎ》は「平和を創《つく》り出《だ》す宗教」でなくてはならない。創価学会が進めている平和・文化・教育の大運動は、日蓮大聖人の御金言《ごきんげん》を寸分違《すんぶんたが》わず実践《じっせん》しゆく、「立正安国《りっしょうあんこく》」の現代《げんだい》的・世界的な展開《てんかい》なのであります。

学会創立《そうりつ》六十周年《しゅうねん》の記念日《きねんび》を迎《むか》えた一九九〇年（平成二年）十一月十八日。神奈川の横浜アリーナで、創立記念の大文化祭《だいぶんかさい》が開かれました。祭典《さいてん》のテーマは「平和の道　文化の道　世界の道」。そしてタイトルは、「THE　SUN（太陽）」でありました。

日蓮大聖人が「立正安国《りっしょうあんこく》」の師子吼《ししく》を放《はな》たれた大神奈川の天地で、一万三千人の青年たちが「創価の師弟《してい》」の勝《か》ち鬨《どき》を轟《とどろ》かせました。あの英姿《えいし》は、今も私の胸奥《きょうおう》から離《はな》れません。「立正安国《りっしょうあんこく》」の勝利の太陽は、常《つね》に正義《せいぎ》の旗《はた》を掲《かか》げゆく若《わか》き生命から、燦然《さんぜん》と昇《のぼ》りゆくのです。

「一人《ひとり》」から始まる

ブラジルの大天文学者《だいてんもんがくしゃ》モウラン博士は、私との対談集《たいだんしゅう》で語《かた》られました。

「行動《こうどう》し始める時、創造《そうぞう》のための活動を行《おこな》う時、おのずから周《まわ》りの環境《かんきょう》の変化《へんか》が始まります。それは大きな出来事《できごと》であれ、家庭《かてい》や地域《ちいき》や町などの小さな範囲《はんい》の出来事であれ、同じです。すべては、一人《ひとり》の人間から始まります。一人こそ、偉大《いだい》な出発点《しゅっぱつてん》なのです」*

いずこの地にも、その「一人《ひとり》」となって、新《あら》たな勝利への行動《こうどう》を起《お》こす青年がいる。乙女《おとめ》がいる。母がいる。父がいる。これが創価の誇《ほこ》り高き群像《ぐんぞう》です。

大聖哲《だいせいてつ》が御遺命《ごゆいめい》なされた、万年の民衆《みんしゅう》を救《すく》う「立正安国《りっしょうあんこく》」の大道《だいどう》を、私たちは世界へ広げに広げ抜《ぬ》きました。日蓮大聖人に、また牧口先生、戸田先生に、胸《むね》を張《は》ってご報告《ほうこく》できます。そこに何一つ悔《く》いはありません。

大聖人が「立正安国論《りっしょうあんこくろん》」を提出《ていしゅつ》されたのは三十九歳の御時《おんとき》。天変地夭《てんぺんちよう》・飢饉疫癘《ききんえきれい》に苦《くる》しむ民衆《みんしゅう》の姿《すがた》を見て、「胸臆《くおく》に憤悱《ふんぴ》す」（新二五㌻・全一七㌻）という大感情《だいかんじょう》を注《そそ》がれた正義《せいぎ》の書《しょ》であります。

青年よ、正邪《せいじゃ》に峻厳《しゅんげん》であれ！

断《だん》じて正義《せいぎ》は勝利せよ！

これが、安国論《あんこくろん》に込《こ》められた御本仏《ごほんぶつ》の叫《さけ》びであられます。

その安国論《あんこくろん》を、大聖人は晩年《ばんねん》まで、弟子《でし》たちに講義《こうぎ》なされました。御自身の全生命を傾《かたむ》けられ、後継《こうけい》の門下《もんか》に「立正安国《りっしょうあんこく》」の魂魄《こんぱく》を伝《つた》え残《のこ》そうとされたのであります。

地球的規模《きぼ》での人材輩出《じんざいはいしゅつ》

今もまた、「立正安国《りっしょうあんこく》」の松明《たいまつ》を、幾《いく》百万の青年たちが赤々《あかあか》と受《う》け継《つ》ぎ、地涌《じゆ》の如《ごと》き勢《いきお》いで起《た》ち上《あ》がってくれています。

わが敬愛《けいあい》する創価の青年は、ありとあらゆる分野《ぶんや》で信頼《しんらい》を勝ち取り、世界へ陸続《りくぞく》と羽《は》ばたいている。

アメリカ創価大学では、世界の国々から集《つど》った英才《えいさい》たちが、きょうも真剣勝負《しんけんしょうぶ》で「学問《がくもん》の闘争《とうそう》」に勤《いそ》しんでいます。

政財界《せいざいかい》、産業界《さんぎょうかい》、教育・学術界《がくじゅつかい》、文化・芸術界《げいじゅつかい》――いずこでも、「創価の青年は素晴《すば》らしい！」という感嘆《かんたん》の声が無数《むすう》に聞かれます。

豊《ゆた》かな実力《じつりょく》と人間性を兼《か》ね備《そな》え、社会に貢献《こうけん》する逸材《いつざい》を地球規模《きぼ》で育成《いくせい》しゆく、前代未聞《ぜんだいみもん》の人材革命《じんざい》。これこそが我《われ》ら創価の大連帯《だいれんたい》であります。

これから、ますます洋々《ようよう》と開けゆくであろう「立正安国《りっしょうあんこく》」の燦然《さんぜん》たる未来を思う時、私の心は歓喜《かんき》に躍《おど》ります。

これもひとえに、私と心を合わせて学会の城《しろ》を厳護《げんご》し、青年・未来部を育《そだ》て、広宣流布《こうせんるふ》に尊《とうと》い生涯《しょうがい》を捧《ささ》げてこられた同志《どうし》の皆様方の熱誠《ねっせい》の賜《たまもの》です。その大福徳《だいふくとく》は、未来永遠《えいえん》に皆様自身の生命を荘厳《そうごん》しゆくことは絶対《ぜったい》に間違《まちが》いありません。

先般《せんぱん》、仏教研究《ぶっきょうけんきゅう》の世界的権威《けんい》であるインド文化国際《こくさい》アカデミー理事長のロケッシュ・チャンドラ博士から、丁重《ていちょう》な書簡《しょかん》を頂《いただ》きました。

書簡《しょかん》の中で博士は、創価の仏法《ぶっぽう》運動によって「新しい世代《せだい》が、法華経《ほけきょう》の内《うち》なる輝《かがや》きを探《たん》求《きゅう》するという奇跡《きせき》を起《お》こしているのです」と記《しる》されております。

妙法の光《ひかり》を放《はな》ちゆく創価の青年の姿《すがた》そのものが、偉大《いだい》なる「奇跡《きせき》」である。仏教発祥《ぶっきょうはっしょう》の天地の大哲人《だいてつじん》が、こう讃《たた》えてくださっているのです。

どうか仏勅《ぶっちょく》の誉《ほま》れを胸《むね》に、創価の正義《せいぎ》を堂々《どうどう》と社会に語《かた》り切っていってください。

「社会変革《へんかく》」の宗教《しゅうきょう》

私の友人である、ベルギー・ルーベン大学のカレル・ドブラーレ名誉教授（国際宗教《しゅうきょう》社会学会元会長）も、こう述《の》べてくださっています。
「宗教組織《しゅうきょうそしき》は、いわば社会を支《ささ》える『柱《はしら》』の役割《やくわり》を担《にな》ってきた。（中略）ＳＧＩのメンバーは、信仰《しんこう》が堅固《けんご》で皆、生き生きとしており、また確信《かくしん》にあふれている。また、社会の中に安定《あんてい》した勢力《せいりょく》として、一人一人《ひとりひとり》の人格《じんかく》の向上《こうじょう》に貢献《こうけん》し、地道《じみち》な実践《じっせん》を貫《つらぬ》いている。こうした姿《すがた》こそ、現代《げんだい》の宗教組織に必要《ひつよう》な点であろう」＊
世界的な宗教《しゅうきょう》社会学者の重大《じゅうだい》な証言《しょうげん》です。「立正安国《りっしょうあんこく》」を目指《めざ》す創価の前進は、模範的《もはんてき》な「社会変革《へんかく》」の宗教運動であると、世界の超一級《ちょういっきゅう》の知性《ちせい》が讃嘆《さんたん》してくださるのです。
さらに、ローマクラブの会長であられたホフライトネル博士は、こう語《かた》られました。

「名誉会長が唱《とな》えられている『人間革命』――これが、最《もっと》も重要《じゅうよう》です。いかなる変革《へんかく》も、一人《ひとり》の人間の意識《いしき》、認識《にんしき》を新《あら》たにすることから始まります。

私たちは、今、『地球革命』の時代を迎《むか》えています。これは、人類《じんるい》の歴史が、これまで経《けい》験《けん》したことのない、まったく新しい時代です。私たちは、『歴史の新しいページ』の前にいるということを知らねばならない」

まさに、立正安国《りっしょうあんこく》を願《ねが》う私たちの行動は、人類《じんるい》の栄光を勝ち開きゆく「地球革命」への挑戦でもあります。

断固《だんこ》、勝ちまくれ！

戸田先生は叫《さけ》ばれました。

「正義《せいぎ》の陣列《じんれつ》は、連戦連勝《れんせんれんしょう》たれ！」と。

「立正安国《りっしょうあんこく》」とは、正義《せいぎ》の連続闘争《れんぞくとうそう》です。

師匠《ししょう》から受《う》け継《つ》いだ、この「立正安国」の旗印《はたじるし》を、私は今、青年部に託《たく》します。

君《きみ》たちよ、「一身《いっしん》の安堵《あんど》」の揺籃《ようらん》から勇敢《ゆうかん》に打って出よ！

「四表《しひょう》の静謐《せいひつ》」のために戦う革命児《かくめいじ》たれ！

「立正安国《りっしょうあんこく》」の大道を、勝利の闘争《とうそう》で広げゆくのだ。
断固《だんこ》として勝ちまくれ。

広宣《こうせん》の
　三世《さんぜ》の友は
　　最極《さいごく》の
　正義《せいぎ》の大道《だいどう》
　　勝ち抜《ぬ》く使命《しめい》が

源遠流長《げんおんりゅうちょう》

威風堂々《いふうどうどう》と世界広布《こうふ》へ

御聖訓

日蓮《にちれん》が慈悲曠大《じひこうだい》ならば、南無妙法蓮華経《なんみょうほうれんげきょう》は万年《まんねん》の外未来《ほかみらい》までも流《なが》るべし

——報恩抄《ほうおんしょう》、新二六一ジペー・全三二九ジペー

永遠《えいえん》に
　広布《こうふ》と創価の
　　人生は
　勝利と功徳《くどく》の
　　仏《ほとけ》の人びと

日蓮大聖人は仰《おお》せです。
「願《ねが》わくは、我《わ》が弟子《でし》等《ら》、大願《だいがん》をおこ《起》せ」（新一八九五ページ・全一五六一ページ）
「『大願《だいがん》』とは、法華弘通《ほっけぐつう》なり」（新一〇二七ページ・全七三六ページ）
創価学会は、広宣流布《こうせんるふ》の団体《だんたい》です。大聖人の仏法を世界に弘《ひろ》め、民衆《みんしゅう》を幸福にしゆくことこそ、我《われ》らの「大願《だいがん》」です。この大願に生《い》き抜《ぬ》く偉大《いだい》な使命《しめい》のリーダーは、いついかなる時も、元気いっぱい堂々《どうどう》と、勇猛精進《ゆうみょうしょうじん》していくのです。
末法万年《まっぽうまんねん》の人類《じんるい》を照《て》らす大法《だいほう》を弘通《ぐつう》し、恒久《こうきゅう》平和へ根本的《こんぽんてき》な寄与《きよ》を果《は》たしているのが、創価の師弟《してい》です。この誇《ほこ》り高き大遠征《だいえんせい》は、燃《も》え上《あ》がる「勇気」と「確信《かくしん》」、そして「智慧《ちえ》」

と「不屈《ふくつ》の精神《せいしん》」がなければ、成《な》し遂《と》げることはできない。

ここで拝読《はいどく》する「報恩抄《ほうおんしょう》」の一節《いっせつ》は、広宣流布《こうせんるふ》の根本《こんぽん》の大精神《だいせいしん》を示《しめ》された御聖訓《ごせいくん》であります。

「日蓮《にちれん》が慈悲曠大《じひこうだい》ならば、南無妙法蓮華経《なんみょうほうれんげきょう》は万年《まんねん》の外未来《ほかみらい》までもなが《流》るべし。日本国《にほんこく》の一切衆生《いっさいしゅじょう》の盲目《もうもく》をひら《開》ける功徳《くどく》あり。無間地獄《むけんじごく》の道《みち》をふさ《塞》ぎぬ」（新二六一㌻・全三二九㌻）

大聖人の広大無辺《こうだいむへん》の大慈大悲《だいじだいひ》によって、南無妙法蓮華経《なんみょうほうれんげきょう》は、万年、そして未来までも流《る》布《ふ》しゆくのだ、との御断言《ごだんげん》です。

私たちの広宣流布《こうせんるふ》の大運動は、「全世界」が舞台《ぶたい》であり、「一万年」の彼方《かなた》をも視野《しや》に入れています。この壮大《そうだい》なスケールに立って、一切《いっさい》を悠然《ゆうぜん》と見晴《みは》らして戦い進んでいくことだ。汝《なんじ》自身の生命の旅《たび》も、三世永遠《さんぜえいえん》であります。目先《めさき》のことで、一喜一憂《いっきいちゆう》することはありません。

妙法を唱《とな》え弘《ひろ》めて生きる人生は、「苦《く》をば苦とさと《覚》り、楽《らく》をば楽とひら《開》き」（新一五五四㌻・全一一四三㌻）ながら、自他共《じたとも》に、どこまでも「常楽我浄《じょうらくがじょう》」の軌道《きどう》を悠々《ゆうゆう》と上昇《じょうしょう》していけるからです。

「報恩抄《ほうおんしょう》」は、建治《けんじ》二年（一二七六年）の七月、大聖人が身延《みのぶ》の地から、安房国《あわのくに》（現在の千葉県南部）の浄顕房《じょうけんぼう》と義浄房《ぎじょうぼう》の二人《ふたり》に与《あた》えられた御書です。大聖人の若き日の師《し》であった道善房《どうぜんぼう》の死去《しきょ》に際《さい》して送《おく》られました。

この御文《ごもん》は、本抄《ほんしょう》の結論《けつろん》です。法華経《ほけきょう》の肝心《かんじん》である南無妙法蓮華経《なんみょうほうれんげきょう》こそ、末法万年尽未来際《まっぽうまんねんじんみらいさい》の一切衆生《いっさいしゅじょう》を救《すく》う大法《だいほう》であることを宣言《せんげん》されています。

そして、妙法を弘通《ぐつう》なされた大聖人の功徳《くどく》が、故《こ》・道善房《どうぜんぼう》に集《あつ》まることを明《あ》かされ、報恩《ほうおん》の証《あかし》とされているのです。

一切衆生《いっさいしゅじょう》の苦《く》を、わが苦となされる大聖人の慈悲《じひ》の大きさ、深《ふか》さは、計《はか》り知《し》れません。その不惜身命《ふしゃくしんみょう》・死身弘法《ししんぐほう》の大闘争《だいとうそう》には、人間の苦悩《くのう》の元凶《げんきょう》である無明《むみょう》を、完璧《かんぺき》に打《う》ち破《やぶ》る力《ちから》が漲《みなぎ》っております。だからこそ、末法万年《まっぽうまんねん》にわたり、無間地獄《むけんじごく》への道をふさぐことができるのです。

「源《みなもと》」ありて清流《せいりゅう》が

「根《ね》ふか《深》ければ枝《えだ》しげ《繁》し、源遠《みなもととお》ければ流《なが》れなが《長》し」（新二六一㌻・全三二九㌻）――大聖人は、「報恩抄《ほうおんしょう》」でこう述《の》べられています。

どのような時代の転変《てんぺん》、社会の振幅《しんぷく》があろうとも、大聖人の仏法《ぶっぽう》が一閻浮提《いちえんぶだい》へ広宣流布《こうせんるふ》していくことは断《だん》じて間違《まちが》いない。「一定《いちじょう》なるべし」（新一七三ジペー・全二六五ジペー）です。

それはなぜか。絶対《ぜったい》に尽《つ》きることのない「源《みなもと》」があるからです。この「源」から滾々《こんこん》と湧《わ》き出《い》ずる妙法流布《るふ》の清流《せいりゅう》は、永劫《えいごう》に止《とど》まることはありません。

日蓮仏法《ぶっぽう》は、その深遠《しんえん》なる哲学性《てつがくせい》のゆえに、国家《こっか》や民族《みんぞく》など、諸々《もろもろ》の差異《さい》を超《こ》えて、全《ぜん》人類《じんるい》の心を潤《うるお》すことができる。

金剛《こんごう》の信念《しんねん》の先師《せんし》・牧口常三郎《つねさぶろう》先生は常々《つねづね》、「行き詰《づ》まったら原点《げんてん》に戻《もど》れ」と言われていました。

大聖人が唱《とな》え出《いだ》された南無妙法蓮華経《なんみょうほうれんげきょう》には、無量無辺《むりょうむへん》の大功力《だいくりき》があります。どんな試練《しれん》が行く手を阻《はば》もうとも、この題目を唱えれば、久遠元初《くおんがんじょ》の大生命に立ち返ることができる。その瞬間《しゅんかん》から、新しい勝利、勝利の旭日《きょくじつ》が燦然《さんぜん》と輝《かがや》き始めるのです。

ブラジルの天文学者《てんもんがくしゃ》モウラン博士も語《かた》られました。

「『南無妙法蓮華経《なんみょうほうれんげきょう》』という音律《おんりつ》には、宇宙《うちゅう》が創《つく》り上《あ》げられていくような根源《こんげん》のエネルギーを感じるように思えます」*と。

題目の力用《りきゆう》は、宇宙大《うちゅうだい》です。

恩師《おんし》・戸田先生は、厳然《げんぜん》と言われています。

「この大宗教《だいしゅうきょう》を信《しん》ずることによって、生命のリズムは宇宙《うちゅう》のリズムに調和《ちょうわ》し、生きている幸福をしみじみと感ずるのである。生命の歓喜《かんき》こそ、幸福の源泉力《げんせんりょく》である」

幸福になるための信心です。そして絶対《ぜったい》に幸福になれる仏法《ぶっぽう》です。何があっても、安心《あんしん》して朗《ほが》らかに、異体同心《いたいどうしん》で、題目を唱《とな》え抜《ぬ》いていってください。

主師親《しゅししん》の三徳《さんとく》の光《ひかり》

今回の「報恩抄《ほうおんしょう》」の御文《ごもん》を、日寛上人《にちかんしょうにん》は「主師親《しゅししん》の三徳《さんとく》」に配《はい》されました。

「日蓮《にちれん》が慈悲曠大《じひこうだい》ならば……ながる《流》べし」（新二六一㌻・全三二九㌻）は、「親《しん》の徳《とく》」。すなわち民衆《みんしゅう》を慈《いつく》しむ働《はたら》きです。

「日本国《にほんこく》の一切衆生《いっさいしゅじょう》の盲目《もうもく》をひらける《開》功徳《くどく》あり」（同）は、「師《し》の徳《とく》」。すなわち民衆《みんしゅう》を導《みちび》く働《はたら》きです。

「無間地獄《むけんじごく》の道《みち》をふさぎ《塞》ぬ」（同）は、「主《しゅ》の徳《とく》」。すなわち民衆《みんしゅう》を護《まも》る働《はたら》きです。

この御聖訓《ごせいくん》には、日蓮大聖人こそ、「主師親《しゅししん》の三徳《さんとく》」を具《そな》えた末法《まっぽう》の御本仏《ごほんぶつ》であられるとの元意《がんい》が込《こ》められているのです。

この御文《ごもん》の前には仰《おお》せです。

「一閻浮提《いちえんぶだい》の内《うち》に仏《ほとけ》の滅後《めつご》二千二百二十五年が間《あいだ》、一人《ひとり》も唱《とな》えず。日蓮一人《にちれんいちにん》、南無妙法蓮《なんみょうほうれん》華経《げきょう》・南無妙法蓮華経等《とう》と声《こえ》もおし《惜》まず唱うるなり」（新二六一ページ・全三二八ページ）

大聖人がただお一人《ひとり》から開始《かいし》された、この末法広宣流布《まっぽうこうせんるふ》の大闘争《だいとうそう》を、現代《げんだい》に正《ただ》しく受《う》け継《つ》いでいるのは誰《だれ》か。

我《われ》ら創価の同志《とも》以外には、絶対《ぜったい》におりません。

戸田先生は、関西の天地で師子吼《ししく》なされました。

「百年の大計《たいけい》、いな、何《なん》千年の平和の大計を立て、もって、日蓮大聖人様の御恩《ごおん》に報《ほう》ずるとともに、民衆万年《みんしゅうまんねん》の幸福を確立《かくりつ》することが、創価学会の使命《しめい》である」

この師《し》の心を、わが心に炎《ほのお》の如《ごと》く燃《も》えたぎらせて、人間の中へ飛《と》び込《こ》んでいく。そして一人《ひとり》また一人と、信念《しんねん》の対話《たいわ》を繰《く》り広《ひろ》げる。これが学会精神《せいしん》です。

この創価の師弟《してい》の源流《げんりゅう》に立《た》ち戻《もど》っていく限《かぎ》り、広宣流布《こうせんるふ》の前進の力《ちから》は満々《まんまん》と漲《みなぎ》ります。そこには、弱々《よわよわ》しい臆病《おくびょう》な命《いのち》などない。そしてまた、傲《おご》り高《たか》ぶった増上慢《ぞうじょうまん》の命もありません。

「君《きみ》が愁《うれ》いに　我《われ》は泣《な》き
我《わ》が喜《よろこ》びに　君は舞《ま》う――」*

移《うつ》ろいゆく人の世《よ》にあって、私たちは、変わらざる人間の心の深《ふか》く強き結合《けつごう》をもって、威風《いふう》も堂々《どうどう》と前進していくのです。

仏教発祥《ぶっきょうはっしょう》の天地インドの大哲人《だいてつじん》であるロケッシュ・チャンドラ博士も、日蓮大聖人の示《しめ》された「主師親《しゅししん》の三徳《さんとく》」を、現代《げんだい》に力強《ちからづよ》く展開《てんかい》しているのが、創価の師弟《してい》であると讃《たた》えてくださっております。

敷衍《ふえん》していえば、「勇気」(主《しゅ》の徳《とく》)、「智慧《ちえ》」(師《し》の徳)、「慈愛《じあい》」(親《しん》の徳)――。

この三徳《さんとく》を具《そな》える世界市民《しみん》の登場《とうじょう》こそ、荒《あ》れ狂《くる》う迷《まよ》いの海に漂《ただよ》う人類《じんるい》の精神《せいしん》を目覚《めざ》めさせる。こうした人々の連帯《れんたい》を、博士はＳＧＩに見出《みいだ》されているのです。創価の平和・文化・教育の運動も、この「主師親《しゅししん》の三徳」を、社会における「価値創造《かちそうぞう》」の原理《げんり》として具《ぐ》現化《げんか》したものです。

生命の尊厳《そんげん》を護《まも》る「主《しゅ》の徳《とく》」を目指《めざ》すのは、平和の貢献《こうけん》です。

青年を正《ただ》しく導《みちび》く「師《し》の徳」を体現《たいげん》するのが、人間教育です。

人類《じんるい》の心を耕《たがや》し、結《むす》び合う「親《しん》の徳」は、文化の交流《こうりゅう》です。

この平和・文化・教育の大城《だいじょう》は、いよいよ二十一世紀の希望とそびえ立っております。

「報恩抄《ほうおんしょう》」には、こう仰《おお》せです。

「極楽百年《ごくらくひゃくねん》の修行《しゅぎょう》は穢土《えど》の一日《いちにち》の功《く》に及《およ》ばず。正像二千年《しょうぞうにせんねん》の弘通《ぐつう》は末法《まっぽう》の一時《いちじ》に劣《おと》るか」（新二六一ジベー・全三二九ジベー）

万年の未来を思えば、我《われ》らはまだまだ草創期《そうそうき》です。万代《ばんだい》に崩《くず》れざる盤石《ばんじゃく》な土台《どだい》を築《きず》いているのだから、苦労《くろう》も多い。悪口罵詈《あっくめり》も猶多怨嫉《ゆたおんしつ》の難《なん》も必然《ひつぜん》です。

だからこそ、現在の仏道《ぶつどう》修行が、いかに時に適《かな》い、その功徳《くどく》がいかに大きいか。子孫末代《しそんまつだい》にわたる大福運《だいふくうん》を積《つ》む信心は、今の一日一日にあります。不思議《ふしぎ》な〝時〟が来ているのです。

御書には、この世《よ》の栄耀栄華《えいようえいが》など〝夢《ゆめ》の中の栄《さか》え〟〝幻《まぼろし》の楽しみ〟に過《す》ぎない（新三二〇ジベー・全三八六ジベー、趣意）と示《しめ》されております。

一九四九年（昭和二十四年）の九月、二十一歳の私は日記に綴《つづ》りました。

「正義《せいぎ》の剣《けん》を持《じ》し、戦う者は、必《かなら》ず、歴史が証明《しょうめい》することだろう。

大聖人の照覧《しょうらん》なれば、断《だん》じて恐《おそ》れてはならぬ。卑屈《ひくつ》になってはならぬ。

雄々《おお》しく進め。

大胆《だいたん》に進め」*

「今日の日に、最上《さいじょう》を尽《つ》くすとき、未来は、必《かなら》ず光明《こうみょう》に輝《かがや》く。

歓喜《かんき》の焔《ほのお》は燃《も》えたってくる」*

広宣流布《こうせんるふ》に生《い》き抜《ぬ》く栄光と福徳《ふくとく》は、不滅《ふめつ》であります。歴史を残《のこ》せるのが、人間です。

そして、最《もっと》も尊《とうと》き歴史を永遠《えいえん》に残《のこ》していけるのが、仏法《ぶっぽう》なのです。

我《われ》らの舞台《ぶたい》は、世界です。

我らの友人は、人類《じんるい》です。

我らの栄光は、永遠《えいえん》です。

さあ、「慈折広宣流布《じしゃくこうせんるふ》」の壮大《そうだい》なるスクラムを、愉快《ゆかい》に勇敢《ゆうかん》に広げようではありませんか。

君《きみ》ありて
　広布《こうふ》の流《なが》れは
　　幾重《いくえ》にも
万年までも
　輝《かがや》き渡《わた》らむ

仏縁《ぶつえん》の拡大《かくだい》

皆が創価の大使《たいし》たれ

御聖訓

その国《くに》の仏法《ぶっぽう》は貴辺《きへん》にまかせ任たてまつり候《そうろう》ぞ。「仏種《ぶっしゅ》は縁《えん》より起《お》こる。この故《ゆえ》に一乗《いちじょう》を説《と》く」なるべし

――高橋殿御返事《たかはしどのごへんじ》(米穀御書《べいこくごしょ》)、新一九五三ジペー・全一四六七ジペー

広宣流布《こうせんるふ》は、どこから始まるか。それは「地域《ちいき》」です。

わが地域《ちいき》を発展《はってん》させたい。わが地域から人材《じんざい》を出したい――この切実《せつじつ》な祈《いの》りと行動《こうどう》か

ら、最《もっと》も確《たし》かな広布《こうふ》の波《なみ》が広がる。

戸田先生は語《かた》られました。

「大事《だいじ》なのは足元《あしもと》だよ。何があっても浮《う》き足《あし》だつのではなく、妙法の旗《はた》を掲《かか》げて、現実《げんじつ》の大地《だいち》にしっかりと立つことだ」

ここで拝《はい》するのは、「地域《ちいき》」に住《す》む一人《ひとり》から広宣流布《こうせんるふ》が始まることを日蓮大聖人が教《おし》えられた御聖訓《ごせいくん》です。

「その国《くに》の仏法《ぶっぽう》は貴辺《きへん》にまかせたてまつり候《そうろう》ぞ。『仏種《ぶっしゅ》は縁《えん》より起《お》こる。この故《ゆえ》に一乗《いちじょう》を説《と》く』なるべし」（新一九五三ジペー・全一四六七ジペー）

――その国の仏法流布《ぶっぽうるふ》は、あなたにおまかせします。「仏種《ぶっしゅ》は縁《えん》によって起《お》こる。このゆえに一仏乗《いちぶつじょう》の法華経《ほけきょう》を説《と》く」と（法華経に）ある通《とお》りです――。

まことに有名《ゆうめい》な御金言《ごきんげん》です。建治《けんじ》年間から弘安《こうあん》年間のころ、駿河国《するがのくに》の富士《ふじ》地方で、中心的な立場《たちば》で弘教《ぐきょう》に励《はげ》んでいた在家《ざいけ》の門下《もんか》に送《おく》られた御文《ごもん》と推定《すいてい》されます。

当時、富士《ふじ》地方では日興上人《にっこうしょうにん》を中心とした折伏戦《しゃくぶくせん》が力強《ちからづよ》く進んでおりました。その旭日《きょくじつ》の勢《いきお》いに恐《おそ》れをなした権力者《けんりょくしゃ》らが卑劣《ひれつ》な迫害《はくがい》を加《くわ》え、弘安《こうあん》二年（一二七九年）には「熱原《あつはら》の法難《ほうなん》」が最《もっと》も熾烈《しれつ》になっていきます。

ここで仰《おお》せの「国」とは、門下《もんか》の住《す》む地域一帯《ちいきいったい》のことです。「その国土《こくど》の仏法《ぶっぽう》は、あなたにおまかせします」――あまりにも重大《じゅうだい》な仏《ほとけ》の信託《しんたく》であります。「頼《たの》むよ」と師《し》の信頼《しんらい》の一言《ひとこと》に、弟子《でし》は武者震《むしゃぶる》いする思いで、勇《いさ》み立ち上がったことでしょう。

これが師弟《してい》の深遠《しんえん》なる生命の呼吸《こきゅう》です。師の心《こころ》を心として、自《みずか》らの使命《しめい》を自覚《じかく》した勇気ある弟子《でし》こそ、地域広布《ちいきこうふ》の指導者《しどうしゃ》なのです。

この御文《ごもん》の前には、苦難《くなん》の中で勇敢《ゆうかん》に師弟《してい》の道を歩《あゆ》み抜《ぬ》く信心を讃《たた》えられ、「釈迦仏《しゃかぶつ》・地《じ》涌《ゆ》の菩薩《ぼさつ》が、あなたの御身《おんみ》に入《い》り替《か》わられているのでしょうか」（新一九五三㌻・全一四六七㌻、通解）と仰《おお》せです。

釈迦仏《しゃかぶつ》・地涌《じゆ》の菩薩《ぼさつ》といっても、どこか遠《とお》くにいるのではない。いざという時に勇猛精進《ゆうみょうしょうじん》しゆく、わが生命にこそ、生き生きと躍動《やくどう》しているのです。

法華経《ほけきょう》の勧持品《かんじほん》第十三には――

「我《われ》は是《こ》れ世尊《せそん》の使《つか》いなり　衆《しゅ》に処《しょ》するに畏《おそ》るる所無《ところな》し」（法華経四二〇㌻）と説《と》かれております。仏《ほとけ》の使《つか》いとして広宣流布《こうせんるふ》に戦《たたか》う自分である。ゆえに、誰人《たれびと》に対《たい》しても臆《おく》することはない。堂々《どうどう》と妙法を説き弘《ひろ》めていけるのだという誇《ほこ》り高き宣言《せんげん》であります。師弟《してい》の道に生きゆく人生に畏《おそ》れなし。正義《せいぎ》は徹底《てってい》して強気《つよき》でいくのです。

法華経《ほけきょう》では、地涌《じゆ》の菩薩《ぼさつ》は、「娑婆世界《しゃばせかい》の三千大千《さんぜんだいせん》の国土《こくど》」（法華経四五二㌻）に涌出《ゆじゅつ》したと説《と》かれます。娑婆世界とは、苦悩《くのう》が渦巻《うずま》く人間世界のことです。この現実《げんじつ》の社会を離《はな》れて、仏法《ぶっぽう》はない。地涌の菩薩は、必《かなら》ず〝使命《しめい》の国土・地域《ちいき》〟に躍《おど》り出《で》るのです。

仏勅《ぶっちょく》の同志《どうし》に感謝《かんしゃ》

この法華経《ほけきょう》の正《ただ》しき方軌《ほうき》に則《のっと》って、創価の師弟《してい》は、大聖人と釈尊《しゃくそん》の遺命《ゆいめい》である広宣流布《こうせんるふ》を、地域《ちいき》に世界に遂行《すいこう》してきました。

全国の本部で、支部で、地区で、そしてブロックで、友のため、地域《ちいき》のために献身《けんしん》を重《かさ》ねる、わが創価の同志《どうし》こそ、御本仏《ごほんぶつ》・日蓮大聖人から「その国《くに》の仏法《ぶっぽう》は貴辺《きへん》にまかせ《任》たてまつり候《そうろう》ぞ」（新一九五三㌻・全一四六七㌻）と正義《せいぎ》の興隆《こうりゅう》を託《たく》された仏勅《ぶっちょく》の闘士《とうし》なのであります。これほどの名誉《めいよ》ある人生は絶対《ぜったい》にありません。皆様方は、どんな権力者《けんりょくしゃ》や大富豪《だいふごう》も及《およ》ばない「使命即栄光《しめいそくえいこう》」「責任即福徳《せきにんそくふくとく》」の大道《だいどう》を歩《あゆ》んでおられるのです。

友の健康《けんこう》と幸福を祈《いの》る。悩《なや》んでいる方がいれば飛《と》んでいって励《はげ》ます。活動《かつどう》の一切《いっさい》を担《にな》い戦う。自分のことはさておいても、愛する天地のために奔走《ほんそう》する。

その地その地に根《ね》を張《は》って、広宣流布《こうせんるふ》のために苦労《くろう》して戦う人こそが、一番、偉大《いだい》なのです。地域《ちいき》を離《はな》れ、責任《せきにん》を持たない。自分はやらずに、人にやらせる。それは、仏法《ぶっぽう》の精《せい》神《しん》に反《はん》します。

わが地域《ちいき》の一世帯《せたい》を、どう励《はげ》ますか。新《あら》たな一人《ひとり》を、どう広げるか。それが根本《こんぽん》です。

本部長、支部長・支部婦人部長（現・支部女性部長）、地区部長・地区婦人部長（現・地区女性部長）、ブロック長・白ゆり長をはじめ、師弟《してい》の大精神《だいせいしん》に燃《も》えて進まれる全国の尊貴《そんき》な同《どう》志《し》の皆様方に、私も妻《つま》も最敬礼《さいけいれい》して、朝《あさ》な夕《ゆう》な真剣《しんけん》に題目を送《おく》っております。

とくに、どんな時も太陽の如《ごと》き笑顔《えがお》で、地域《ちいき》を照《て》らしてくださる婦人部の皆様の健康長《けんこうちょう》寿《じゅ》と幸福勝利こそ、私たち夫婦《ふうふ》の最大の願《ねが》いです。

また太陽会をはじめ、地域《ちいき》で〝おじさん〟と、皆から慕《した》われる壮年部の方々《かたがた》こそ尊《とうと》いのです。

続《つづ》く「仏種《ぶっしゅ》は縁《えん》より起《お》こる」との法華経《ほけきょう》の引用は、地域広布《ちいきこうふ》を進める上での甚深《じんじん》の御指《ごし》南《なん》です。

相手《あいて》の方《かた》が「一生成仏《いっしょうじょうぶつ》」という永遠《えいえん》の幸福を勝ち取る道も、まず私たちが「仏種《ぶっしゅ》」を植《う》える対話《たいわ》から始まります。それこそが、仏《ほとけ》の誓願《せいがん》を果《は》たす具体的《ぐたいてき》な行動《こうどう》なのです。広宣流《こうせんる》布《ふ》の大使《たいし》である私たち学会員が真剣《しんけん》に誠実《せいじつ》に行動した分《ぶん》だけ、妙法への縁《えん》が広がる。私たちが仏縁《ぶつえん》を結《むす》ばなければ、何も始まりません。

人の心は、縁《えん》によって瞬間瞬間《しゅんかん》に変わる。御書には「一人一日《いちにんいちにち》の中《うち》に八億四千念《はちおくよんせんねん》あり」（新五二〇ジペー・全四七一ジペー）とも説《と》かれています。

悪縁《あくえん》にふれれば、醜《みにく》い命《いのち》が出てくる。善縁《ぜんえん》に出あえば、素晴《すば》らしい生命が現《あらわ》れるのです。

結《むす》んだ縁《えん》は永遠《えいえん》に

大事《だいじ》なのは、私たち自身が、相手の仏《ほとけ》の生命を呼《よ》び起《お》こし、薫発《くんぱつ》しゆく強い「縁《えん》」となっていくことです。その「仏事《ぶつじ》」（仏の仕事）を為《な》すのが「声《こえ》」です。

「おはようございます！」

毎朝、「無冠《むかん》の友」の方々《かたがた》が、「聖教新聞」を配達《はいたつ》してくださりながら、行き交《か》う方々にかける挨拶《あいさつ》は、なんと清々《すがすが》しく喜《よろこ》びの波紋《はもん》を、わが街《まち》に広げゆくことか。

「お元気ですか！」「一緒《いっしょ》に成長《せいちょう》しましょう！」――祈《いの》りと確信《かくしん》を込《こ》めた私たちの「仏《ほとけ》の声」「仏界《ぶっかい》の響《ひび》き」が、大勢《おおぜい》の人々と縁《えん》を結《むす》び、広げていくのです。

その振《ふ》る舞《ま》いは必《かなら》ず「仏縁《ぶつえん》」となる。相手《あいて》が仮《かり》に仏法《ぶっぽう》の話に反発《はんぱつ》したとしても、その生命の奥深《おくふか》くに「仏種《ぶっしゅ》」として刻《きざ》まれる。冬を越《こ》えて春が来るように、時とともに、「自他共《じたとも》の幸福」の大花《たいか》と咲《さ》き薫《かお》ることは必然《ひつぜん》です。
「法華経《ほけきょう》を耳《みみ》にふれぬれば、これを種《たね》として必《かなら》ず仏《ほとけ》になるなり」（新六九七㌻・全五五二㌻）
と御断言《ごだんげん》の通《とお》りです。

ゆえに、まず自分が強くあることです。相手《あいて》がどうあれ、自《みずか》らが「縁《えん》」となって、その生命を幸福の方向《ほうこう》へ力強《ちからづよ》く変えていくのです。これが仏《ほとけ》の強さである。相手の弱《よわ》い命《いのち》や愚《ぐ》癡《ち》の命に引《ひ》きずられるのではない。こちらが、毅然《きぜん》と引っ張《ぱ》っていくのです。

戸田先生は「広宣流布《こうせんるふ》のために会い、勇敢《ゆうかん》に、誠実《せいじつ》に仏縁《ぶつえん》を結《むす》んだ人は、未来において、その人が必《かなら》ず自分の眷属《けんぞく》となって、自分を護《まも》り支《ささ》えてくれるようになるのだ」とも語《かた》られました。

仏法《ぶっぽう》の縁《えん》は、三世永遠《さんぜえいえん》です。

さらに大聖人は、「『この故《ゆえ》に一乗《いちじょう》を説《と》く』なるべし」（新一九五三㌻・全一四六七㌻）と示《しめ》されます。

仏《ほとけ》は「説《と》くべき時」が来たならば、敢然《かんぜん》と方便《ほうべん》の教《おし》えを捨《す》て、一仏乗《いちぶつじょう》の成仏《じょうぶつ》の教えを説かれました。その仏の命《めい》を受けた私たちも、遠慮《えんりょ》や逡巡《しゅんじゅん》はいりません。

誰人《たれびと》にも具《そな》わる仏《ほとけ》の大生命を開く、これ以上ない尊極《そんごく》の道を、自信満々《じしんまんまん》に語《かた》り広げるのです。

私は若《わか》き日から、この御書を拝《はい》し、自《みず》らの担当《たんとう》する地域《ちいき》を、大聖人から直々《じきじき》にまかせていただいた使命《しめい》の国土《こくど》と受け止《と》めてきました。そう思えば、力《ちから》が出ないわけがありません。大森《おおもり》地区の地区委員《いいん》として、蒲田《かまた》支部の支部幹事《かんじ》として、青年部の第一部隊《ぶたい》の部隊長として、文京《ぶんきょう》支部の支部長代理《だいり》として、さらに葛飾区《かつしかく》の総ブロック長として、全責任《ぜんせきにん》を担《にな》い立ちました。

さらに、北海道・札幌《さっぽろ》の夏季《かき》地方折伏《しゃくぶく》にも、「大阪の戦い」にも、そして山口の開拓指導《かいたくしどう》にも、師子奮迅《ししふんじん》の力《ちから》で臨《のぞ》みました。

広宣流布《こうせんるふ》の師匠《ししょう》である牧口先生、戸田先生に直結《ちょっけつ》して、わが宿縁《しゅくえん》の天地で広宣流布の未曽有《みぞう》の拡大《かくだい》を成《な》し遂《と》げてみせると心《こころ》を定《さだ》めて、祈《いの》りに祈り、動きに動き、語《かた》りに語っていったのです。

一切《いっさい》の根本《こんぽん》は、御本尊への真剣《しんけん》な祈《いの》りにある。御本尊は、勝つためにあられる。これが私の大確信《だいかくしん》でありました。

すべて「地域革命《ちいき》」であり、「立正安国《りっしょうあんこく》」の大闘争《だいとうそう》です。人任《ひとまか》せにすることはできない。自分が責任《せきにん》をもち、執念《しゅうねん》をもって、粘《ねば》り強《づよ》く戦う以外にありません。

「自分の法戦場《ほうせんじょう》で断《だん》じて勝ってみせる！」と題目を唱《とな》え、悩《なや》み、苦《くる》しみながら、一人《ひとり》また一人と対話《たいわ》を積《つ》み重《かさ》ねていく。

この人こそが、広布《こうふ》の英雄《えいゆう》です。その祈《いの》りに、諸天善神《しょてんぜんじん》も仏《ぶつ》・菩薩《ぼさつ》も、必《かなら》ず応《こた》えて、働《はたら》き出すのです。

わが地域《ちいき》の広宣流布《こうせんるふ》を避《さ》けて、世界広宣流布はあり得《え》ません。

恩師《おんし》の写真《しゃしん》を抱《だ》きしめて、私は一九六〇年（昭和三十五年）の十月二日、世界広布《こうふ》に旅立《たびだ》ちました。

そして、一九七五年（昭和五十年）の一月二十六日、ＳＧＩの発足《ほっそく》にあたり、私はグアムの地に集《つど》った各国の代表に申《もう》し上《あ》げました。

「皆さん方はどうか、自分自身が花《はな》を咲《さ》かせようという気持《きも》ちでなくして、全世界に妙法という平和の種をまいて、その尊《とうと》い一生《いっしょう》を終わってください。

私もそうします！」

これが広宣流布《こうせんるふ》の先駆者《せんくしゃ》の心意気《こころいき》です。

私と共《とも》に、この心《こころ》で生《い》き抜《ぬ》いた先覚者《せんかくしゃ》がおられればこそ、今日《こんにち》、創価学会は世界百九十二カ国・地域《ちいき》に広がる民衆《みんしゅう》の大連帯《だいれんたい》となったのです。

経文通《きょうもんどお》りの悪口罵詈《あっくめり》、猶多怨嫉《ゆたおんしつ》の難《なん》にも、妙法流布《るふ》の情熱《じょうねつ》と誇《ほこ》りに燃《も》える先達《せんだつ》たちは負《ま》けなかった。

いかなる障害《しょうがい》にあおうと、「いまだこり《懲》ず候《そうろう》」（新一四三五ページ・全一〇五六ページ）との師子吼《ししく》を、わが胸《むね》に滾《たぎ》らせ、岩盤《がんばん》に爪《つめ》を立てる思いで信頼《しんらい》を勝ち広げてきたのです。

〝断《だん》じて妙法を弘《ひろ》めてみせる！〟

この責任感《せきにんかん》こそ、「貴辺《きへん》にまかせ《任》」の御金言《ごきんげん》を身《み》で拝《はい》する法華経《ほけきょう》の行者《ぎょうじゃ》の証《あかし》であります。

今や、妙法の仏縁《ぶつえん》は地球上に広がり、人類史《じんるいし》に例《れい》のない仏法共感《ぶっぽうきょうかん》の大潮流《だいちょうりゅう》となりました。その先頭《せんとう》を行くのが皆様方なのです。

私は国内外のどこへ行く時も、題目を大地《だいち》に染《し》み込《こ》ませる思いで唱題《しょうだい》を重《かさ》ねてきました。

強い一念《いちねん》の唱題は、国土《こくど》の隅々《すみずみ》にまで波動《はどう》を広げます。

友情《ゆうじょう》を広げる一歩《いっぽ》一歩が仏縁《ぶつえん》の拡大《かくだい》です。

苦労《くろう》した分《ぶん》、悩《なや》んだ分だけ、喜《よろこ》びも功徳《くどく》も大きい。

その福運《ふくうん》は、一家一族《いっかいちぞく》が未来永遠《えいえん》に勝ち栄《さか》えていく源泉《げんせん》となります。

さあ、気高《けだか》き地涌《じゆ》の友よ！

今再《ふたた》び、光《ひか》り輝《かがや》く生命で、地域《ちいき》に生き生きと飛《と》び出《だ》していこう！

創価の大使《たいし》となって、新《あら》たな仏縁《ぶつえん》を結《むす》ぶ「対話《たいわ》の風」を、楽《たの》しく朗《ほが》らかに広げゆこうではありませんか。

君《きみ》もまた
元初《がんじょ》の同志《どうし》の
　創価かな
その地 その国
　勝利の旗《はた》 持て

仏法即社会《ぶっぽうそく》

人生に勝つ信仰《しんこう》

御聖訓

天晴《てんは》れぬれば地明《ちあき》らかなり。法華《ほっけ》を識《し》る者《もの》は世法《せほう》を得《う》べきか

――如来滅後五五百歳始観心本尊抄《にょらいのめつごごごのごひゃくさいにはじむかんじんのほんぞんしょう》（観心本尊抄《かんじんのほんぞんしょう》）、新一四六ジペー・全二五四ジペー

わが師《し》・戸田先生は、語《かた》られました。

「強く正《ただ》しき信仰《しんこう》は、必《かなら》ず幸福をもたらす。断《だん》じて明朗《めいろう》な人生が開かれることを確信《かくしん》せよ」

人生に勝ち、社会を照《て》らしゆくことが、仏法者《ぶっぽうしゃ》の生き方です。現実《げんじつ》を離《はな》れて仏法はな

い。千変万化《せんぺんばんか》する世界を見つめ、価値創造《かちそうぞう》の光《ひかり》を放《はな》つ力《ちから》こそ、信心です。

ここで共々《ともども》に拝《はい》する「観心本尊抄《かんじんのほんぞんしょう》」の一節《いっせつ》は、この「仏法即社会」の法理《ほうり》を、明快《めいかい》に説《と》いてくださった御金言《ごきんげん》です。

「天晴《てんは》れぬれば地明《ちあき》らかなり。法華《ほっけ》を識《し》る者《もの》は世法《せほう》を得《う》べきか」（新一四六ジペー・全二五四ジペー）

ひとたび天が晴《は》れわたれば、大地《だいち》が明るく照《て》らされる。それと同じく、妙法を信《しん》じ行《ぎょう》ずれば、世法《せほう》で勝ちゆく道も晴れ晴れと開かれてくるとの仰《おお》せです。

この「観心本尊抄《かんじんのほんぞんしょう》」は、文永《ぶんえい》十年（一二七三年）四月、日蓮大聖人が流罪《るざい》の地・佐渡《さど》で認《したた》められ、下総国《しもうさのくに》（現在の千葉県北部とその周辺）の中心的な門下《もんか》であった富木常忍《ときじょうにん》に送《おく》られた御書です。

一切衆生《いっさいしゅじょう》を救《すく》う御本尊の真義《しんぎ》が明《あ》かされた本抄《ほんしょう》は、大聖人が末法《まっぽう》の御本仏《ごほんぶつ》であることを宣言《せんげん》された「開目抄《かいもくしょう》」と並《なら》ぶ、重書《じゅうしょ》中の重書です。

広宣流布《こうせんるふ》の大瑞相《だいずいそう》

今回の御文《ごもん》は、「観心本尊抄《かんじんのほんぞんしょう》」の結論部分《けつろんぶぶん》の一節《いっせつ》です。この直前《ちょくぜん》では、当時、相次《あいつ》いだ前代未聞《ぜんだいみもん》の災難《さいなん》を、仏法上《ぶっぽうじょう》、どう捉《とら》えていくかが、明確《めいかく》に示《しめ》されております。

それらは、一面《いちめん》からは末法《まっぽう》における思想《しそう》の乱《みだ》れによるものである。しかし、その時こそ、民衆《みんしゅう》のための大仏法《だいぶっぽう》が広宣流布《こうせんるふ》する時にほかならない。「地涌《じゆ》の菩薩《ぼさつ》」が出現《しゅつげん》する時であり、「一閻浮提第一《いちえんぶだいだいいち》の本尊《ほんぞん》」が顕《あらわ》される瑞相《ずいそう》である——と。

めまぐるしく転変《てんぺん》する眼前《がんぜん》の事象《じしょう》に右往左往《うおうさおう》して、うろたえたり、嘆《なげ》いたりするのではない。透徹《とうてつ》した仏法《ぶっぽう》の眼《まなこ》で、その深《ふか》き意義《いぎ》を見極《みきわ》めつつ、大変であればあるほど、勇《いさ》み立つ。そして、人間のため、社会のために行動《こうどう》を起《お》こしていく。これが、師弟《してい》の誓願《せいがん》に生《い》き抜《ぬ》く「地涌《じゆ》の菩薩《ぼさつ》」の大生命なのであります。

じつは、私たちの創立《そうりつ》の父である牧口常三郎《つねさぶろう》先生が、一九二八年（昭和三年）に入信された当初《とうしょ》から、大切《たいせつ》に拝《はい》されていた御聖訓《ごせいくん》が、今回の御文《ごもん》です。

牧口先生は記《しる》されています。

「一大決心《いちだいけっしん》を以《もっ》て、いよいよ信仰《しんこう》に入《はい》って見ると、『天晴《てんは》れぬれば地明《ちあきら》かなり法華《ほっけ》を識《し》る者は世法《せほう》を得可《うべ》きか』との日蓮大聖人の仰《おお》せが私の生活中に〝なるほど〟と肯《うなず》かれることとなり、言語《げんご》に絶《ぜっ》する歓喜《かんき》を以て、ほとんど六十年の生活法を一新《いっしん》するに至《いた》った」*と。

最高峰《さいこうほう》の知性《ちせい》の牧口先生が、最先端《さいせんたん》の学究《がっきゅう》と思索《しさく》の果《は》てに到達《とうたつ》されたのが、日蓮仏法《ぶっぽう》です。先生は、信心の力《ちから》によって、「暗中模索《あんちゅうもさく》の不安《ふあん》」が一掃《いっそう》され、「引《ひ》っ込《こ》み思案《じあん》」もなくなり、「生活目的」が遠大《えんだい》となり、畏《おそ》れがなくなったとも断言《だんげん》されています。*

これが信心の喜《よろこ》びであります。

哲学《てつがく》にせよ、芸術《げいじゅつ》にせよ、科学《かがく》にせよ、尊《とうと》き英知《えいち》の光《ひかり》を発《はっ》している。それぞれに一次元《いちじげん》を照《て》らすことはできる。

しかし、万人《ばんにん》の生命の全体を普《あまね》く照《て》らし出し、生老病死《しょうろうびょうし》の苦悩《くのう》を打開《だかい》できる永遠《えいえん》の大光《たいこう》は、一体《いったい》、どこにあるか。それは、太陽の大仏法《だいぶっぽう》しか、ありません。

「即《そく》」は変革《へんかく》の原理《げんり》

この希望の哲理《てつり》を、民衆《みんしゅう》の一人《ひとり》ひとりが抱《いだ》いて、濁世《じょくせ》の深《ふか》い不幸《ふこう》の闇《やみ》を打《う》ち破《やぶ》るのだ——牧口先生が直弟子《じきでし》の戸田先生と共《とも》に、決然《けつぜん》と立ち上がって創立《そうりつ》されたのが、わが創価学会です。両先生に連《つら》なる私たちも、真剣《しんけん》に戦えば、「法華《ほっけ》を識《し》る者《もの》」として、一切《いっさい》の現象《げんしょう》を妙法の眼《まなこ》で捉《とら》えていけるようになります。

最《もっと》も苦《くる》しんでいる人が、最も幸福になるための仏法《ぶっぽう》です。人生の上でぶつかる困難《こんなん》は、信心の次元《じげん》から見れば、すべて意味がある。必《かなら》ず大きく境涯《きょうがい》を開くチャンスとなる。

勇気ある祈《いの》りを忘《わす》れなければ、断《だん》じて勝利できる。御本尊は勝つためにあられる。こう確信《かくしん》し、祈り切るのが信心です。

わが創価の同志《とも》は、大仏法《だいぶっぽう》の尊《とうと》い実践者《じっせんしゃ》である。広宣流布《こうせんるふ》の真正《しんせい》の闘士《とうし》である。ゆえに、現実《げんじつ》社会で絶対《ぜったい》に勝たねばならない。また、絶対に勝ち抜《ぬ》いていける大法則《だいほうそく》を持《たも》った皆様方なのです。

「一切法《いっさいほう》は皆《みな》これ仏法《ぶっぽう》なり」（新七一四ジペー・全五六四ジペー）です。生活の確立《かくりつ》が、信心の確立である。信心の確立が、生活の確立なのです。

仏法《ぶっぽう》は「即《そく》社会」です。「即職場《しょくば》」「即地域《ちいき》」であり、「即家庭《かてい》」となるのです。「即」とは、信心の一念《いちねん》です。学会という和合僧《わごうそう》の中で、使命《しめい》の役職《やくしょく》を担《にな》い、広宣流布《こうせんるふ》に戦えば、「即」という変革《へんかく》の原理《げんり》が躍動《やくどう》します。

人生は、さまざまな困難《こんなん》の連続《れんぞく》である。しかし、信心の上では決《けっ》して負《ま》けない。一歩《いっぽ》も退《しりぞ》かない。この一念《いちねん》が、「即《そく》」人生の勝利、社会での勝利を開くのです。

仕事でも、学業《がくぎょう》でも、題目を唱《とな》え抜《ぬ》いて真剣《しんけん》に挑戦《ちょうせん》すれば、必《かなら》ず勝利の智慧《ちえ》が湧《わ》いてきます。これが「天晴《てんは》れぬれば」の生き方であり、「地明《ちあき》らかなり」の妙用《みょうゆう》です。

大聖人は、「智者《ちしゃ》とは、世間《せけん》の法《ほう》より外《ほか》に仏法《ぶっぽう》を行《おこな》わず」（新一九六八ジペー・全一四六六ジペー）とも仰《おお》せである。智者とは、世間の法から外には出ない。真《しん》の宗教《しゅうきょう》は、社会のまっただ中で勝ちゆく源泉《げんせん》なのです。

世界的な経済学者《けいざいがくしゃ》のサロー博士も、お会いした折《おり》、「宗教《しゅうきょう》には『人間を向上《こうじょう》させる力《ちから》』があります」と話されていました。

宗教《しゅうきょう》は、社会の向上《こうじょう》のために活動《かつどう》する使命《しめい》がある。社会を離《はな》れて宗教はない。社会に対《たい》して何《なん》の貢献《こうけん》もせず、聖職者《せいしょくしゃ》が供養《くよう》を貪《むさぼ》るならば、懶惰懈怠《らんだけたい》の姿《すがた》と言わざるを得《え》ません。

創価の師弟《してい》は、社会の中へ、人間の中へ飛《と》び込《こ》んできました。

社会のために進む信仰者《しんこうしゃ》！

平和のために戦う仏法者《ぶっぽうしゃ》！

皆様方は、どれほど偉大《いだい》な、人類《じんるい》の最先端《さいせんたん》の道を歩《あゆ》んでおられることでしょうか。

戸田先生は明言《めいげん》されました。

「仏法《ぶっぽう》を行《ぎょう》じ抜《ぬ》いた人は、今世《こんぜ》では絶対《ぜったい》の幸福境涯《きょうがい》を勝ち開き、生々《しょうじょう》世々に大指導者《だいしどうしゃ》になる。

御本仏《ごほんぶつ》・日蓮大聖人と一体《いったい》の生命で、大宇宙《だいうちゅう》を舞台《ぶたい》に広宣流布《こうせんるふ》に活躍《かつやく》していけるのだ」

仏法《ぶっぽう》は、「十界互具《じっかいごぐ》」「一念三千《いちねんさんぜん》」という極理《ごくり》を説《と》き、生命と宇宙《うちゅう》の実相《じっそう》を解明《かいめい》しています。

妙法は「生活」と「社会」と「宇宙《うちゅう》」の根本《こんぽん》のリズムです。観念《かんねん》ではない。道理である。〝ただ拝《おが》めばなんとかなる〟という、安《やす》っぽい低次元《ていじげん》の宗教《しゅうきょう》ではない。真剣《しんけん》な祈《いの》りから出発《しゅっぱつ》する。そして、これ以上ないという努力《どりょく》を重《かさ》ね、死力《しりょく》を尽《つ》くす。これが「信心即《そく》生活」の生き方です。そこに、諸天《しょてん》も動くのです。

大聖人は厳然《げんぜん》と仰《おお》せです。

「ただし御信心《ごしんじん》によるべし。つるぎ《剣》なんども、すすまざる《進》人《ひと》のためには用《もち》いることなし。法華経《ほけきょう》の剣《つるぎ》は、信心のけなげ《健気》なる人こそ用いることなれ。鬼《おに》にかなぼう《金棒》たるべし」（新一六二三ページ・全一一二四ページ）

勇気で進む。勇猛精進《ゆうみょうしょうじん》です。

仏法《ぶっぽう》の人間主義《しゅぎ》で新しい地球文明《ぶんめい》を

闇《やみ》を晴らす太陽の力《ちから》が、いかに偉大《いだい》か。ブラジルを代表する天文学者《てんもんがくしゃ》モウラン博士が、アマゾンで観測《かんそく》した「日食《にっしょく》」の思い出を聞かせてくれました。

――日食《にっしょく》が始まると、鳥たちの鳴《な》き声も止《や》み、暗闇《くらやみ》の数分間《すうふんかん》、森は息《いき》を殺《ころ》し沈黙《ちんもく》を守り続《つづ》けた。太陽が再《ふたた》び姿《すがた》を現《あらわ》した刹那《せつな》、鳥が勢《いきお》いよく飛《と》び立《た》った。そして太陽の光《ひかり》とともに、森林《しんりん》は素晴《すば》らしき活力《かつりょく》を取《と》り戻《もど》し、「生命のシンフォニー」を劇的《げきてき》に奏《かな》で始めた、というのです。*

太陽は、地球の生きとし生けるものを育《はぐく》む「お母《かあ》さん」です。

私たちの国土世間《こくどせけん》にあっても、広布《こうふ》の太陽である婦人部の皆様方の明るい笑顔《えがお》が輝《かがや》くところ、皆の勇気が広がります。

人類《じんるい》は、世界的な経済不況《けいざいふきょう》や地球環境《かんきょう》の変動《へんどう》、自然災害《しぜんさいがい》、紛争《ふんそう》・テロの勃発《ぼっぱつ》など、幾多《いくた》の難問《なんもん》に直面《ちょくめん》しています。

一つ一つ、学術《がくじゅつ》・言論《げんろん》の力《ちから》や政治・経済《けいざい》の力などを結集《けっしゅう》し、解決《かいけつ》への挑戦《ちょうせん》が続《つづ》いている。私も諸問題《しょもんだい》の打開《だかい》へ、具体的《ぐたいてき》な提言《ていげん》や行動《こうどう》を重《かさ》ねてきました。

このような時代相《じだいそう》の病根《びょうこん》に、「人間」の喪失《そうしつ》があり、「生命」の軽視《けいし》があることは、多くの識者《しきしゃ》との対話《たいわ》でも一致《いっち》を見たところです。だからこそ、現代は、仏法《ぶっぽう》ヒューマニズム（人間主義《しゅぎ》）の太陽を渇仰《かつごう》しております。

闇《やみ》が深《ふか》いほど、暁《あかつき》は近い。

今、悪世末法《あくせまっぽう》の闇《やみ》を突《つ》き破《やぶ》り、創価の旭光《きょっこう》は百九十二カ国・地域《ちいき》へ広がりました。幾《いく》百千万の民衆《みんしゅう》が「地涌《じゆ》の菩薩《ぼさつ》」として溌剌《はつらつ》と妙法流布《るふ》に進む姿《すがた》そのものが、「天晴《てんは》れぬれば」の壮大《そうだい》な実現《じつげん》であり、新《あたら》しき地球文明《ぶんめい》の到来《とうらい》を告《つ》げる――「地明《ちあき》らか」となる希望の黎明《れいめい》とも言えないでしょうか。

太陽の限《かぎ》りないエネルギーは、どこから生《う》み出《だ》されるか。それは、一五〇〇万度、二五〇〇億気圧《きあつ》の中心部で、間断《かんだん》なく起《お》きている核融合反応《かくゆうごうはんのう》です。

次元《じげん》は異《こと》なりますが、創価の太陽は、「師弟不二《していふに》」という燃《も》え上《あ》がる生命の究極《きゅうきょく》の融合《ゆうごう》があるゆえに、最《もっと》も強く明るい勝利の大光《たいこう》を放《はな》つことができるのであります。

社会で勝ち抜《ぬ》く英知《えいち》を

この秋（二〇〇九年）、全国で教学試験《しけん》が行《おこな》われます。御書を拝《はい》し、仏法《ぶっぽう》の甚深《じんじん》の法理《ほうり》を学《まな》ぶことは、「法華《ほっけ》を識《し》る」正道《せいどう》であり、「世法《せほう》を得《う》」る大道《だいどう》にほかなりません。

学《まな》んだ分《ぶん》だけ、自分が得《とく》をします。大仏法《だいぶっぽう》を生き生きと学び、社会で勝ち抜《ぬ》く英知《えいち》を体得《たいとく》していっていただきたいのです。

先輩《せんぱい》の皆様方、担当者《たんとうしゃ》や役員《やくいん》を務《つと》めてくださる方々《かたがた》も、どうか、よろしくお願《ねが》いいたします。

「学《がく》は光《ひかり》」です。米ハーバード大学の調査《ちょうさ》によると、事業《じぎょう》で成功《せいこう》した人の多くは、学歴《がくれき》にかかわらず、社会で苦労《くろう》しながら、大学院生《いんせい》と同レベルの語彙《ごい》を獲得《かくとく》していたそうです。豊《ゆた》かな、よき言葉《ことば》をたくさん学ぶことが、大成《たいせい》の力《ちから》となるのです。

いわんや、大仏法《だいぶっぽう》の教学運動《きょうがくうんどう》は、庶民《しょみん》の大賢者《だいけんじゃ》を育成《いくせい》し、「幸福博士」の〝記別《きべつ》〟を贈《おく》る聖業《せいぎょう》です。

共《とも》に「行学《ぎょうがく》の二道《にどう》」に励《はげ》みゆく中で、無量《むりょう》の福智《ふくち》に包《つつ》まれゆくことは絶対《ぜったい》に間違《まちが》いありません。

戸田先生は青年に語《かた》られた。

「世界の動きをよく見つめ、御書を頭の中に入れて、言論戦《げんろんせん》を展開《てんかい》するのだ。

大聖人様は佐渡《さど》で、『開目抄《かいもくしょう》』、『観心本尊抄《かんじんのほんぞんしょう》』を、すらすらとお書きになっています。そこには、辞書《じしょ》も経典《きょうてん》もない。ただ驚《おどろ》くばかりです。君《きみ》たちも、いつまでも若《わか》い情熱《じょうねつ》を保《たも》ち続《つづ》けて、勉強してほしい」と。

学会は、平和と正義《せいぎ》の大哲学《だいてつがく》を学《まな》ぶ偉大《いだい》な「民衆《みんしゅう》大学」です。

法華経《ほけきょう》の如来神力品《にょらいじんりきほん》第二十一には、「日月《にちがつ》の光明《こうみょう》の　能《よ》く諸《もろもろ》の幽冥《ゆみょう》を除《のぞ》くが如《ごと》く　斯《こ》の人《ひと》は世間《せけん》に行《ぎょう》じて　能《よ》く衆生《しゅじょう》の闇《やみ》を滅《めっ》し」（法華経五七五㌻）と説《と》かれています。

この通《とお》りに、学会は一段《いちだん》と人類《じんるい》の未来を照《て》らす「太陽の大連帯《だいれんたい》」を強め広げてまいりたい。

文豪《ぶんごう》ゲーテは歌いました。

「元気よく思いきって、元気よく出《いで》よ！」「太陽を楽《たの》しめば、どんな心配《しんぱい》もなくなる」*と。

「天晴《てんは》れぬれば地明《ちあき》らかなり」――拝《はい》すれば拝するほど、わが生命の天空《てんくう》に旭日《きょくじつ》が昇《のぼ》り、見渡《みわた》すかぎりの使命《しめい》の大地《だいいち》に、明るい陽光《ようこう》が降《ふ》り注《そそ》ぐ御金言《ごきんげん》です。

さあ、太陽の大生命力で、堂々《どうどう》と朗《ほが》らかに対話《たいわ》の最前線《さいぜんせん》へ打って出ようではありませんか。

天晴《は》れて
法華《ほっけ》を識《し》るは
幸福王

引用・参考文献

23頁『人間勝利の春秋——歴史と人生と教育を語る』第三文明社
25頁「自伝的エッセイ」我妻和男訳、『タゴール著作集 10』所収、第三文明社
31頁 二〇〇八年十二月七日 AFPBB News
49頁「人生論書簡」蓮実重彦訳、『世界人生論全集 10』所収、筑摩書房
52頁「聖教新聞」一九九五年七月六日付
52頁 N・ラダクリシュナン、池田大作著『人道の世紀へ——ガンジーとインドの哲学を語る』第三文明社
59頁「聖教新聞」一九九四年十二月六日付
73頁『文読む月日（中）』北御門二郎訳、筑摩書房
85頁「聖教新聞」二〇〇四年十月五日付、桃野作次郎氏の寄稿から
92頁 Л.Н. Толстой: Полное собрание сочинений, Том46, Художественная литература.
103頁『文読む月日（上）』北御門二郎訳、筑摩書房

110頁『スペイン中世・黄金世紀文学選集 3 ルカノール伯爵』牛島信明・上田博人訳、国書刊行会
118頁「二十一世紀の人権を語る」、『池田大作全集 104』収録、聖教新聞社
124頁「中印友好回復のための努力を」黒田和雄・斎藤春樹訳、『ネール首相名演説集』所収、原書房
124頁『池田大作全集 114』収録、聖教新聞社
139頁「聖教新聞」二〇〇七年六月九日付
150頁『カーライル選集 3 過去と現在』上田和夫訳、日本教文社
152・153頁『人間勝利の春秋――歴史と人生と教育を語る』第三文明社
163頁「聖教新聞」二〇〇二年八月七日付
177頁「天文学と仏法を語る」、『池田大作全集 116』収録、聖教新聞社
189頁『エマソン選集 3 生活について』小泉一郎訳、日本教文社
199頁『牧口常三郎全集 1』第三文明社
204頁 Horace Traubel, *With Walt Whitman in Camden*, vol.4, edited by Sculley Bradley, University of Pennsylvania Press.

214頁『カーライル選集3　過去と現在』上田和夫訳、日本教文社
214頁『人生の智慧14　ロマン・ロランの言葉（新装版）』山口三夫訳、彌生書房
218頁「東洋の哲学を語る」、『池田大作全集115』収録、聖教新聞社
233頁「聖教新聞」一九九六年八月八日付
234頁「東洋学術研究」第47巻第2号
236・237頁『生命再生産の理論——人間中心の思想　下』東洋経済新報社
261頁『日本の虚妄——戦後民主主義批判〈増補版〉』論創社
264頁 B. R. Nanda, *In Gandhi's Footsteps: The Life and Times of Jamnalal Bajaj*, Oxford University Press.
274頁「東洋の哲学を語る」、『池田大作全集115』収録、聖教新聞社
277頁『人道の世紀へ——ガンジーとインドの哲学を語る』第三文明社
299頁「聖教新聞」二〇〇七年十二月二十七日付
306頁「二十一世紀の平和と宗教を語る」、『池田大作全集141』収録、聖教新聞社
313頁「聖教新聞」二〇〇六年十月一日付
318頁 二〇〇〇年十一月二十九日付朝刊

321頁「地球対談　輝く女性の世紀へ」、『池田大作全集 114』収録、聖教新聞社
325頁「インドの精神――仏教とヒンズー教」、『池田大作全集 115』収録、聖教新聞社
326頁「聖教新聞」一九九六年五月八日付
329頁『自由への大いなる歩み』雪山慶正訳、岩波書店、引用・参照
333頁「天文学と仏法を語る」、『池田大作全集 116』収録、聖教新聞社
336頁「大白蓮華」二〇〇九年五月号
343頁「天文学と仏法を語る」、『池田大作全集 116』収録、聖教新聞社
345頁「嗚呼黎明は近づけり（大阪高等学校全寮歌）」（作詞・沼間昌教）
362頁『牧口常三郎全集 8』第三文明社（現代表記などに改めた）
366頁「天文学と仏法を語る」、『池田大作全集 116』収録、聖教新聞社
370頁『人生の知恵 4　ゲーテの言葉〈新装版〉』高橋健二訳編、彌生書房
※著者の『若き日の日記』（聖教ワイド文庫。全4巻）からの引用は左記の通り。
1巻（49頁、81頁、109頁、165頁、175頁、184頁、245頁、259頁、285頁、295頁、347頁）2巻（36頁）

池田大作（いけだ・だいさく）

1928年〜2023年。東京生まれ。創価学会第三代会長、名誉会長、創価学会インタナショナル（SGI）会長を歴任。創価大学、アメリカ創価大学、創価学園、民主音楽協会、東京富士美術館、東洋哲学研究所、戸田記念国際平和研究所などを創立。世界各国の識者と対話を重ね、平和、文化、教育運動を推進。国連平和賞のほか、モスクワ大学、グラスゴー大学、デンバー大学、北京大学など、世界の大学・学術機関から名誉博士・名誉教授、さらに桂冠詩人・世界民衆詩人の称号、世界桂冠詩人賞、世界平和詩人賞など多数受賞。

著書は『人間革命』（全12巻）、『新・人間革命』（全30巻）など小説のほか、対談集も『二十一世紀への対話』（A・J・トインビー）、『二十世紀の精神の教訓』（M・ゴルバチョフ）、『平和の哲学 寛容の智慧』（A・ワヒド）、『地球対談 輝く女性の世紀へ』（H・ヘンダーソン）など多数。

御書と師弟 新版

二〇二四年十一月十八日 発 行

著 者 池田大作
発行者 小島和哉
発行所 聖教新聞社
〒一六〇-八〇七〇 東京都新宿区信濃町七
電話 〇三-三三五三-六一一一（代表）
印刷所 株式会社精興社
製本所 大口製本印刷株式会社

＊

定価はカバーに表示してあります
落丁・乱丁本はお取り替えいたします

ISBN978-4-412-01715-3
JASRAC 出 2406521-401